F1
登峰造极

登峰造极

［英］托尼·道金斯（Tony Dodgins）
［英］西蒙·阿伦（Simon Arron） 编著

［意］［美］冈瑟·施泰纳（Guenther Steiner） 作序

我自己的工作间　王宇轩　蔡瑞杰　译

上海科学技术出版社

非公制单位	≈	公制单位
1英里		1.609千米
1加仑（英制）		4.546升

目录

7	序
8	引言

14	**第一章：赛事**
17	世界锦标赛之始
18	"小作坊车队"英国赶超意大利
20	车队世界冠军
24	国际赛车色
26	发车格：2×2起步
28	F1计时
31	赛中加油的重现
34	双车制
37	排位赛的进化
38	备用赛车
41	轮胎之争的终结
42	积分制度
44	新冠疫情往事
46	冲刺排位赛

48	**第二章：赛道**
51	摩纳哥大奖赛
55	斯帕赛道
56	蒙扎赛道
60	银石赛道
62	纽博格林北环赛道
66	赫尔曼·蒂尔克
70	夜间比赛

74	**第三章：技术**
77	前置发动机赛车的消亡
80	考文垂Climax：独立发动机供应商登场
83	单体壳座舱
84	发动机规则调整
86	考斯沃斯DFV
89	"高耸入云"的扰流板
93	光头胎
94	地面效应赛车
98	遥测技术
100	涡轮时代
104	碳纤维
107	车队无线电通话
108	主动与自适应悬架
110	方向盘的进化
114	驾驶辅助
117	槽纹轮胎再现
118	从风洞到CFD
121	模拟器盛行
122	可调式尾翼系统
124	混合动力时代

127	**第四章：争端**
129	车手罢赛事件
130	贝纳通加油惨案
133	舒马赫：阿德莱德与赫雷兹
134	车队指令
138	美国大奖赛风波
141	间谍门事件
143	撞车门事件
144	汉密尔顿与维斯塔潘的对决

146	**第五章：安全**
148	车手发声渠道——大奖赛车手协会
151	永久性护栏
154	安全带
156	防火措施
159	锡德·沃特金斯——F1赛事安全与医疗代表
160	安全车
162	"Halo"座舱保护装置

166	**第六章：人物**
168	恩佐·法拉利
170	胡安·曼努埃尔·方吉奥
174	科林·查普曼
177	杰基·斯图尔特
180	吉姆·克拉克
183	伯尼·埃克莱斯顿
184	罗恩·丹尼斯
187	尼基·劳达
190	麦克斯·莫斯利
193	弗兰克·威廉姆斯与帕特里克·海德
194	阿兰·普罗斯特
198	埃尔顿·塞纳
203	迈克尔·舒马赫
208	罗斯·布朗
211	让·托德
212	刘易斯·汉密尔顿

216	**第七章：商业**
219	扩展赛历
220	冠名赞助商
223	赛事控制权之争
224	烟草禁令
227	制造商离场
228	赛事商业利益之争
230	自由媒体集团接管F1
233	网飞："疾速争胜"
235	预算帽

236	章节首图
238	索引

左页图：
伊莫拉大奖赛，哈斯车队的米克·舒马赫压上路肩。

序

冈瑟·施泰纳　哈斯车队前领队

我参与F1已经有20年了，这项运动正变得越来越复杂，技术也大幅进步。你看看这本书里的照片就明白了：5年前的车型已然显得老气，而20年前的车就像是历史书上的恐龙一样！

现在，F1的一切都达到了航天级别的精度，但近年很少有赛车因机械故障退赛，精密的赛车竟在这样艰苦的赛事中展现出了瞠目结舌的可靠性。几年前，如果有人说内燃机可以达到超过50%的热效率，别人一定会笑掉大牙，但如今的混合动力赛车确实做到了，它们的科技含量真的不容小觑。

F1正在不断进化。2022赛季，新的地面效应赛车技术规则出炉，而2021是F1历史上最难分伯仲的赛季之一，有人认为在如此时机推翻规则重新开始颇具讽刺意味，但这并不是关键问题。做出这样的技术规则改动是为了减轻赛车在靠近前车时受到的"乱流"影响，从而减小超车难度，使比赛更精彩。这是我们第一次通过科学手段有效地实现这个目标。气动乱流总会存在，但我们必须最大限度地降低其影响，并在不增大乱流的前提下进行气动研发。

预算帽也是朝着正确方向迈出的一大步。此前，车队资金投入的巨大差异，险些使F1掉进不可持续的烧钱深渊。现在，更严格的成本控制和更加公平的收入分配意味着未来10年内，所有的10支车队都有可能赢得比赛，并且有充足的资金可以在围场内站稳脚跟。

另外，网飞（Netflix）的"疾速争胜"（Drive to Survive）系列节目也为F1带来了不少新观众，极大地提高了赛事的知名度，特别是在即将加入赛历的迈阿密站所在的美国。去年（2021年）10月现场观看奥斯汀大奖赛的40万观众就是最好的证明。

展望未来，我渴望把曾经属于哈斯的荣光带回车队。车队在最初的两个赛季中排名第八，并在2018年上升到第五；虽然没有获得领奖台，但格罗斯让在奥地利的第四名也是不错的成绩。我同样渴望车队的第一个领奖台，那将为车队之后的发展创造无限的可能。

如果没有这些规则和管理上的变化，车队老板吉恩本可能决定退出F1。但现在，哈斯车队不仅还站在这片赛场，还正向着更好的方向发展。

我想，没有了曾经那些肮脏的幕后交易，F1围场正变得更透明、更具包容性。在如今大约70%的比赛中，我们都和F1集团首席执行官斯特凡诺·多梅尼卡利及国际汽车联合会（FIA）代表进行公开对话。正如您即将读到的那样，F1有着丰富多彩的过去。在曾经的日子里，各支车队临危自计，而现在，我们有十支强大的车队，我们并肩飞驰，齐心而战。（写于2022年）

跨页图：
2021年美国大奖赛，麦克斯·维斯塔潘险胜冲线。

引言

从停满了运输车和拖车的简陋银石围场到今天的辉煌，F1走过了漫长的历程。1950年5月，第一场F1大奖赛在用惠灵顿（Wellington）轰炸机训练基地旧跑道和周边道路临时围成的银石赛道举行。不久之后，赛车得以驶入更专业的比赛场地，比如摩纳哥、斯帕和蒙扎，并且形成了每年六个分站的赛季。时间来到2022年，这四条赛道仍留在赛历上：摩纳哥赛道还保持着曾经的风貌，斯帕赛道长度减半，蒙扎赛道弃用了它二战前建造的高速环道，而银石赛道如今有了自己的科技园区。当代F1不仅每赛季有超过二十场大奖赛，车队设施条件也今非昔比，曾经的车队可能只有两三个机械师和一辆运输车，在街角不起眼的车库里工作——肯·泰瑞尔（Ken Tyrrell）的车队甚至是在木棚里组建的。而如今的F1车队有着顶级的设备和研发条件，迈凯伦车队旗下有一个技术中心，而红牛车队则坐拥一整座园区。

那么F1是如何从草根工程蜕变成今天的数百万美元巨型产业的呢？正值规则大改之际（2021—2022年），本书回顾了塑造这项运动的关键改革和事件。F1经常被称作"赛车运动的巅峰"，这项运动引领了民用车和整个赛车界的技术发展。当然，除了发动机效率飞跃和诸如约翰·巴纳德在法拉利640中引入拨片换挡这类突破性工程设计方案掀起的变革之潮，F1也经历了不少关乎存亡的争议事件。

其中，令整个运动形象倒退的危机更是屡见不鲜。2005年美国大奖赛，使用米其林轮胎的车队出于安全方面的考量要求变更赛道布局，但国际汽车联合会（FIA）拒绝做出让步。比赛最终演变成了一出只有六名使用普利司通轮胎的车手参加的闹剧。这一事件让F1在美国名声扫地，直到位于奥斯汀的美洲赛道建成，F1在当地的声誉才有所恢复。

本书共分为七章，章节内部的故事按时间顺序排列。"赛事"章节着重介绍了锦标赛赛制的变化，比如车队世界冠军、积分分配

上图：
1957年，法国鲁昂。莫里斯·特林蒂南驾驶蓝旗亚-法拉利801赛车准备参加法国大奖赛练习赛，彼时前置发动机赛车的优势仅剩一个赛季。

右页图：
1971年，蒙特惠奇公园赛道，西班牙大奖赛。并排起跑的法拉利车手杰基·伊克斯、克莱·雷加佐尼和马特拉（Matra）车手克里斯·阿蒙。

下图：
1959年，荷兰大奖赛。杰克·布拉汉姆在本场比赛夺得第二名。他驾驶的后置发动机赛车库珀Climax T51也帮助他成为该赛季的世界冠军。

制度、备用赛车，以及排位赛的赛制——这是自法里纳博士[1]赢得首场比赛以来始终困扰着F1的问题。

任何关于人为干预起步顺位或者倒序发车的建议都会让赛车纯粹主义者怒不可遏。但当最快的赛车从队尾起步时，往往能成就一场精彩绝伦的比赛。比如刘易斯·汉密尔顿在2021年的巴西英特拉格斯（Interlagos）冲刺排位赛中从队尾起步，并最终上升到了第五名。这场大胆的超车秀让老将费尔南多·阿隆索在得知刘易斯的最终排名时都感到佩服。更加有趣的是，在20世纪30年代，早期大奖赛的起步顺位居然是由投票决定的！

在这项运动最初的几十年里，发车格并不是交错排列的——每三辆赛车一排起跑，赛道够宽时甚至会有四辆并排的情况发生。排位赛也是由最早的两天、一天，减少到基于末位淘汰制的单圈速度比拼。重要的是，我们花了70年才做出冲刺排位赛的创新：2021年成功举办了三次冲刺排位赛，2022年将至少有六次（本书原作完成于2022年前）。F1技术主管罗斯·布朗认为，未来，冲刺排位赛将成为常态。

译者注
1　法里纳博士：指朱塞佩·法里纳，在1950年首个F1世界锦标赛中驾驶阿尔法·罗密欧赛车获得冠军，被后人尊称为博士。

　　由于轮胎对于F1车队的成功至关重要，采用唯一轮胎供应商便成了F1发展历程中的又一重大事件。在过去，车队可以选择凡士通、固特异、米其林和普利司通为他们供应轮胎，所以轮胎供应商开发出的更快轮胎也成了赢得比赛的重要一环。现在倍耐力成为单一供应商后，尽管车手们一直抱怨不得不采取保护轮胎的开法以至于比赛成了轮胎管理练习，但也确实省下了比赛之间进行轮胎测试的麻烦。车队也不用再担心所选的轮胎品牌远逊于对手，或者即使选到了最好的品牌，却发现该轮胎供应商的研发方向正倒向更可能赢得世界冠军的对手车队。还有一些本书囿于篇幅而未能收录的创新也同样重要，车手可以自由选择保留车号就是一例。以前，世界冠军车手下一赛季会固定使用1号作为赛车号码，而2014年废除了这一规定后，车手得以自行选择是否使用这一号码。刘易斯·汉密尔顿选择保留他原有的44号，而尼科·罗斯伯格在赢得世界冠军后即选择退役，所以"1号"已经有一段时间没有出现在发车格上了。一般而言，车手退役两年后，其原有的号码可以被重新启用，不过17号是唯一的例外：2014年朱尔斯·比安奇[1]在日本铃鹿赛道

译者注

1　朱尔斯·比安奇：前法国F1车手，1989—2015，曾效力于马鲁西亚车队。他在2014日本大奖赛的大雨中赛车失控撞上赛道旁的吊车，导致严重脑损伤，经过数月的抢救后不幸去世。

Canon
Labatt
CAMEL
RENAULT
elf
5
Bull

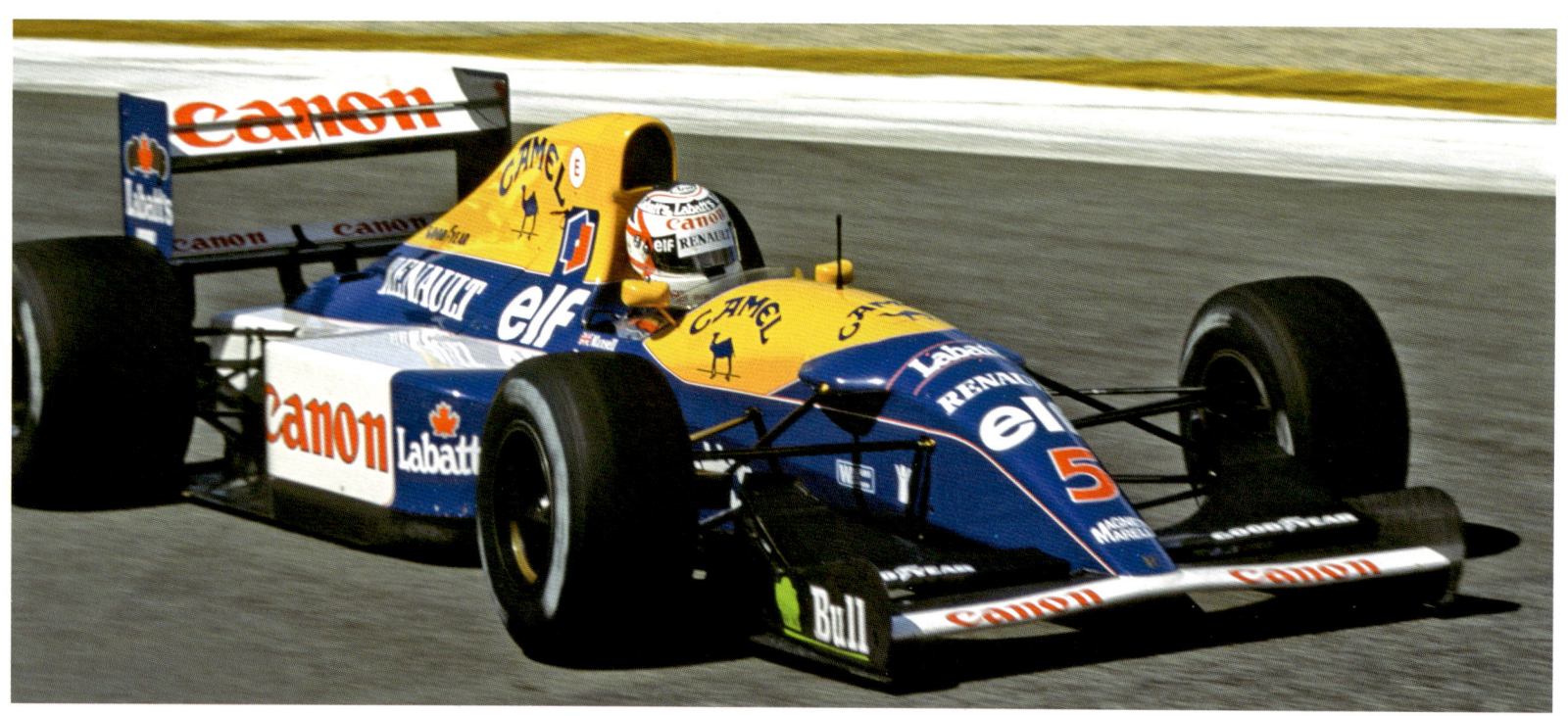

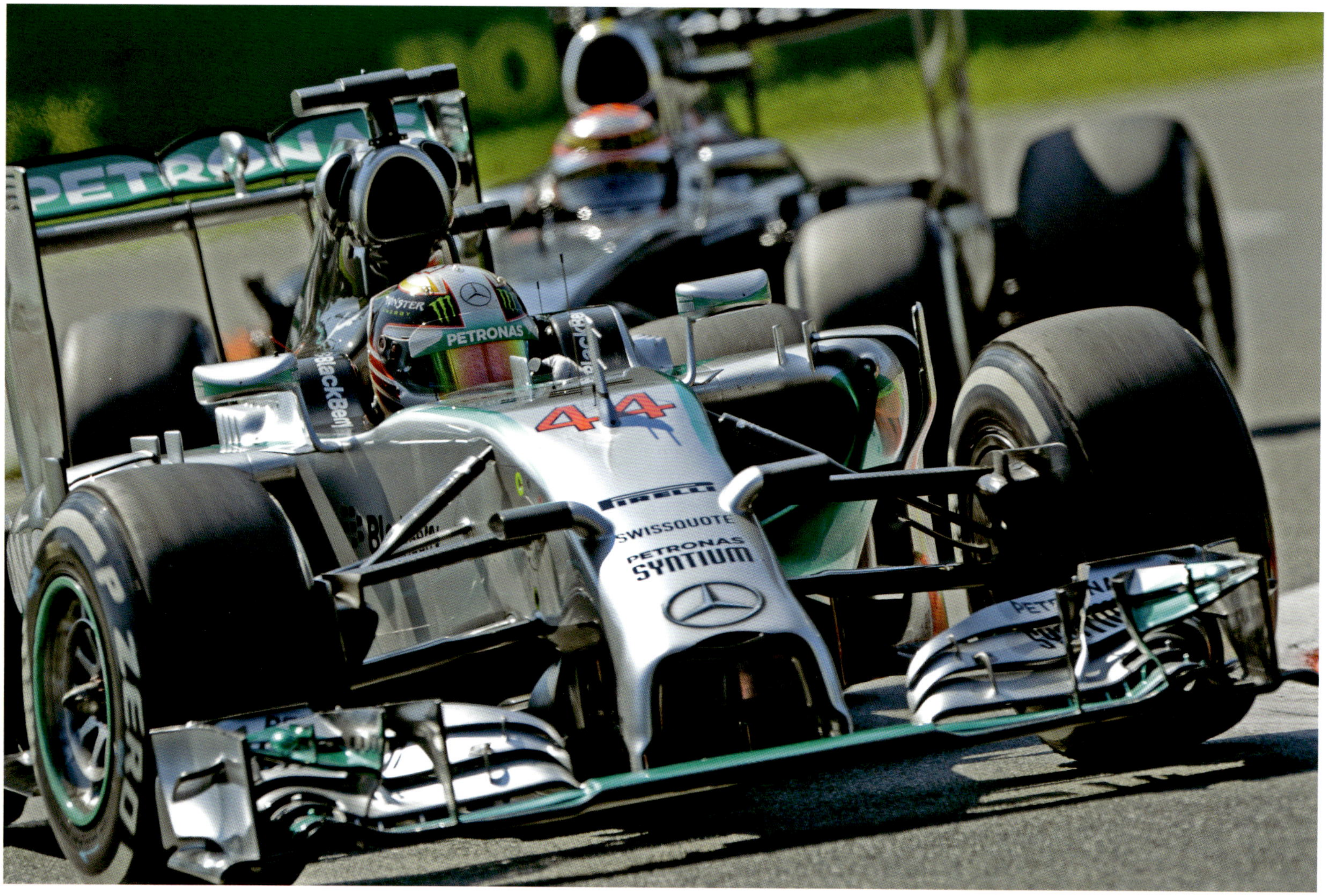
PETRONAS
44
PIRELLI
SWISSQUOTE
PETRONAS
SYNTIUM
P ZERO

左页上图：
奈杰尔·曼塞尔正驾驶着1992年的威廉姆斯FW14B赛车——高度自动化F1赛车的代表。

左页下图：
2014年混合动力发动机的引入使梅赛德斯车队进入了未曾设想的统治期，刘易斯·汉密尔顿迎来了他的冠军时代。

本页图：
2021年，车手们在银石赛道与2022赛季原型车合影。

的事故中不幸去世，为表对生命的尊重和对比赛与速度的敬畏，他的车号被永久禁止复用。

正是这位玛鲁西亚队车手的离世，促成了F1自强制使用安全带以来最重要的安全措施之一："Halo"座舱保护装置。在近年的比赛中，"Halo"已经保护夏尔·勒克莱尔、刘易斯·汉密尔顿和罗曼·格罗斯让免于重伤，甚至对格罗斯让来说，可能是救了他的命。2020年巴林站，他驾驶哈斯赛车失控撞穿了防撞护栏，赛车断成两半起火。得益于"Halo"的保护，这位车手不仅在撞击后仍然保持清醒，还逃脱了炼狱般燃烧的座舱。同这次事故一样，F1赛事的许多精彩瞬间记录于网飞的系列纪录片"疾速争胜"中。这部自由媒体集团入主F1后布局的纪录片，以旁观者的视角记录赛事，为观众群体的多元化做出了很大贡献。突然之间，F1有了越来越多的年轻女性观众。在伯尼[1]时代车迷减少、赞助商退出、观众老龄化背景下，再多的营销投入也做不到如此显著的改变。有人批评说，这部作品充斥着人为塑造的冲突情节，但它确实更能完整反映围场的日常状态、氛围和F1这项赛事的性格。在此之前，了解这些的窗口只有短短40秒的赛后采访，而其中的内容往往是车手不得不拼命回想自己在3号弯错过了刹车点的原因。

正是赛事的易主，才使得以下两项大刀阔斧的改革成为现实：一是预算帽（budget cap），其引入削弱了大车队的优势；二是2022赛季赛车设计规则的激进调整使得后车跟紧前车更加轻松。多年来，由于赛车尾部空气乱流过于严重，后车鼻翼在前车的废气乱流中难以发挥作用，想要跟紧前车绝非易事。随着气动规则的改进，即使2022年的维斯塔潘不能在与汉密尔顿的高速弯追逐中首尾相接，新的设计也会大大缩短他们之间的距离，我们也能看到更多扣人心弦的缠斗。

译者注
1　伯尼·埃克莱斯顿：前F1掌门人。他通过商业化和全球推广，将F1从赛车变成全球娱乐品牌，创建了F1制造商协会（FOCA）并影响了广播、电视转播权等商业领域。他的影响力和贡献塑造了现代F1。

1

第一章：赛事

左上图：
1950年英国大奖赛，胡安·曼努埃尔·方吉奥、朱塞佩·法里纳（驾驶阿尔法·罗密欧158）和雷格·帕内尔合影。

右上图：
1950年瑞士布雷姆加滕（Bremgarten）大奖赛发车区，路易吉·维洛雷西（22号）和阿尔贝托·阿斯卡里（18号）的法拉利赛车。

下图：
1950年，银石，阿尔法·罗密欧车队的"尼诺"·法里纳在临时搭建的英国大奖赛赛道上行驶，领先队友路易吉·法吉奥利。

右页图：
朱塞佩·法里纳在第一场大奖赛中摘得桂冠。那一年，他成为世界冠军。

1950

世界锦标赛之始

F1的萌芽就在英国北安普敦郡小镇——银石的不远处，一座废弃二战轰炸机训练基地中。

在"车手世界冠军"这个词出现之前，赛车运动已经有了半个多世纪的历史：早在19世纪90年代，法国人就在公共道路上举行了第一场竞争性汽车比赛。1906年，法国汽车俱乐部举办的大奖赛（Grand Prix）[1]，被认为是现代赛车运动的先驱。

与前一个世纪以跨城竞速为主的赛车早期探索不同，20世纪法国赛车俱乐部的比赛开创了固定场地竞速的先例——在勒芒（Le Mans）市附近103.2千米的路线上进行为期两天，每天六圈的比赛。这场比赛比该市著名的24小时耐力赛早了17年。场地赛车的创新想法很快被其他赛事效仿。

20世纪30年代曾举办过正式的欧洲锦标赛，塔齐奥·努沃拉里、伯纳德·罗斯迈耶和鲁道夫·卡拉乔拉等当时最优秀的车手都赢得过冠军。但随着第二次世界大战（二战）的爆发，赛事也随之中止。

好在停战后不久，赛车就恢复了原有的活力。1946年4月22日，意大利的路易吉·维洛雷西驾驶玛莎拉蒂赛车在尼斯大奖赛中赢得了冠军。这一赛季期间制定的新规则，后来成为F1（一级方程式）赛车的基础，尽管"一级方程式"这个名字数年后才正式启用。

1949年，国际摩托车联合会（FIM）举办了首季摩托车世界锦标赛，一年后，国际汽车联合会（FIA）也效仿着开展世界锦标赛系列赛事，不过只安排了七场比赛。其中六场是按照F1赛车规则在欧洲举行的大奖赛，还有一场是唯一的特例：与欧洲赛车性质完全不同而又久负盛名的印第安纳波利斯500（印地500）。在这个阶段，世界锦标赛只是车手之间的比拼，不符合F1规格的赛车也可以参赛。事实上，到了1952年和1953年，由于具备竞争力的F1赛车数量不足，比赛用车都是按照F2（二级方程式）赛车规则设计和制造的。1960年后，印地500不再计入F1的赛程。在这个十年中，德国大奖赛依旧保留了不限赛车规格的传统。得益于纽博格林北环赛道22.9千米的长度，赛道空间允许F2和F1车手同场竞技。当然，在这条历史悠久的赛道被移出赛历前的绝大部分时间里，还是以F1赛车之间的竞争为主。

1950年5月13日，阿尔法·罗密欧的车手朱塞佩·"尼诺"·法里纳在英格兰银石赛道赢下了F1的首场比赛。一周后的摩纳哥大奖赛上，法拉利首次参加F1，一条传奇之路就此启程。这支著名的意大利制造商车队（厂队）是唯一一支所有赛季都参赛的车队，不过这并不意味着法拉利参加了所有比赛，因为赛季中每场比赛都必须参加是很多年后才制定的规则。

得益于阿尔法·罗密欧赛车优越的可靠性，法里纳和队友胡安·曼努埃尔·方吉奥各取得了三场分站赛的胜利，法里纳最终赢得了首个赛季的世界冠军。方吉奥在下一赛季中更上一层楼，为阿尔法·罗密欧再添一冠。但自此这家伟大的意大利制造商就暂别了赛事和辉煌的成绩，之后只在20世纪70年代末作为布拉汉姆车队的发动机供应商，赢得了几场分站赛的冠军。

尽管阿尔法·罗密欧在早期占据统治地位，但它从未加冕过车队世界冠军，因为车队世界冠军的奖项于1958年才被引入。英国制造商范沃尔（Vanwall）成为首支获得这一荣誉的车队，这也是该车队最后一个完整的赛季。

译者注

1　Grand Prix：源自法语的"Grandes Épreuves"，早期泛指赛车比赛，后在FIA的反对下，与F1赛事挂钩，最终演变为特指F1大奖赛。

1957

"小作坊车队"
英国赶超意大利

在F1赛事的最初几年里，意大利车队统治了比赛。而随着时间的推移，实力的天平似乎逐渐向英国的小车队倾斜。

得益于宾利在勒芒24小时耐力赛上的成功，以及亨利·塞格雷夫驾驶阳光（Sunbeam）赛车夺得的几次胜利（1923年法国，1924年圣塞瓦斯蒂安），英国制造商在早期赛车运动中的表现算得上可圈可点，但在1950年世界锦标赛开始时，英国距离成为这项运动的全球中心还有很长的路要走。

来自法国（布加迪）、意大利（阿尔法·罗密欧、玛莎拉蒂）和德国（梅赛德斯-奔驰、汽车联盟[1]）的汽车制造商在二战前都取得了持续的成功。二战结束赛事恢复后，随着法拉利从1947年开始作为厂队入局，意大利车队逐渐占据了赛场的主导地位。

在F1世界锦标赛的前四个赛季中，意大利制造商赢得了32场比赛中的28场——所有大奖赛都无一败绩。但他们没能在其余四场印地500比赛中夺冠，因为该赛事使用的赛车完全不同。直到1954赛季的第四场比赛，梅赛德斯在位于法国兰斯的F1首秀中获胜并开启连胜，意大利车队的统治才被打破。

英国品牌，不论是从锦标赛之初就参赛的元老们——英格兰竞速汽车（ERA）、阿尔塔和荷史姆·沃尔顿（HWM），还是1951年首次亮相时就雷声大雨点小的英国赛车公司（BRM），都无一取得成功。直到1955年10月，23岁的托尼·布鲁克斯代表康诺特（Connaught）车队赢得锡拉丘兹大奖赛，才扭转英国车队的颓势。虽然那只是一场非锦标赛，但他击败了阵容强大的玛莎拉蒂，也为英国车队即将开启的传奇篇章埋下了伏笔。

从1956年开始，范沃尔车队就在F1中有着亮眼的表现。一年后，它成为第一支赢得分站赛的英国车队——在位于安特里的英国大奖赛上，布鲁克斯和斯特林·莫斯共同取得了胜利[2]。库珀（Cooper）曾参与1950年的摩纳哥大奖赛（美国人哈里·谢尔驾驶不符合F1规范[3]的1.1升双缸赛车），并从1957年开始正式参加F1世界锦标赛，其推出的中置发动机T43赛车最终促成了当时赛车设计理念的革新。1958年摩纳哥站首次参赛的路特斯（Lotus），也在20世纪60年代初成为围场[4]的一支重要力量。

在20世纪50年代的最后三个赛季，英国车队赢得了28场世界锦标赛（含3场印地500）中的17场，他们的意大利对手只赢得了8场。两国包揽了除印地500以外的所有冠军。对于BRM而言，尽管开端不尽人意，他们还是在1959年获得了第一场胜利，瑞典人乔·博尼耶在荷兰大奖赛上驾驶前置发动机的P25赛车夺冠。这一年，范沃尔和库珀分别加冕了这项运动的制造商冠亚军，而法拉利直到1961年才获得冠军。

虽然英国车队还没能完全逆转局面，但新秩序的浪潮正在悄然形成——英国开始逐渐成为赛车运动的中心。恩佐·法拉利对库珀和路特斯这样的车队并没有什么好感，还给他们贴上了"小作坊车队"的标签，他认为这些小车队跟自己的法拉利车队的根本没法比。这些英国车队可能确实没有能力自己制造发动机，但它们很快就会让法拉利如芒在背。

恩佐还无法预见到的是，在20世纪90年代，他自己的团队甚至会为了签下迈凯伦的设计师约翰·巴纳德而专门在英国萨里设立工作室。如今，有七支F1车队的基地位于英国，包括德国的梅赛德斯-奔驰、奥地利的红牛和法国的阿尔派（Alpine）。

译者注
1 汽车联盟：1932年由奥迪、DKW、霍希和漫游者四个早期的德国汽车品牌合并而成，二战后，汽车联盟最终演变成了今天的奥迪。奥迪标志中的四个环代表了汽车联盟的四个原始品牌。
2 共同取得了胜利：20世纪50年代，车手们可以通过轮流驾驶同一辆赛车来"分享"比赛成绩，平分所获得的积分。
3 不符合F1规范：该车是按照F2/F3规格制造的，而且1950年它只参加了摩纳哥大奖赛这一场比赛。
4 围场：指整个赛车场区域，本书中泛指F1赛事领域。

上图：
1953年，尼斯，法国大奖赛。彼得·柯林斯驾驶HWM-阿尔塔赛车，他下一赛季就转会去了范沃尔。

右下图：
1960年，英国大奖赛前。库珀汽车公司的"小作坊技师"们在围场里努力工作，为杰克·布拉汉姆、布鲁斯·迈凯伦和查克·戴格检查赛车。

左下图：
1957年，蒙扎，意大利大奖赛前。范沃尔车手托尼·布鲁克斯（右）俯身在斯特林·莫斯的座舱上。莫斯赢得了比赛，并在世界锦标赛中获得第二名。

本页图：
佩斯卡拉大奖赛前。沉思的斯图尔特·刘易斯-埃文斯。在1958赛季的收官战摩洛哥大奖赛上，他遭遇发动机失效导致的碰撞和起火，六日后因烧伤不治身亡，首届车队世界冠军范沃尔本应有的庆祝也中止，以为他默哀。

右页图：
1957年，鲁昂，法国大奖赛前。罗伊·萨尔瓦多里驾驶范沃尔4赛车。一年后，这款赛车为范沃尔车队赢得了首个F1车队世界冠军。

1958

车队世界冠军

从1950年到1957年，F1只有一个世界冠军奖项：车手世界冠军。从1958年开始，车队终于有机会为属于他们的奖杯而赛。

F1的前八个赛季中，只有获胜的车手才能被加冕为世界冠军。不过1958年，情况出现了变化：这一年，迈克·霍索恩代表法拉利夺冠，成为首位拿下车手世界冠军的英国人，而获得车队世界冠军的则是范沃尔。

自1954年首次亮相以来，范沃尔对F1的投入逐年增加，却从未参加过一个完整的赛季。即使在获胜的1958年，它也错过了在阿根廷举行的揭幕战（以及欧洲车队一般都会缺席的印地500）。

斯特林·莫斯和托尼·布鲁克斯两位车手在该赛季各贡献了三场胜利，9场6胜的战绩奠定了范沃尔车队世界冠军的地位。不过霍索恩驾驶法拉利246赛车的表现更为稳定，使他在积分榜上超越莫斯，成为车手世界冠军。值得一提的是，在波尔图举行的葡萄牙大奖赛上，霍索恩发生了一次失控打滑，由于重新推车启动时方向错误，他最初被判定取消比赛资格。正是对手莫斯发扬体育精神，出面为他作证，说服裁判撤销处罚，霍索恩才得以保住第二名的位置和6个积分，最终在赛季末以1分的优势战胜莫斯，赢得世界冠军。

范沃尔车队这项成就的意义不仅在于他们夺得了首个车队世界冠军，还在于他们成了唯一一支使用前置发动机赛车获得这项荣誉的车队。在范沃尔车队获胜的1958赛季中，中置发动机赛车开始逐步具备竞争力；1959和1960赛季，库珀车队取得两连冠，证明了中置发动机设计具备巨大的优势。

范沃尔车队获胜的这个赛季也带有悲剧色彩。车队的另一位车手斯图尔特·刘易斯-埃文斯在摩洛哥站发生了严重的撞车并导致赛车起火，他被送往医院，几天后就因烧伤而不治身亡，这个赛季也成了范沃尔车队的最后一个赛季。车队老板，实业家托尼·范德维尔因过度悲痛而险些威胁健康，在赛季结束后决定解散车队。不过范沃尔车队直到1961年前还在一些重要的比赛中出现。

范沃尔与BRM（1962）、马特拉（1969）、泰瑞尔（1971）、贝纳通（1995）、布朗GP（2009）一样，都只获得过一次车队世界冠军。不过贝纳通在被雷诺收购后，于2005年和2006年拿下两连冠。

2009年罗斯·布朗掌舵下的布朗GP车队完成了空前绝后的壮举，他带领精简版的本田车队，在车队首个也是唯一一个赛季中就获得了车手与车队双料世界冠军，这要归功于工程师们对F1技术规则的理解和独创的双层扩散器设计——虽然这一创新后来被许多车队效仿，但无一能复制布朗GP的碾压表现。布朗GP车队

左页上图：
1971年，奥地利环形赛道，奥地利大奖赛。杰基·斯图尔特驾驶泰瑞尔-福特赛车。

左页下图：
1962年，荷兰大奖赛。BRM的格拉汉姆·希尔领先丹·格尼的保时捷赛车和约翰·苏蒂斯的罗拉（Lola）赛车通过Hunzerug弯。BRM从1956年到1977年一直参加比赛，但仅在1962年获得过一次车队世界冠军。

上图：
布朗GP的车队世界冠军纪录难以打破，这支车队参赛的第一年（也是唯一一年）就拿到了车队世界冠军。

下图：
摄于瓦伦西亚的测试阶段。法拉利于1961年赢得了首个车队世界冠军，并逐渐成为围场内冠军数最多的车队。2008年，菲利普·马萨和基米·莱科宁为法拉利赢下了第16冠。

后来被卖给了梅赛德斯，逐步发展为混合动力时代F1的统治力量。顺便一提，这支车队的根源可以追溯到泰瑞尔，后者在1998年被英美车队收购，后来又被本田接管。

在绝大多数情况下，车队世界冠军是周期性的，法拉利、威廉姆斯、路特斯、迈凯伦和梅赛德斯等厂商轮流占据统治地位。但由雷诺提供动力的红牛车队却在2010年至2013年间连续四个赛季捧得车队世界冠军奖杯。这支车队从2000年到2004年一直为福特所有，以捷豹车队的名义参赛，但始终表现平平，直到曾带领阿登（Arden）车队赢下F3000[1]的克里斯蒂安·霍纳接手才得以翻身。得益于他丰富的经验，红牛很快便登顶车队积分榜榜首。

译者注
1　F3000：在2005年前，F3000是培养F1车手的重要赛事。在克里斯蒂安·霍纳的领导下，阿登车队赢得了多个F3000锦标赛冠军，并且培养了塞巴斯蒂安·维特尔等车手。

上图：
1968年，布兰兹哈奇，英国大奖赛。练习赛期间，约翰·苏蒂斯在本田维修区。

中图：
1968年，比利时大奖赛。让-皮埃尔·贝尔图瓦兹驾驶法国赛车色涂装的马特拉赛车通过La Source发卡弯。

下图：
格拉汉姆·希尔驾驶戈德立夫（Gold Leaf）烟草公司赞助的路特斯49赛车驶过Station发卡弯。

右页图：
1958年，比利时大奖赛。迈克·霍索恩（16号）和沃尔夫冈·冯·特里普斯（18号）的红色涂装法拉利赛车与斯特林·莫斯（2号）的绿色涂装范沃尔赛车并排起步。

1968

国际赛车色

F1赛车使用国际赛车色的传统延续了将近20年。这一传统始于世纪之交的戈登·班尼特杯赛。

1899年，《纽约先驱报》的富豪老板詹姆斯·戈登·班尼特提议举办以国家为参赛单位的汽车比赛，而非车队各自为战。他建议给每个国家的赛车分配一种颜色，以便在赛场上区分国籍。第一场比赛于1900年6月14日在法国巴黎到里昂的公路上举行，来自法国、美国和德国的参赛选手分别驾驶蓝色、红色和白色赛车。两年后，英国以绿色涂装入场参赛，从此以后，"英国赛车绿"便成了英国赛车的一张名片。

戈登·班尼特杯的最后一场比赛于1905年7月在法国克莱蒙费朗（Clermont-Ferrand）山脉的一条路线上举行，而最初的大奖赛则以更接近当代赛车的形式于次年夏天在勒芒附近开始举办。在杯赛短暂的时光里，国际赛车色逐渐正规化，法国和英国分别保留了之前的蓝色和绿色，意大利换成红色涂装，比利时采用了黄色，而美国则开始使用白底蓝条纹的涂装。关于德国使用的银色涂装，有一个故事广为流传（在梅赛德斯车队经理阿尔弗雷德·纽鲍尔的自传中就有提及）：德国之所以在20世纪30年代从白色换成银色涂装，是因为纽鲍尔指示车队在1934年的德国站剥去赛车表面的白色油漆以减轻车重至规定范围内，而露出了材料原色导致的。不过历史学家指出，这场比赛中实际上并没有车重限制，而且赛车一开始就没有被涂成白色，所以这个故事纯粹是杜撰出来的。

不论如何，梅赛德斯和竞争对手汽车联盟的银色赛车确实在这十年中创造了"银箭（Silver Arrows）"的传奇，而奔驰在1954年和2010年重返F1时，都重新使用了这一色调。

法拉利于20世纪40年代加入大奖赛，与菲亚特、玛莎拉蒂和阿尔法·罗密欧一样使用了红色涂装。不过，法拉利的车身颜色也出现过一些例外：1953年，为了欢迎迈克·霍索恩加入车队，恩佐·法拉利在揭幕战阿根廷大奖赛中将这位英国车手的法拉利500漆成了英国赛车绿。1961年的比利时大奖赛上，本地车手奥利维

尔·根德比恩代表法拉利车队参赛，他的156赛车则被涂成了象征祖国的黄色，即他曾效力过的比利时国家队涂装。

1964赛季尾声，恩佐·法拉利因为勒芒赛事的新车型未能获准以GT组别参与下一年的比赛而大发雷霆，还将失败归咎于意大利赛车主管部门。他发誓法拉利车队今后绝不会再为祖国涂上红色车漆。因此当年最后两场大奖赛，法拉利赛车是以北美车队[1]的名义参加的，故而使用了美国的白底蓝条涂装。直到次年赛季初之前，恩佐才冷静下来，重新启用了红色涂装。

20世纪60年代初，赛车运动的商业化迹象开始逐步显现：金融公司约曼信贷开始为两支车队提供赞助。当然，直到20世纪60年代末烟草赞助商出现以前，赛车外观都以国际赛车色为主。至于烟草公司赞助的出现，那就是另一个故事了。

译者注
1　北美车队（NART）：由法拉利北美进口商路易吉·希奈蒂创办。

跨页图：
1967年，纽博格林，德国大奖赛。头排发车的是路特斯-福特车队的吉姆·克拉克（3号）、布拉汉姆-雷普科（Brabham-Repco）车队的丹尼·赫尔姆（2号）、BRM车队的杰基·斯图尔特和鹰-韦斯莱克（Eagle-Weslake）车队的丹·格尼（9号）。

右页图：
1980年，荷兰大奖赛。勒内·阿尔努和让-皮埃尔·雅布伊驾驶RE20赛车从头发车。

1973

发车格：2×2起步

现代F1的发车格的排列非常精准：总共十排，每排间距16米，同排起步的两辆车之间有所错位。但发车布局并非向来如此。

交错排列的2×2发车格是从1980年阿根廷布宜诺斯艾利斯大奖赛开始成为常态的。这种布局从安全角度考虑，可以增加起步时赛车之间的空间，以防在进入1号弯时过度拥挤。这一理念曾在紧凑而危险的摩纳哥赛道进行过测试，后来才从1980年延续至今，成为F1的惯例。在那场比赛中，阿兰·琼斯为威廉姆斯车队夺得杆位（正赛头名起步），并在正赛上拉开差距，轻松取胜。

与现今标准化的发车格布局形成鲜明对比的是F1早期不断变化的发车排列。1950年银石赛道的揭幕战中，赛车是按4-3-4（一排4辆车，一排3辆车，如此交替）的队形起步的，一周后在摩纳哥变成了3-2-3，到了收官的意大利站，又按照4-4-4的格式排列。当时，发车格排列并不受规则的限制，而是由主办俱乐部的意愿和赛道宽度的实际情况决定的（20世纪60年代初，英国诺福克的斯特顿赛道举行过几场非锦标赛F1赛事，赛车甚至按5-4-5的队形起步）。

直到1973年末之前，发车格排列一直是可以灵活调整的。到当年比赛尾声时，赛会决定引入标准化的2-2两车并排起步排列模式，作为系列安全性规则的一部分。最后一场不采用2-2并排起步的是1973年在赞德沃特举行的荷兰大奖赛，这场比赛使用3-2-3起步排列，发生了惨烈的事故。罗杰·威廉姆森的马奇（March）赛车发生碰撞侧翻后即被火舌吞噬。他的队友大卫·珀利试图停车营救，但最终未获成功，威廉姆森不幸死于烧伤和窒息。

精心组织的发车排列并没有完全消除第一圈事故多发的情况——现如今，起步时发生撞车仍然是很常见的情况。部分原因是如果某位车手的起步很糟糕，那他很可能会成为"瓶塞子"，挡住后面的其他车手，而所有车手又都是会趁着起步用最短的时间超越最多的对手的机会主义者。还有一点非常重要，那就是现在的F1赛车尺寸比以前长得多、宽得多。

2018年，F1首席技术官帕特·西蒙斯表示，正在考虑进行模

拟器试验，以评估改变发车布局模式的可行性，考察其究竟是能改善发车时的混乱情况，还是只会造成更多事故。但截至目前，没有任何迹象表明发车规则会进行调整。

随着时间的推移，起步时的许多步骤都发生了重大变化，起步信号从最初的挥旗（发令者的位置可能离飞驰而过的赛车只有几英寸）变成了如今使用龙门架和自动灯光信号。翻看20世纪50年代或60年代的照片，你会发现起步时站在赛道旁的摄影师与他们拍摄的赛车之间没有任何保护屏障。现在看来，这样做似乎很鲁莽，但在那个时代，赛车运动的安全保障不到位，起步事故可能会引发大火，造成严重的伤亡。所以赛车手们都很谨慎，不会在开场的几个弯道里做太大胆的动作。

1974

F1计时

赛车越来越快、赛道越来越短，单圈用时也随之减少，于是计时的精确度就显得愈发重要。精确计时不仅为排位赛提供更可靠的依据，也能为车队评估赛车性能提供重要参考。

最初，每场大奖赛的组织者仅负责排位赛和正赛的计时工作，具体而言，通常是由主办国的汽车俱乐部来完成。练习赛期间，由于维修区几乎没有空闲的工作人员，车手的圈速通常是由他们的妻子或女友用机械秒表记录的，精度在十分之一秒左右。

随着赛车在赞助时代变得更加有组织，车队开始雇佣专职计时员，比如米歇尔·杜博斯克，专门为马特拉车队的赛车计时。1971年，数字技术的发展已经可以让计时精确到百分之一秒，当年意大利蒙扎大奖赛上，主办方计时员以1分22.82秒的成绩认定法拉利的杰基·伊克斯取得杆位。而杜博斯克为马特拉旗下车手克里斯·阿蒙记录的成绩是1分22.40秒，比官方认定的杆位更快。重新核实后，赛事主管决定接受马特拉车队的计时并撤回法拉利的杆位，不过为时已晚——媒体对"法拉利主场夺杆"的宣传已经铺天盖地，这样的新闻绝对利好周日的门票销售。

同年，名表品牌泰格豪雅（TAG Heuer）的掌门人杰克·豪雅与恩佐·法拉利签约成为车队的计时供应商（传说是由于恩佐不信任勒芒的法国计时员）。虽然法拉利不愿意出资，但豪雅则意图利用法拉利赛车为他们增加曝光，于是双方达成协议，豪雅向每位法拉利车手支付2.5万瑞士法郎，以换取他们在工厂拿着金色秒表合照宣传的机会。三年后的1974年，泰格豪雅成为F1的首个官方计时供应商。

泰格豪雅推出了自动汽车识别计时系统（ACIT），利用应答器将车辆计时精确度提升到百分之一秒。该系统不久后就被卖给新的F1计时合作伙伴浪琴-奥莉薇蒂（Longines-Olivetti）。ACIT后来被荷兰AMB公司推出的MYLAPS系统所取代，该系统利用安装在赛道上的计时线圈接收应答器发出的数字信号记录圈速。像这样，F1的历任官方计时合作伙伴——泰格豪雅、西门子（Siemens）、LG、宇舶（Hublot），以及2013年至今的劳力士（Rolex）——不断地为赛事提供计时技术创新。

如今，每辆F1赛车都装有一个含7～8位数字代号的应答器，嵌入赛道的计时线圈会在赛车通过时接收数据并传输到赛道边的设备箱上，再由设备箱中的解码器、网络控制器、电池控制器和光纤收发调制器进一步处理和传输。这样的计时线圈在赛道中可以多达40个，于是车队就能从维修区通道旁的车队指挥中心或车库内部的监视器中查看车手通过这些"小计时段"（mini-sector）的用时。为了让转播商和订阅F1实时圈速直播服务（live timing）的车迷更容易理解，主办方每圈都会提供完整圈速和三个计时段的用时，并以颜色提示车手的速度变化。所以，如果比赛解说员说到某位车手"刷紫"，则意味着他创造了这一计时段的全场最短用时；而如果只是"刷绿"，则说明这位车手完成了该计时段的"个人最好成绩"。以上这些信息都可以通过F1官方网站（www.F1.com）查询。

根据相关协议，F1赛道运营方有义务维护计时线圈和解码器，以便F1计时人员通过简单操作就可以从电脑上接入系统。不过对于街道赛来说，需要提前几天安装长达数英里的电缆及复杂的系统、摄像机和解码器。计时人员随比赛周游世界，其中包括一个多达10人的团队专门负责向公众和媒体提供计时信息，还另有10～15人负责向赛事控制中心提供可靠的计时数据。

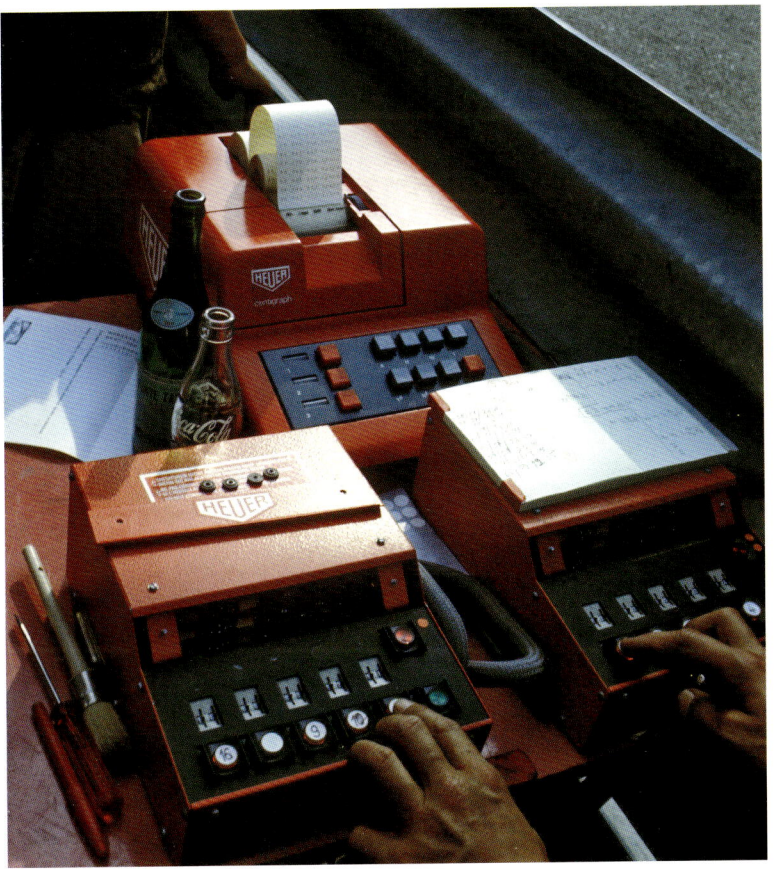

左页图:
1973年,英特拉格斯,巴西大奖赛。巴布罗·彼得森和路特斯车队总经理科林·查普曼手持秒表,监测罗尼·彼得森的进展。

左下图:
1976年,安德斯托普,瑞典大奖赛。法拉利车队的计时设备。

上图:
1983年,斯帕-弗朗科尔尚,比利时大奖赛。练习赛上,法拉利车手勒内·阿尔努正在研究对手的圈速。

右下图:
如今,数据已经不再匮乏,每条F1赛道都内置了多个计时线圈。在2020年巴林站的练习赛中,小红牛(Alpha Tauri)车队在维修区通道旁的车队指挥中心监测数据。

左页上图：
1982年，切辛顿（Chessington）工厂。布拉汉姆车队连续做出创新的设计师戈登·穆雷和车队老板伯尼·埃克莱斯顿在BT50赛车前讨论。

左页下图：
1983年，英国大奖赛。维修区布拉汉姆-宝马车队的加油设备。一年后，赛中加油就被禁止了。

本页图：
1968年，沃特金斯·格伦，美国大奖赛。布拉汉姆车队首席机械师罗恩·丹尼斯为他的老板杰克·布拉汉姆的BT26赛车加油。注意加油口的位置在车手前面很远的地方。

1982

赛中加油的重现

布拉汉姆解决宝马发动机的稳定性问题之后，设计师戈登·穆雷的赛中加油主意又一次改变了F1的游戏规则。

胡安·曼努埃尔·方吉奥在1957年德国大奖赛上的胜利——有史以来最著名的胜利之一——就是通过加油策略赢得的。这位玛莎拉蒂车队伟大的阿根廷车手决定使用更具优势的轻载油赛车和更软的轮胎来对抗迈克·霍索恩和彼得·柯林斯的法拉利赛车。他的加油策略差点失败，在第12圈，方吉奥带着28秒的优势进站加油，机械师弄丢了轮毂螺母，浪费了52秒，导致他出站时落后了48秒。幸运的是，在剩下的10圈比赛中，他以打破纽博格林北环（纽北）赛道纪录的速度追赶，终于在倒数第二圈超越了法拉利赛车，将第五个世界冠军收入囊中。

加油在当时并不是什么新鲜事，但却通常是发动机更大、更耗油的车型，在高速赛道上的被迫之举。到了20世纪50年代末，轻量化的中置发动机车型出现了，让车队在使用更小油箱的同时避免了中途加油这个耗时的过程。

随着F1第一个涡轮增压时代的到来，更重的发动机和额外的燃料重量促使布拉汉姆设计师戈登·穆雷在25年后重新考虑加油策略。1982年，搭载考斯沃斯DFV发动机的赛车最后一次赢得冠军。这一年，宝马推动布拉汉姆BT50赛车使用直列四缸涡轮增压发动机，取代考斯沃斯驱动的BT49。

宝马的涡轮增压发动机比考斯沃斯的重30千克，需要多9加仑的燃料。配备了车载千斤顶和加压式燃料泵的BT50赛车于英国布兰兹哈奇大奖赛亮相。但是布拉汉姆车手里卡多·帕特雷西在起跑线上就熄火了，同队的纳尔逊·皮奎特跑了9圈后也不得不因故障退赛。

更多的机械故障困扰着车队，在保罗·里卡德和霍根海姆赛道的比赛中，车辆都没能撑到预定的加油圈数。奥地利站，他们才终于完成了首次加油进站：发车后帕特雷塞获得了很好的领先优势，在比赛进行到24圈时进站换胎，并加注了24加仑的燃料，用时14秒。可惜的是，虽然他出站后仍处于领先位置，但是发动机在此之后3圈就坏了……

不可靠的发动机注定了布拉汉姆的1982赛季愁云密布。整个赛季，车队最好的成绩仅仅是皮奎特在第戎（Dijon）取得的第四。赛季结束时的回顾中，戈登·穆雷认为该策略是一个失败："它只是

给我们的赞助商提供了更多曝光度,而不是为了我们能赢得比赛。"

然而,1983年巴西的揭幕战中,皮奎特驾驶新的布拉汉姆BT52赛车在加油后以20秒的优势获胜。更有趣的是,对手威廉姆斯也根据计算为科科·罗斯伯格的考斯沃斯发动机赛车制定了赛中加油的策略。然而由于燃料从加油口的螺丝孔中渗出,罗斯伯格遭遇了闪火。他解开安全带并爬出车外,直到火焰被扑灭才得以重新返回比赛。尽管他重返比赛后降到了第九名,软胎的优势使他能一路披荆斩棘重新上到第二位。可惜的是,因为他在维修区推车启动赛车导致了违规,这一成绩惨遭取消。

有了这样的先例,所有车队都开始跟风加油。赛事进入了一个

比较危险的时期，毕竟迫使燃料尽快注入油箱的竞赛很容易造成安全隐患，于是赛中加油在下一个赛季被叫停。直到十年后标准限流加油设备的引入，加油才得以恢复。但从2009年起，F1再次禁止加油，因为对于现代F1来说，这样做不仅增加成本，实质上还将一场大奖赛切割成了几段小冲刺排位赛。

左页图：
1995年，斯帕-弗朗科尔尚，比利时大奖赛。埃迪·欧文的乔丹-标致赛车在进站期间起火。在允许赛中加油时期的早期阶段，规则没有要求车队人员在维修站内部等待。

本页图：
2008年，新加坡大奖赛。在F1历史上首场夜间比赛期间，菲利普·马萨在加油软管还未拔出时就试图驶出维修站。

右页上图：
1956年，蒙扎，意大利大奖赛。法拉利有五辆赛车参赛。近处是胡安·曼努埃尔·方吉奥的赛车（22号），远处的26号赛车由彼得·柯林斯驾驶。

右页右下图：
格鲁亚尔·奥利维尔和他的Fondmetal赛车。这款赛车稳定性非常差，以至于在1991年赛季的前五场比赛中都没有通过预选赛。

右页左下图：
1980年，奥地利大奖赛。练习赛前，戴好头盔的奈杰尔·曼塞尔在维修区。这场比赛，他排位成绩垫底。

1992

双车制

法拉利在20世纪50年代就拥有四辆赛车，而只能负担一辆赛车的私人车队也被允许参赛。到了20世纪70—80年代，双车制成为主流，但仍有少数单车车队存在，这并不违反规则。

1992赛季是F1历史上的一个里程碑。在爆胎让他痛失冠军的六年后，奈杰尔·曼塞尔终于驾驶埃德里安·纽维设计的威廉姆斯FW14B赛车圆了冠军梦。从斯帕赛道进入F1围场的迈克尔·舒马赫，在参赛一年后取得了首个胜利，开启了辉煌之路。而曾经成功的布拉汉姆车队因为长期受困于资金问题而在这一年退出了赛场。

这一赛季也确立了F1赛事的新格局，16支车队均承诺以双车的形式参加比赛，车队和赛车数量更加整齐、平衡。

在20世纪50年代，私人车队的赛车经常是参赛车辆的大多数。例如，在1958年的德国大奖赛中，有十辆库珀赛车参赛，其中只有三辆属于厂队，其余的都是私人参赛者驾驶的。另外还有两辆范沃尔，四辆法拉利，两辆BRM，三辆路特斯（其中两辆属于厂队），几辆保时捷和两辆私人参赛的玛莎拉蒂。

没有规则要求车队必须参加每一场比赛，所以有些车手可以根据自己的所在地、预算等情况来自由选择想要参加的分站。

多年来，厂队会在部分分站赛中多派出一辆车，让年轻车手有机会得到锻炼。奈杰尔·曼塞尔和乔迪·谢克特两位传奇冠军车手就是从此出发，二人分别在1980年的奥地利和1972年的美国大奖赛上驾驶路特斯和迈凯伦的第三辆车首次参赛。到了20世纪70年代末期，虽然二手F1赛车相对便宜，强劲的考斯沃斯发动机也随处可得，但伯尼·埃克莱斯顿领导的F1制造商协会（FOCA）掌控着制定规则的权力，他们试图将私人参赛者排除在F1的小圈子之外。布莱恩·亨顿在1977年尝试用自制的马奇赛车参加了几场大奖赛，但他认为："很明显，伯尼不喜欢我们这样用旧货车来运输赛车的车队，他觉得我们影响了F1的形象。他想要的是展现专业形象的赛车和车队——事实证明他是对的。"

1980年美国大奖赛成了私人车队的终章，RAM车队的鲁佩特·基冈是最后的私人参赛车手，他驾驶的是威廉姆斯车队提供的赛车。

从1981年开始，私人参赛者完全退出了比赛，因为新规要求只有自行制造底盘的车队才能参赛，而且每场比赛都必须参加，只有处在试水期的新车队有存在例外。而允许额外参赛车辆的规则最终持续到1985年。这一年法国人弗朗索瓦·埃斯诺驾驶雷诺的第三辆赛车参加了德国大奖赛。从那以后，一直有传言认为如果参赛队伍数量进一步缩减，允许三辆赛车参赛的规则会被再次引入，但直到现在，F1围场都没有收缩的势头。

意大利的Fondmetal和Coloni车队于1991赛季末离开围场，他们是最后一批以单车形式参加大奖赛季的车队。自此以后，除非有不可抗力（例如车手受伤），F1参赛车队开始统一采用双车阵容。

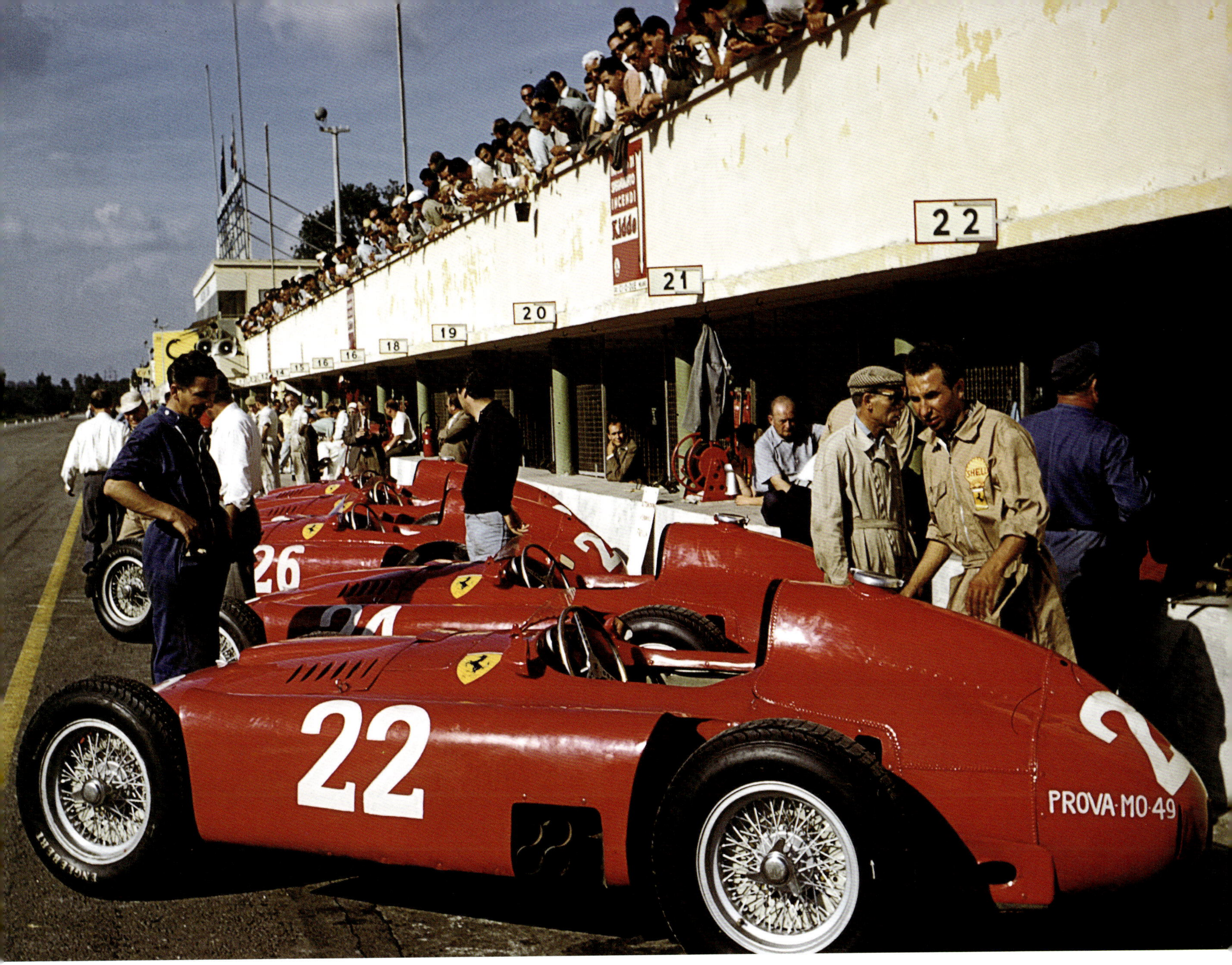
22
21
20
19
18
26
22
PROVA·MO·49

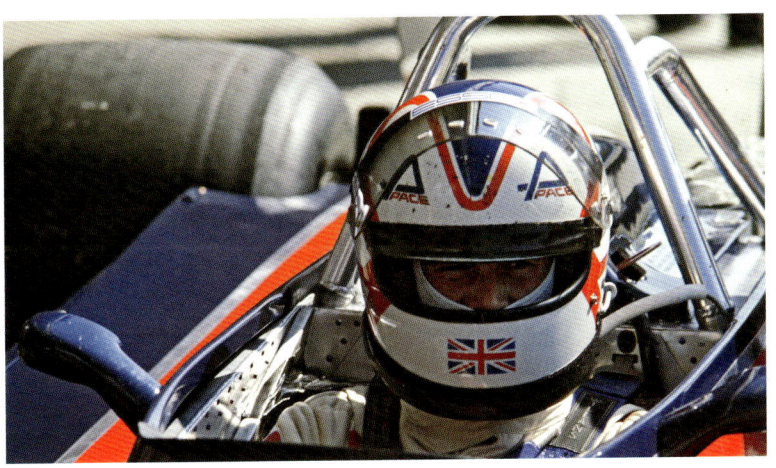

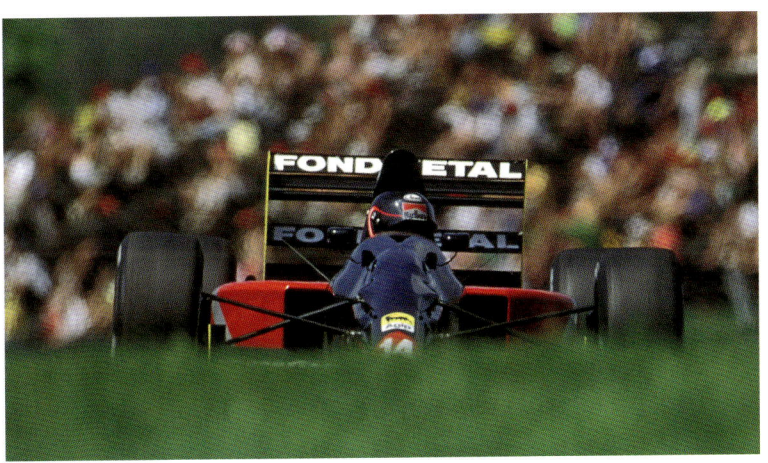

左页图：
1968年，纽博格林，德国大奖赛即将起跑。由于早期F1是几辆车并排起步，当时的排位赛重要性不及现在。

本页图：
1989年，斯帕-弗朗科尔尚，比利时大奖赛。朝阳中的维修区，铃木亚久里和贝恩德·施耐德即将驾驶Zakspeed-雅马哈赛车参加预赛。

1996

排位赛的进化

当代赛车运动有着很强的组织性，这让人很难想象在早期大奖赛中，发车顺位是由投票决定的。

直到1933年的摩纳哥大奖赛，才开始使用练习赛的圈速作为正赛发车顺序的依据，圈速越快发车位置越靠前。1950年F1世界锦标赛开始之后，这一程序得以延续，那时使用手持秒表计时，精确到十分之一秒。

从20世纪60年代中期开始，北美洲的赛事计时就能精确到百分之一秒了，而欧洲的比赛到20世纪70年代早期才达到这一精度。随着计时工具精确度的提升，有些国家从20世纪80年代初开始能做到千分之一秒。

备用计时系统也被引入，以保证在极端情况下也不会出现计时错误，比如1997年在赫雷兹举行的欧洲大奖赛：排位赛中，三位领先选手雅克·维伦纽夫、迈克尔·舒马赫和海因茨-哈拉尔德·弗伦岑都做出了1分21.720秒的圈速。在圈速相同的情况下，最终排位顺序依据做出这一圈速的时间顺序而确定。因此，杆位得主雅克·维伦纽夫与第二名和第三名之间的差距是0.000秒，这场排位赛也因此创下了一个后无来者的纪录。

从世界锦标赛开始举办的45年来，排位赛的理念基本上没有改变。在某些赛季，当参赛车队较多，车辆总数超过30辆车的限制时，正式的排位赛之前，通常还会在周五上午举行时长1小时的预选赛（pre-qualifying）。一些小车队的比赛周末就止步于此了，而入选排位赛的30辆赛车中，还有四辆会在排位赛阶段被淘汰，最终只有26辆车能参加正赛。在最近的20年里，随着参赛车队的减少，参赛车辆已经少于26辆，"107%规则"[1]就成了车手参加正赛的唯一障碍，虽然这条规则并不总是强制执行。

从1996年开始，为了增加周六比赛的观赏性，排位赛赛程从两天缩减到了一天。两天制的排位赛的问题在于，如果周五是干地而周六下雨，那么在周六圈速无法超越周五的情况下，车队也就不会在赛道上浪费时间了。不过，新的排位赛赛制也有不足之处：强队一般会先在维修区按兵不动，等实力较弱的车队刷新圈速，清理赛道表面。结果是赛道上的空窗期越来越长，电视转播只能给观众展示空荡荡的赛道……

为了应对这种情况，FIA提出了新的排位赛模式：每次只能有一辆赛车进行飞驰圈[2]以确保赛场上总有车在跑动。这项改进从2003年开始实施，尽管车队或车手总会发现新的漏洞，FIA每年也都会进行重大调整，但这种模式最终仅实施了三个赛季就中止了。比如，2004年的英国大奖赛，迈克尔·舒马赫为了避免第二节排位赛即将到来的降水影响成绩，故意在第一节排位赛打滑，以便在第二节获得靠前的发车位置。

2006年以后，F1开始采用"三节淘汰制"排位赛，最慢的车手在每节比赛结束时被淘汰，前10名的车手在第三节进行最后的排名，与如今排位赛模式大致相似。在2009年年底之前，排位赛的载油策略是与正赛相关的：大部分车队会为赛车加足够在正赛中撑到第一次换胎的油量，但也有车队会用较少的油量为弱势车手在排位赛中获取短暂的性能优势。从2010年禁止赛中加油后，所有车队又都回到了传统排位赛载油策略的同一起跑线。

2016年，规则再次略有改变：所有车手有5分钟时间做出基础圈速成绩，之后每90秒淘汰一次最慢的车。这导致每一节排位赛开始时所有车队倾巢出动，而到比赛结尾时几乎没有车队上场刷新圈速，因此这种模式仅实施两场大奖赛就悄然消失了。

译者注
1   107%规则：该规则要求在第一节排位赛（Q1）中，被淘汰车手的最快圈速必须至少达到该节全场最快圈速的107%，否则将无法获得参加正赛的资格。
2   飞驰圈：flying lap，即车手在排位赛中进行圈速刷新的一圈驾驶。

2003

备用赛车

本页图：
1986年，布兰兹哈奇，英国大奖赛。奈杰尔·曼塞尔和队友纳尔逊·皮奎特驾驶威廉姆斯-本田FW11赛车，激烈地争夺第一名。

右页上图：
2002年，马来西亚大奖赛。奥利维尔·潘尼斯驾驶英美-本田赛车。

右页下图：
1996年，加泰罗尼亚，西班牙大奖赛。迈克尔·舒马赫在滂沱大雨中一骑绝尘。

当车手有两辆赛车可选的时候，在不同情况下实现赛车的最佳调校会容易得多。然而当队友因撞车而占用了备用车时，情况就会变得棘手了……

自F1世界锦标赛之始，备用赛车就出现了。备用车也被称为"T赛车"。"T"字的含义众说纷纭，有人说它代表"训练"（Training），因为F1的练习赛在有一些国家也被称为"训练赛"；其他说法还有"第三辆"（Third）或者"车队"（Team）赛车。

备用赛车的调校设置会偏向一号车手[1]，他们通常会在签合同时向车队争取备用赛车的独家使用权（除非队友的车出现不可修复的损伤）。备用车也有可能装有研发中的发动机等部件，以便在相同的调校下与常规比赛用车进行横向对比，或者采用与常规比赛用车截然不同的调校以应对天气变化。迈克尔·舒马赫在1996年的巴塞罗那站就靠湿地调校的备用车统治了全场。

与主流的猜想不同，舒马赫与法拉利的合同中实际上并没有规定他可以优先使用备用车，而是根据车手排名来确定优先级，虽然这在舒马赫统治F1的时代实际上是一回事。

1997年，威廉姆斯车队的世界冠军雅克·维伦纽夫在夺冠两年后与英美车队签下的合同中则规定他始终拥有备用赛车的优先使用权，以至于在2001到2002年的34场比赛中，他的队友奥利维尔·潘尼斯仅有两次正赛和一次排位赛的机会使用备用车。

最出名的备用车斗争出现在1986年的威廉姆斯车队。一年前纳尔逊·皮奎特以两届世界冠军的身份与威廉姆斯车队签下合同时，队友奈杰尔·曼塞尔还没赢过比赛。而同年不久之后，曼塞尔便在布兰兹哈奇和卡亚拉米赛道取得两连冠。

皮奎特坚持认为自己和弗兰克·威廉姆斯有过口头协议，让他享有一号车手的地位和备用车的优先使用权，然而这些内容并没有写进合同。1986年季前测试结束后，弗兰克离开保罗·理卡德赛道时遭遇了改变他余生的严重车祸，皮奎特在赛场上无法再得到他的支持。加上曼塞尔正以四赛三胜的姿态向英国大奖赛迈进，他的地位进一步受到威胁。

1986年布兰兹哈奇的练习赛中，曼塞尔临时驾驶过为皮奎特调校的备用车，很不适应。在那时，威廉姆斯-本田的FW11赛车

译者注
1 一号车手：通常是队内最有实力或者最有夺冠可能的车手，往往能获得队内的资源倾斜。

独当一面，两辆赛车锁定了前排起步，而皮奎特排在杆位。正赛，曼塞尔起步发挥更好，刚进第一弯就开始试图超越队友，可惜这时他的赛车差速器突发故障。他这场比赛本应就此结束，不过后方也发生了事故：蒂埃里·布斯登赛车失控引起了混乱，雅克斯·拉菲特则遭遇了断送他F1生涯的严重事故。解救拉菲特使比赛推迟了80分钟，曼塞尔得以借此机会带着自己的赛车座椅和安全带坐进了皮奎特的备用车重新加入比赛。

短暂地落到第三位后不久，曼塞尔超过格哈德·伯格，再次追上了皮奎特。在半程进站换胎时，他成功取得微弱的领先优势，整个赛场都沸腾了。下半程，两人你追我赶，接连打破赛道纪录。直到比赛尾声，曼塞尔仍有优势，最终率先冲线。这场比赛不仅奠定了他对皮奎特的积分优势，更是最令他得意的一场胜利——用皮奎特的备用车击败皮奎特。

直到2003年，备用车才因缩减开支的目的被禁止。如今，车队可以携带一套备用底盘，但不与任何车手绑定，只能在审查员认定正式赛车底盘受到严重损坏时才能组装使用。

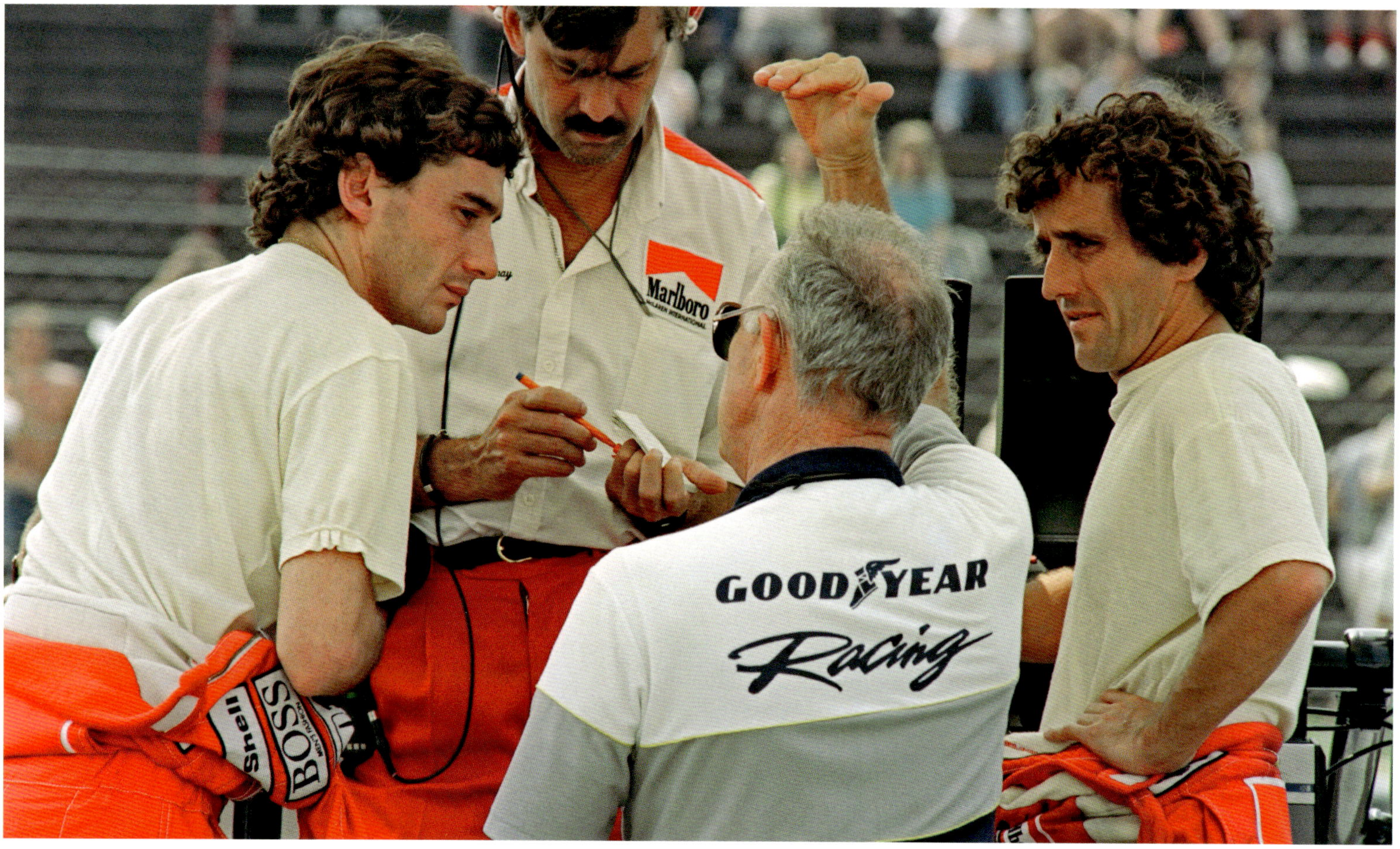
Marlboro
GOODYEAR
Racing
BOSS
Shell

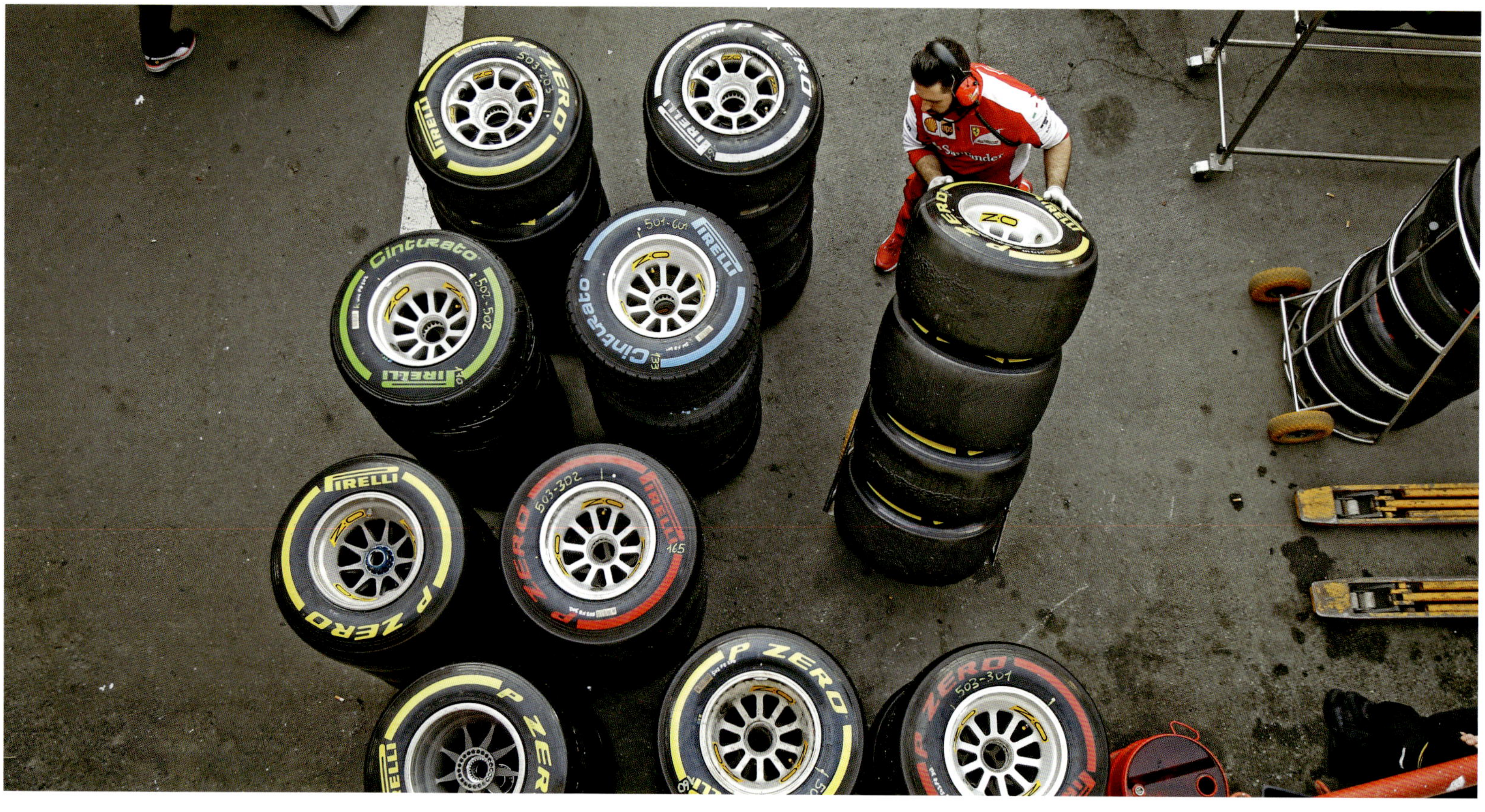
PIRELLI
P ZERO
Cinturato
503-303
501-601
502-302
503-302
503-301
165
Santander

左页上图：
1989年，匈牙利大奖赛。迈凯伦车队的埃尔顿·塞纳、戈登·穆雷和阿兰·普罗斯特在第一节排位赛中听取固特异轮胎技师的意见。

左页下图：
2015年，巴塞罗那。法拉利正在对一批倍耐力 P ZERO 轮胎进行测试。

本页图：
2006年，加拿大大奖赛。费尔南多·阿隆索正庆祝他为雷诺赢下的胜利。注意看他的帽子，这场比赛也是米其林轮胎的第100胜。

2007

轮胎之争的终结

轮胎对于提升F1赛车的竞争力至关重要，因此在F1的历史上，它经常成为拉开赛车差距的关键因素。

F1世界锦标赛首次举办的1950年，就有倍耐力、凡士通、邓禄普和英格尔伯特四家轮胎供应商参与其中。到本书写作之时（2022年），固特异是历史上夺冠次数最多的供应商，该品牌参加了494场比赛，赢得了其中的368场，直到1999年退出比赛。

以前的轮胎供应商大多都是昙花一现。比如大陆轮胎仅参加了1944年、1945年两个完整赛季，为梅赛德斯车队（方吉奥驾驶了其中一辆）供应轮胎，帮助他们取得了很高的正赛胜率。

米其林轮胎则在215场比赛中取得了102场胜利，但从未成为像如今倍耐力一样的单一供应商，他们更愿意与其他轮胎厂商竞争。2006年阿隆索驾驶使用米其林轮胎的雷诺赛车赢得两连冠后，他们便退出了赛场。

事实上，21世纪初是轮胎制造商间竞争最激烈的时期。普利司通和米其林两家供应商都将主要资源投入到它们最具竞争力的客户车队和车手上。对普利司通而言是法拉利和迈克尔·舒马赫，米其林的主要客户则是雷诺和阿隆索。

与此同时，厂队深度参与比赛的态势（宝马、法拉利、本田、梅赛德斯、雷诺和丰田）促使轮胎竞争进一步加剧，以至于F1测试组的成员往往比正式车队成员还多，轮胎测试也成了他们的主要工作。正式车手、测试车手和他们的体能师总是不停地往返于巴塞罗那、赫雷兹等赛道，对轮胎供应商送来的配方各异、制造工艺不同的轮胎进行高速测试。

由于预算飙升，而双方投入的资金对于赛事效果的影响微乎其微，FIA认为必须采取行动。他们认为采用公开招标确定单一轮胎供应商并增加比赛场次是更好的办法。如果有轮胎厂商认为与F1合作能为它带来足够的市场影响力并愿意付费参与，那么F1也愿意利用这个机会。

轮胎竞争的另一个负面影响是，当某家厂商的轮胎明显优于另一家时，那么拥有更好的轮胎就成了车队取得成功的必要条件。此外，普利司通和米其林的主力车队可以引导他们生产更适配自己车辆的轮胎，让其他较弱的客户车队倍感无奈。

相比之下，轮胎竞争的正面影响在于，当某品牌的轮胎有升温更快或寿命更长等与众不同的特性时，比赛会变得更精彩。

即使如此，从2006年赛季末开始，轮胎竞争也不复存在了。普利司通签下了2007—2010赛季的单一供应商合同，而倍耐力则从2011年开始接手。近年预算帽新规引入后，就更难以回到轮胎竞争时代了。

本页图：
杨·马格努森在他的职业生涯中只得到了一分，那是在1998年的加拿大大奖赛中，为斯图尔特-福特车队效力的最后一场比赛。那也是他在F1的最后一场比赛。

右页上图：
2019年，墨尔本，澳大利亚大奖赛。最快圈速奖励恢复的首年，瓦尔特利·博塔斯和刘易斯·汉密尔顿起步占先，最后博塔斯获得了这一分。

右页下图：
在车队指令的帮助下，2002赛季的迈克尔·舒马赫在积分榜上遥遥领先，7月就在法国站提前获得世界冠军。

2010

积分制度

和排位赛赛制的变化类似，F1积分系统也变动非常频繁。在最初的赛季，只有正赛前五名才能获得积分。

有一个非常有趣的事实是，巴西车手鲁本斯·巴里切罗从未获得过世界冠军，但他的积分却是五届世界冠军胡安·曼努埃尔·方吉奥的两倍多。这一方面体现出现代方程式赛车手的职业生涯更加长久，另一方面也说明积分制度经历了显著的变化。

F1世界锦标赛最初的十年，每场比赛的前五位车手分别可以获得8、6、4、3、2分，夺得最快圈速的车手再额外奖励一分。从1950年到1953年，车手们只能用他们最好的四场比赛来计算赛季总积分。这一数字在1954年至1957年间增加到了五场，在1958年来到六场，又在次年回到五场。到了20世纪60年代，情况变得更加复杂，车手需要分别从前半赛季和后半赛季中分别选取一定数量的最好成绩来计算总分。

另外，在20世纪50年代，车手们可以通过轮流驾驶同一辆赛车来"分享"比赛成绩，平分所获得的积分。采取这种策略的胜利有三场，分别是1951年的法国站（方吉奥、法吉奥利）、1956年的阿根廷站（方吉奥、穆索）和1957年的英国站（莫斯、布鲁克斯）。路易吉·法吉奥利对此非常不满，以至于他立即退出了F1比赛，尽管他刚刚以53岁的"高龄"成为F1历史上最年长的获胜车手——这一纪录至今无人打破。1958赛季结束后，FIA规定"共享赛车"的做法将不再得分，于是这种现象就逐渐消失了。

1960年，最快圈速的奖励积分被取消，改为授予第六名。一年后，前六名积分规则又修改为9-6-4-3-2-1，前六名的车手都能得分（而获胜的制造商只能得到8分，这一不合理规则在第二年得到纠正）。

此后30年间，唯一变化的是计入最终积分的场次数，这与比赛总场次数同步增加。比如在1978年，车手可以从16场比赛中选取14场最好成绩来计算总分，前后半个赛季各7场。

从1979年起，制造商得以将所有积分都计入最终成绩。车手们则到1991年才享受这种待遇。同年，冠军积分增加了一分，前六名的积分变为10-6-4-3-2-1。

这一规则本身并无不妥，直到2002年迈克尔·舒马赫在每场比赛中都获得前三名（11次获胜、5次亚军、1次季军），并在七月的法国站提前近三个月将世界冠军收入囊中。因此在2003年，为了让冠军归属的悬念保留到赛季末，前八名的积分改为10-8-6-5-4-3-2-1。这一年，舒马赫在日本的收官战中位列第八，并以2分的优势击败基米·莱科宁拿下世界冠军，尽管后者在该场分站赛中收获亚军。

2010年开始，得分机会大大增加。前10位完成比赛的车手都可以得分，分值也增加到25-18-15-12-10-8-6-4-2-1，并沿用至今。唯一的变化是2018年重新引入了最快圈速奖励的一分，以及2021年试行的冲刺排位赛中，前三名车手分别可以得到3、2、1分[1]的奖励。

译者注
1　冲刺排位赛规则变动频繁。2023赛季，冲刺排位赛前八名车手分别可以获得8-7-6-5-4-3-2-1分。

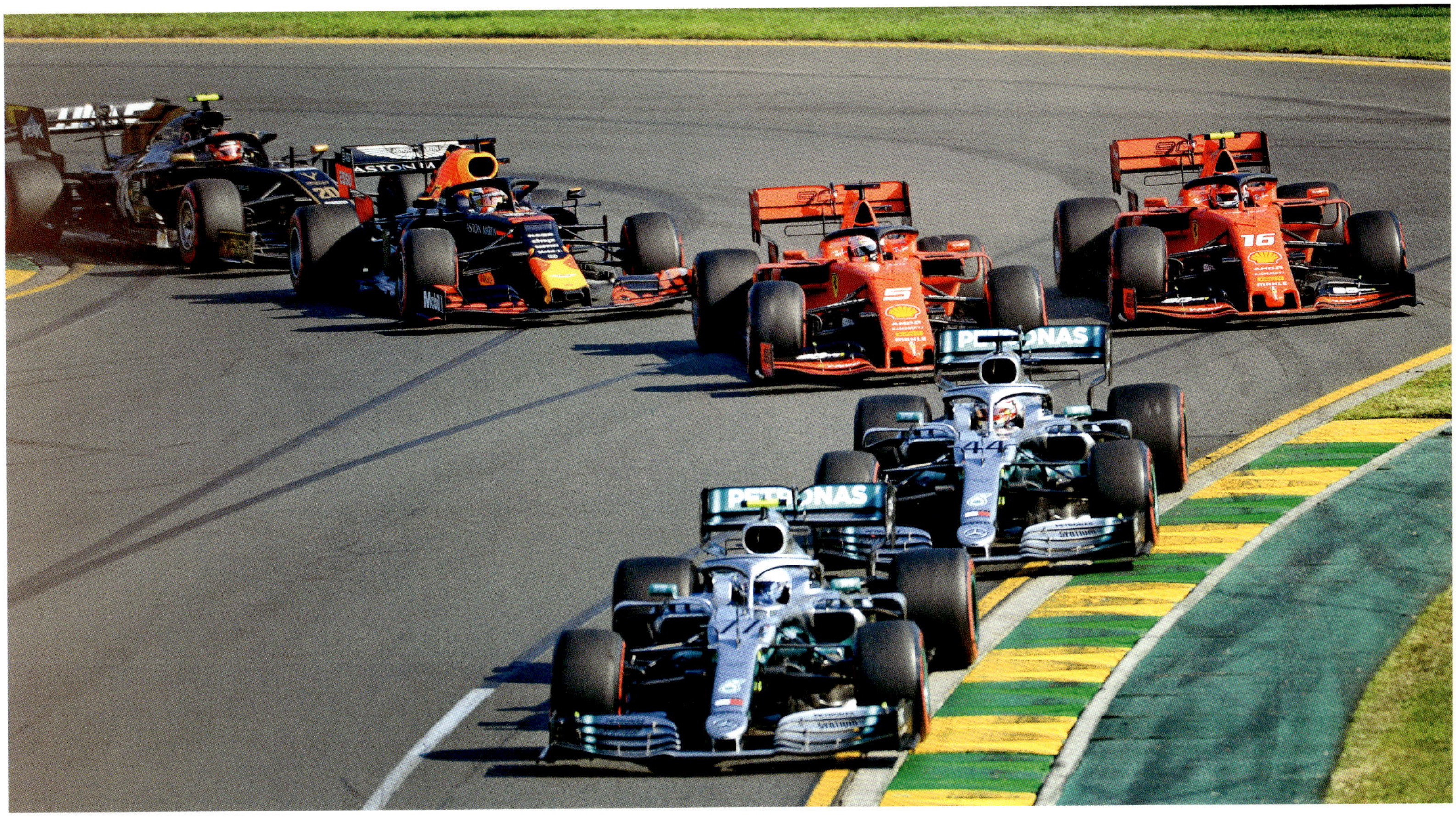
PETRONAS
16
44

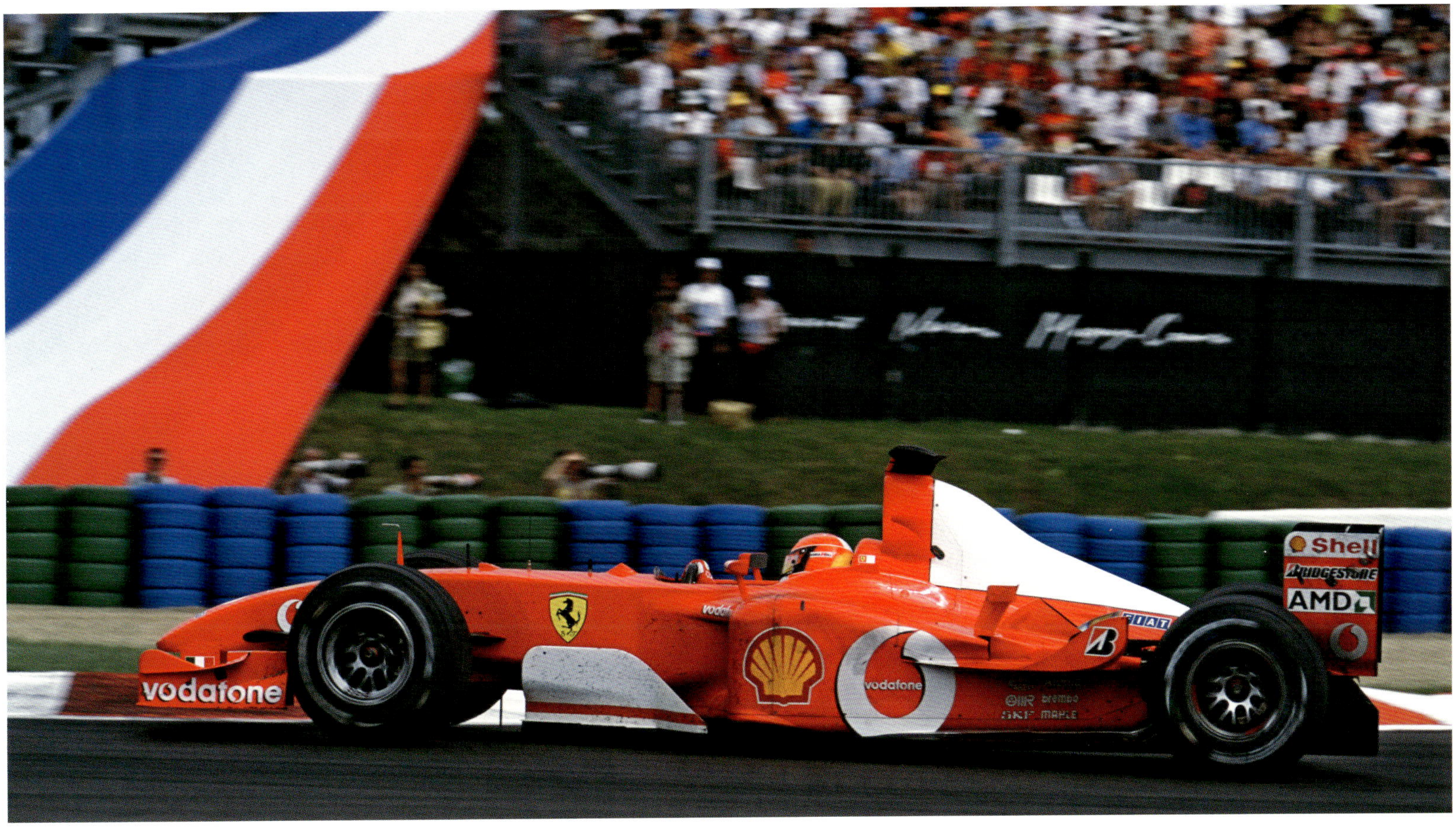
vodafone
Shell
BRIDGESTONE
AMD
vodafone

跨页图：
2020年，斯皮尔伯格，奥地利大奖赛。红牛环赛道空无一人的看台前，正赛即将起跑。本站梅赛德斯的博塔斯杆位起步。

右页图：
赛前唱国歌时增加了社交距离要求。

2020

新冠疫情往事

作为F1的新晋商业所有者，自由媒体集团（Liberty Media）在整个2020赛季中都致力于维持比赛照常举办，以履行媒体合同的义务。

2020赛季本可能是一个引人入胜的赛季——大奖赛场次达到22场，越南河内将举办街道赛，1985年以来荷兰站首次回归。然而新冠（新型冠状病毒，Covid-19）疫情的爆发打乱了所有计划，让2020年的赛历变得支离破碎。年初，各车队已经抵达澳大利亚准备参加原定于3月15日举行的F1 70周年揭幕战，不料迈凯伦车队有成员新冠检测阳性，整个车队不得不退出比赛。就在周五早上，距离第一节练习赛前仅仅几个小时，比赛最终还是被迫取消。

全球性的健康威胁导致旅行计划一片混乱，F1几乎无法举办任何比赛。同时，医疗系统过载也是一个严峻的挑战。为了应对这一情况，七支车队[1]共同发起了"维修区通道计划"（Project Pitlane），利用赛车技术快速研发生产高效的呼吸机。

疫情最初的冲击逐渐平息后，有13场大奖赛完全取消——澳大利亚、越南、中国、荷兰、摩纳哥、阿塞拜疆、加拿大、法国、新加坡、日本、美国、墨西哥和巴西站。FIA作为比赛的主管机构，不得不灵活调整比赛日程。由于各国健康管理和旅行规定的差异，比赛只能从夏季开始恢复。7月上旬，奥地利红牛环赛道举行的两场背靠背比赛终于拉开了赛季的帷幕。这是F1有史以来最晚开始的一季比赛，之前最晚的揭幕战是1951年5月27日举行的瑞士大奖赛。

6个月内完成17场大奖赛，造就了F1历史上最紧凑的赛季。与红牛环一样，银石和巴林赛道也各举办了两场比赛——后者采用了两种赛道布局。第二场比赛命名为"萨基尔大奖赛"，采用场地外环的高速布局。梅赛德斯车队瓦尔特利·博塔斯的杆位圈仅用时53.377秒。这是从1974年法国大奖赛（使用第戎-普雷努瓦赛道的短布局）以来，首次出现小于一分钟的圈速。

这一年还迎接了多个赛道的回归，包括德国、土耳其（2011年后退出赛历）、意大利圣马力诺（2006年后退出赛历）。葡萄牙波尔蒂芒的测试赛道也首次举办正式比赛。这条优秀的赛道首次比赛就见证了阿尔法·罗密欧车手基米·莱科宁的惊艳表现——第一圈就上演塞纳式超车秀。世界摩托车锦标赛的著名场地穆杰罗赛道也首次承办F1分站赛，这场比赛命名为"托斯卡纳大奖赛"（Tuscan Grand Prix）。

译者注
1 迈凯伦、红牛、梅赛德斯、雷诺、威廉姆斯、哈斯及当时的赛点（Racing Point）车队。

虽然最终的比赛安排与初版赛历中的相去甚远，但是赛场上车手们的表现并没有太大的变化。刘易斯·汉密尔顿总共参加16场比赛，赢下11场（由于新冠检测阳性，他与赛点车队的塞尔吉奥·佩雷兹、兰斯·斯特罗尔三人错过了一场比赛），拿下属于他的第七座世界冠军奖杯，追平了德国车手迈克尔·舒马赫的世界纪录。另外，这位梅赛德斯车手在葡萄牙大奖赛上取得了他个人的第92个分站冠军，打破了舒马赫在2006年中国大奖赛创造的世界纪录。

总之，F1在一系列混乱中展现出很强的适应能力。尽管一些着眼于未来赛事和环境保护的技术变化不得不推迟，但这个赛季能够顺利举行，对赛事的组织者而言已经是一项巨大的成就。

本页图：
瓦尔特利·博塔斯赢得位于蒙扎的第二场冲刺排位赛，后来他还赢得了最具戏剧性的英特拉格斯冲刺排位赛。

右页上图：
2021年，银石，英国大奖赛。麦克斯·维斯塔潘摘得F1历史上首场冲刺排位赛桂冠。

右页下图：
2021年，意大利大奖赛。瓦尔特利·博塔斯领先进入Rettifilo减速弯，身后是麦克斯·维斯塔潘和丹尼尔·里卡多，后者最终赢得了这场比赛。

2021

冲刺排位赛

鉴于过去25年F1赛事变化频繁，引入冲刺排位赛并不能说是彻底抛弃传统。

虽说不算抛弃传统，不过，这次的改变确实有些与众不同。2021年4月，主办方确定在该赛季的三场比赛中试行新的排位赛模式，前两场是英国和意大利大奖赛，分别在银石和蒙扎赛道举行。第三场的举办地最初没有确定，因为受到新冠疫情影响，赛程还有可能发生调整——后来第三场冲刺排位赛在巴西举行了。

以往的比赛周末安排是先进行三次练习赛，然后在周六下午进行排位赛。而在这三场分站赛的赛程调整为周五和周六上午各举行一场练习赛，周五下午进行传统模式的排位赛，确定周六冲刺排位赛的发车顺位。周六举行总里程长达100千米的冲刺排位赛，冲刺排位赛结果决定周日正赛的发车顺位。用F1总裁兼首席执行官斯蒂法诺·多梅尼卡利的话说，这是"我们共同努力以新方式吸引人气的证明，也是坚持赛车运动传统和公平竞争精神的体现"。

2021年英国站，首场冲刺排位赛如期举行。刘易斯·汉密尔顿在周五的传统排位赛中取得杆位，但在冲刺排位赛中被麦克斯·维斯塔潘超越，后者获得了首场冲刺排位赛的胜利。这位荷兰人评价道："今天冲线的时候，车队无线电告诉我'干得漂亮，（正赛）杆位！'，但我心想自己已经完成正赛距离的三分之一了，在这时候听到夺杆的消息感觉有点奇怪。"维斯塔潘收获了三个积分，而汉密尔顿和第三名的瓦尔特利·博塔斯分别得到两分和一分。

不论车手们怎么想，有一点是肯定的，那就是冲刺排位赛的改革使比赛周末的每一天都意义重大，这是一种从1995年取消周五排位赛之后就很少有过的感觉。现（截至2021年）效力于Alpine车队的两届世界冠军，老将费尔南多·阿隆索说："我很喜欢这种变化。三天都有重要的比赛对观众来说是好事，因为在传统赛程中，周五的重载油练习赛虽然对车队而言很重要，但对电视机前的观众来说是没有意义的。"另一方面，阿隆索也是银石首场冲刺排位赛中表现最佳的车手之一，他冒险选择软胎起步，完成了许多超车。

四届世界冠军塞巴斯蒂安·维特尔也有类似的看法："我们喜欢赛车。"他说，"但这有点奇怪，因为这绝对是我多年来第一次进行这么短的比赛。不过也还不错，昨天很有趣，在周五有一些重要的事情要做是很好的。"

汉密尔顿则提出，冲刺排位赛可以帮助精简赛程。"昨天（冲刺排位赛）的安排很令人愉快，"他表示，"这样的安排下，只需要一次练习赛就可以进入排位。其实在我看来，周末赛程只需要两天就够了，这样每个赛季可以减少23天的驾驶时间，显然有助于保护环境。"

F1的总经理罗斯·布朗以往总会批评那些不将冲刺排位赛视为"排位赛"的人，他坚持说不会轻易地做出大改变。"到目前为止，反馈都很积极。但三场冲刺排位赛之后，是时候坐下来讨论接下来我们该做什么了。"他说。

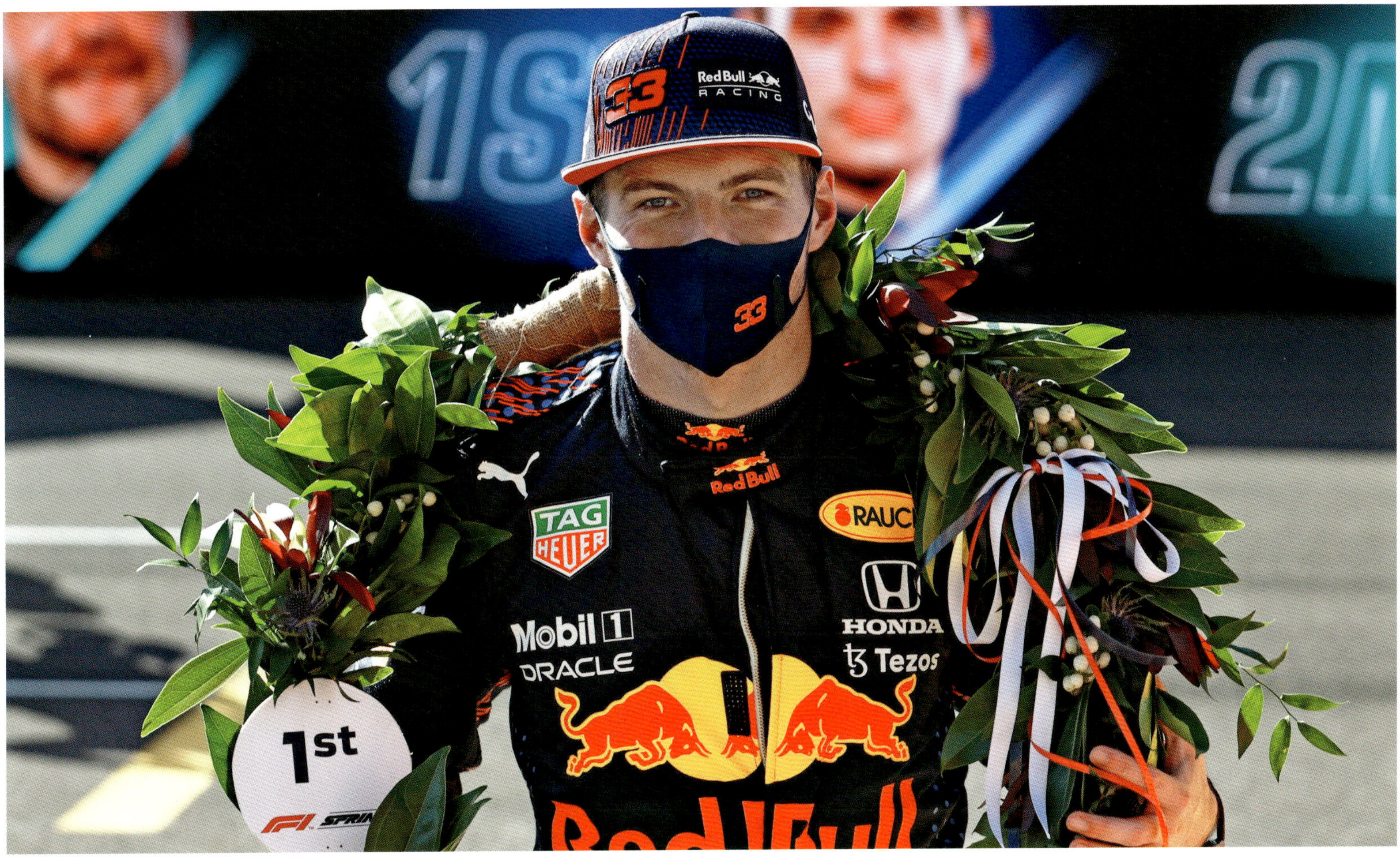
Red Bull RACING
33
TAG HEUER
Mobil 1
ORACLE
HONDA
Tezos
1st
Red Bull

Heineken
0.0
Heineken
0.0

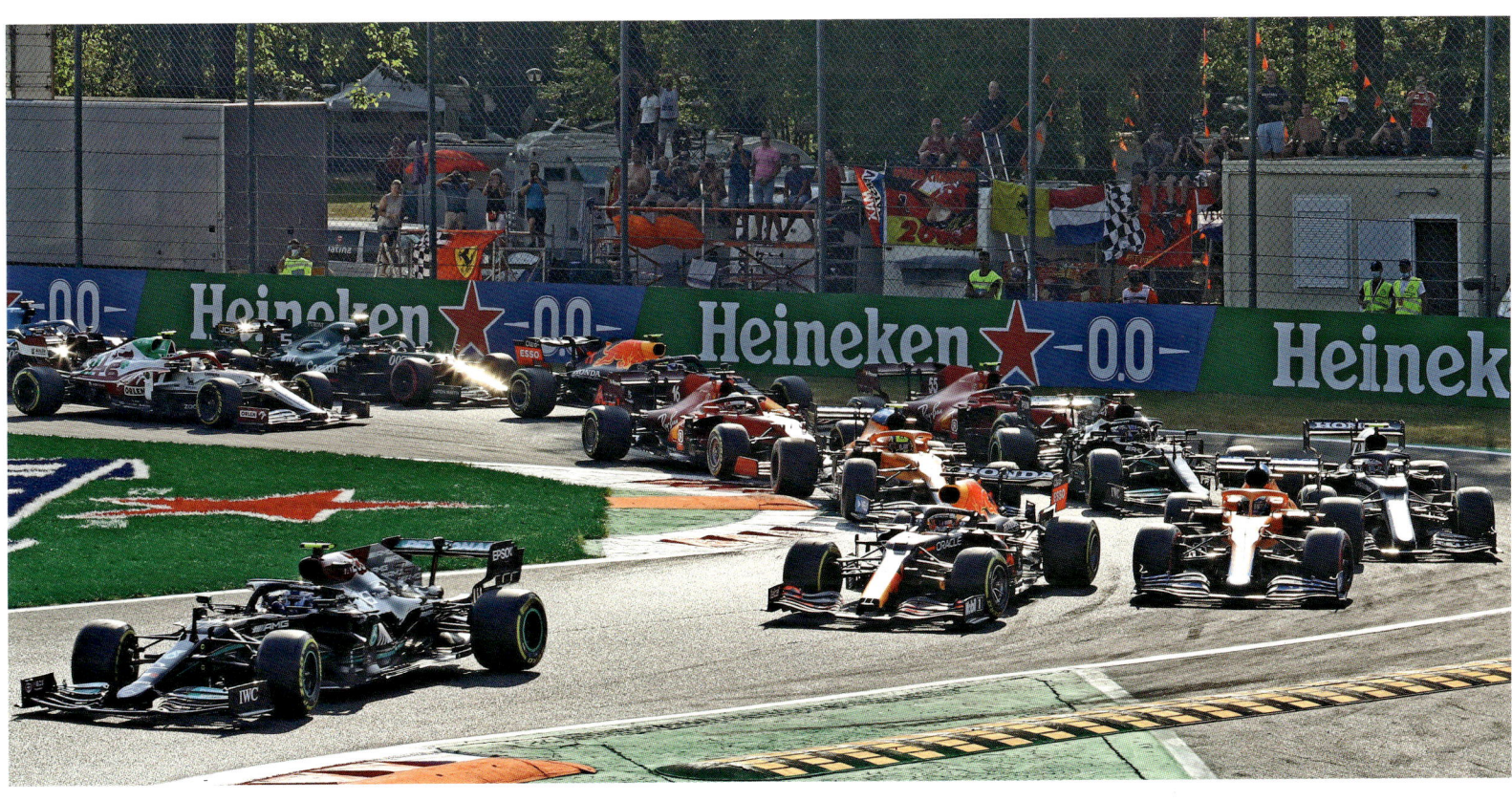

2

第二章：赛道

1950

摩纳哥大奖赛

久负盛名的摩纳哥大奖赛,如今却显得与时代格格不入。夹在一系列充满缓冲区和超车空间的现代赛道中,这场大奖赛似乎完全没有存在的必要。

尽管如此,摩纳哥大奖赛仍然是F1王冠上的明珠——没有车手不想赢下这场比赛。摩纳哥大奖赛能保留在赛历中,凭借的是悠久的名声和传统,相对较低的平均速度也使紧凑的赛道布局不至于产生安全隐患。

曲径小道穿楼过,碧海青山半入城。从1929年4月14日首次办赛[1]以来,摩纳哥赛道的布局没有经历过太大变化,只有局部的小修小改。相比之下,城市天际线的生长和安全设施的改进才更引人注目。20世纪60年代前,除了坚固的港口路障之外,甚至没有任何东西可以防止赛车掉进海里。这类事故发生了两次,分别在1955年的阿尔贝托·阿斯卡里和10年后的保罗·霍金斯身上。

摩纳哥大奖赛最初是当地商人安东尼·诺格斯[2]的创意,后从20世纪30年代开始成为常规赛事。1931年,路易斯·希隆成为首位获胜的本地籍车手。二战结束,比赛重新开办两年后的1950年,摩纳哥作为第二个分站加入F1世界锦标赛。在这场比赛的第一圈,海浪打湿了Tabac弯,导致几位车手发生撞车。领先车手胡安·曼努埃尔·方吉奥在第二圈接近事故现场时,发现观众的目光都集中在那里,而非自己身上。这时他才意识到赛道上出了问题,便谨慎地穿过事故现场,并最终获得了胜利。

尽管摩纳哥赛道以难超车著称(对更重的现代F1赛车来说尤为如此),这站比赛倒是始终从不缺少高光时刻。

1961年,斯特林·莫斯驾驶一辆以私人名义参赛的库珀赛车击败了更强的法拉利赛车,赢得了他自认为最精彩的一场大奖赛胜利。用他自己的话说:"假使我在正赛的100圈中每圈的速度都是排位赛那么快,我也只能比自己快40秒左右……"

---

1 英国人威廉·格罗弗-威廉姆斯驾驶35B型赛车赢得了这场比赛的冠军。
2 安东尼·诺格斯:摩纳哥赛道的最后一个弯角后来也以他的名字命名。

左页图:
1962年,摩纳哥大奖赛。头排发车的是路特斯-Climax车队的吉姆·克拉克、BRM车队的格拉汉姆·希尔和库珀-Climax车队的布鲁斯·迈凯伦。起跑发令者是前车手路易斯·希隆。

中图:
1965年,摩纳哥大奖赛。澳大利亚车手保罗·霍金斯在比赛后期驾驶33号路特斯赛车从港口坠入大海,所幸他并无大碍,最后也因完成超过75%的赛程而位列第十。

上图:
1950年,摩纳哥大奖赛。正赛期间,格拉汉姆·希尔迅速把车推回赛道。

下图:
1966年,电影"大奖赛"(*Grand Prix*)拍摄期间,一辆GT40拍摄车在詹姆斯·加纳驾驶的赛车前面冲向Nouvelle减速弯。这部电影也描绘了赛车在摩纳哥赛道坠海的场景。

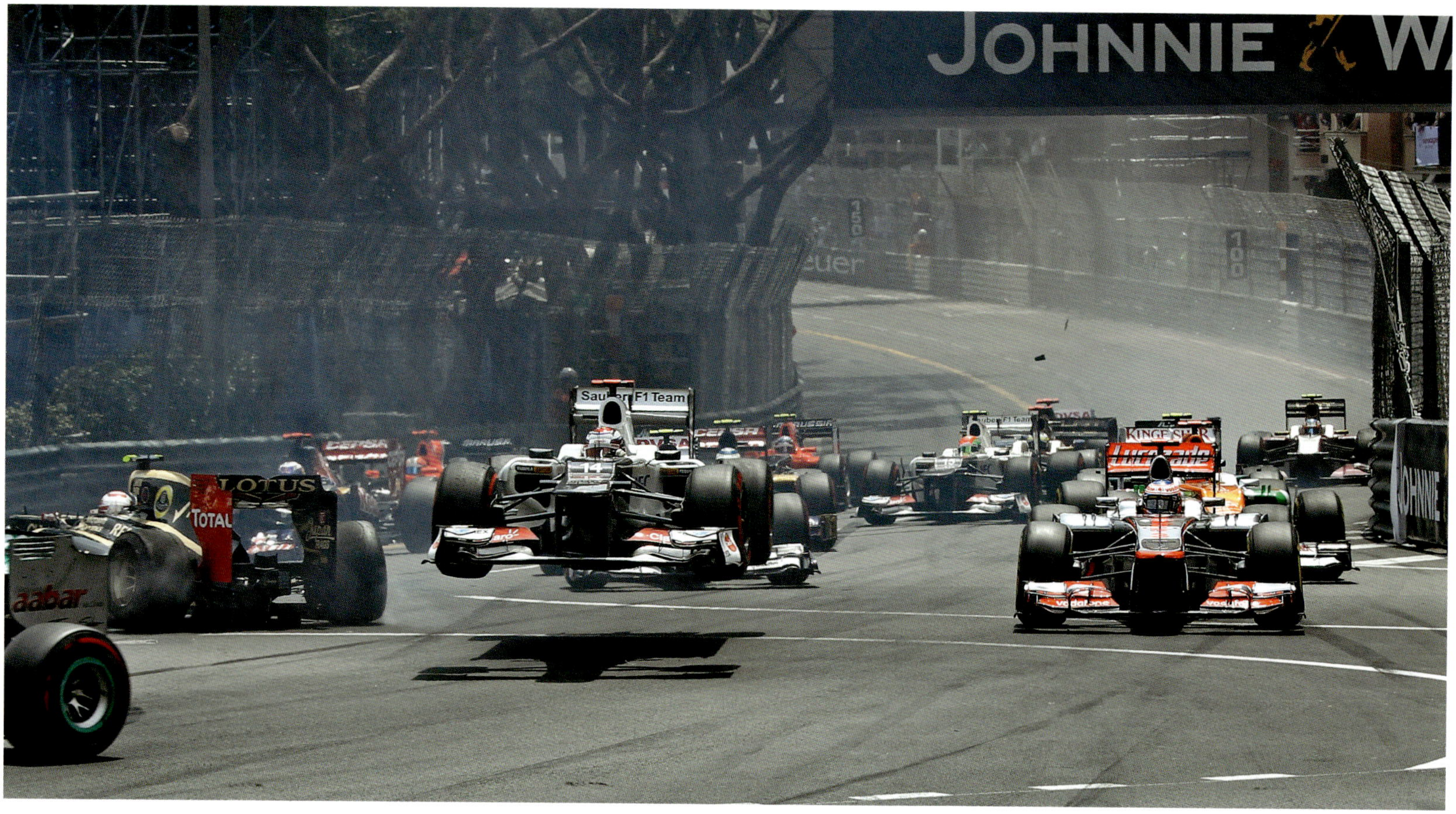
JOHNNIE
Sauber F1 Team
LOTUS
TOTAL

GAULOISES

GITANES
Agip
27

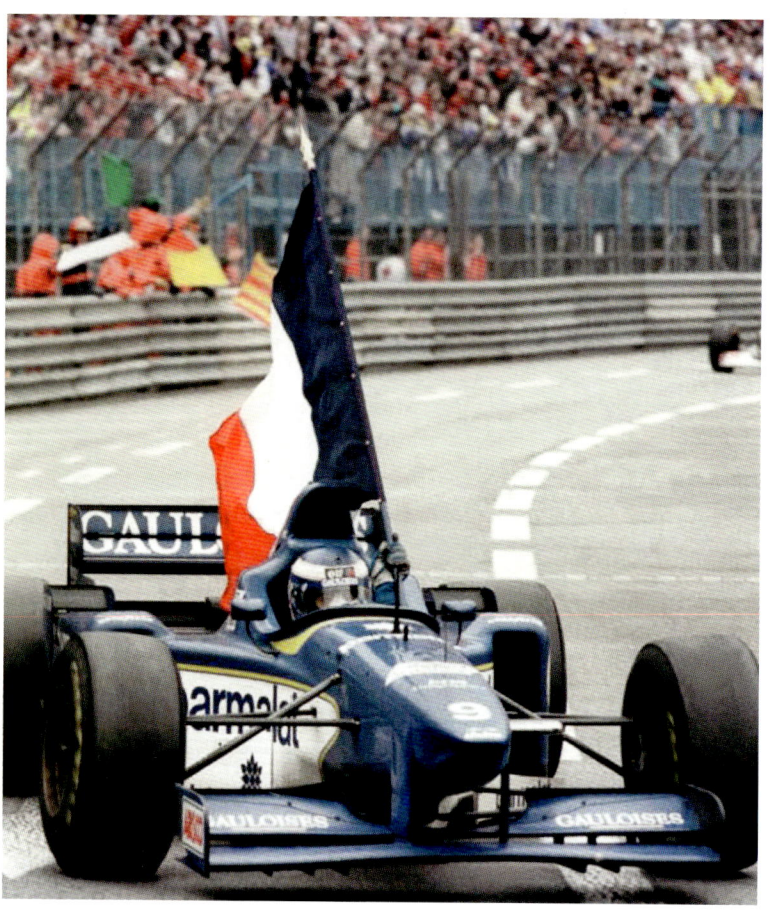

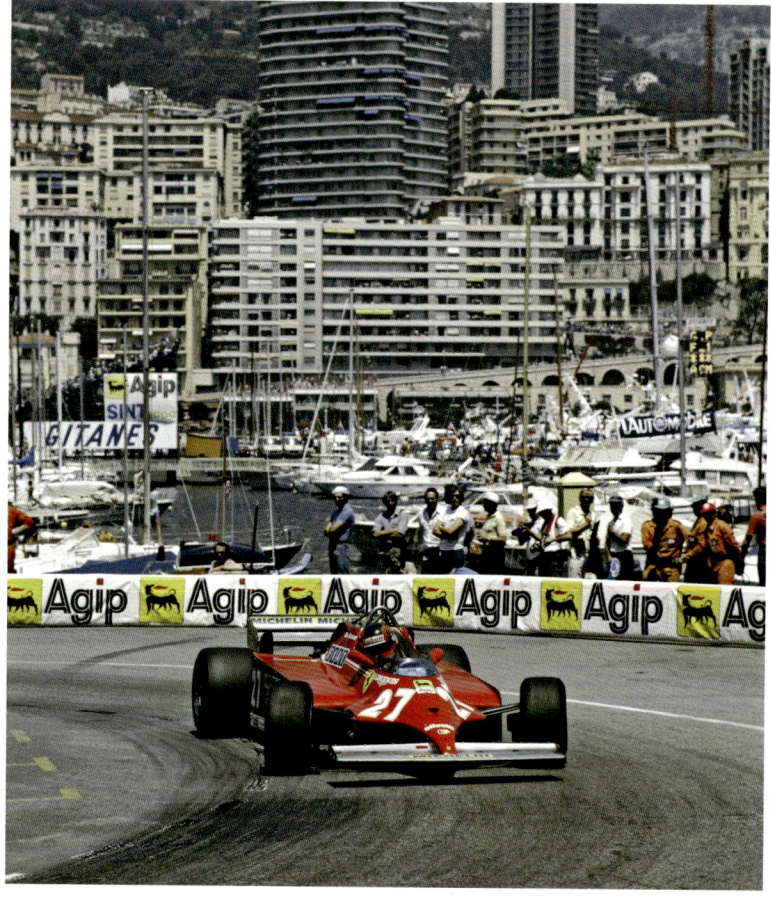

左页上图：
2012年，小林可梦伟的索伯赛车在Sainte-Dévote弯撞上罗曼·格罗斯让打滑旋转的路特斯赛车后腾空而起。

左页左下图：
1996年，奥利维尔·潘尼斯在雨中从第14位起跑，为利吉尔车队赢得一场不可思议的胜利。

左页右下图：
1981年，吉尔斯·维伦纽夫驾驶涡轮增压的法拉利126CK取得胜利，证明了他卓越的赛车控制能力。

上图：
摩纳哥的赛道工作人员团队令人印象深刻，特别是他们快速移开赛车的能力。图为2016年，菲利普·纳斯尔的索伯赛车在排位赛中被快速吊出赛道。

下图：
摩纳哥赛道的游泳池区（swimming pool section）分别在1997年和2003年经历过两次改造，维修区的车库和通道得到拓宽。

　　1965年，格拉汉姆·希尔为了躲避事故散落的碎片而滑进逃生通道后，又将他的BRM赛车重新推回赛道并找回比赛节奏，赢得了他在摩纳哥五次胜利中的第三次。1981年，法拉利车手吉尔斯·维伦纽夫驾驶不适合这条赛道的法拉利赛车取得头排发车，拉开同具竞争力的队友迪迪埃·皮罗尼2.5秒，最终夺冠。后一年的比赛尾声，一系列突发事件造成最后两圈的领先车手多次发生变化。里卡多·帕特雷西先是因熄火而失去领先，后来又在下坡赛段成功启动赛车，最终为布拉汉姆车队取得了意想不到的胜利。1996年，奥利维尔·潘尼斯从14位发车，一路乘风破浪，挺进到第一位，取得了他唯一一场F1胜利——也是利吉尔车队的最后一次胜利。

　　作为一条"不适合比赛"的赛道，摩纳哥却上演了许多F1历史上最令人难忘的时刻。

1950

斯帕赛道

比利时的斯帕-弗朗科尔尚赛道从1950年就开始举办F1比赛了。最初的赛道布局长达14千米，这一布局见证了18场世界锦标赛，直到1969年才由于缺乏安全设施而遭到车手们的抵制。最早的布局中，发车格位于La Souce发卡弯之后，下坡直指Eau Rouge弯。1979年，颇具争议的赛道布局终于得到修改，赛道长度缩减到7千米，并于1983年迎来F1的回归。于车手而言，这条赛道一直都是对车技的终极考验之一。

1950

蒙扎赛道

没有一条赛道举办的大奖赛次数能匹敌蒙扎。这条意大利赛道丰富的历史甚至可以追溯到今天广为人知的世界锦标赛创立之前。

地处米兰北部约20千米处的皇家公园内,蒙扎于1922年9月10日举办了它的第一场比赛——第二届意大利大奖赛,当时皮埃特罗·博尔迪诺为菲亚特赢得了主场胜利。蒙扎就是从此逐渐成为举办大奖赛场数最多的赛道。自从F1世界锦标赛创办以来,意大利大奖赛只有一次在别处举行:1980年,比赛暂时改至伊莫拉赛道,因为当时蒙扎正在进行改造。

虽然蒙扎的形象随着时间的推移而发生了变化,但它始终充满了历史感。为了适应F1赛车的需求,赛道的维修区和停车区可能已经扩大并进行了现代化升级,但赛道附近古老的森林和丛林小径,仍会让你仿佛置身博尔迪诺驾驶菲亚特804参加比赛的20世纪20年代。赛场周边的道路不仅纪念了像恩佐·法拉利和塔齐奥·努沃拉里这样的传奇人物,也纪念了一些有个性的车手——比如维托里奥·布兰比拉广场,就是为了这位"蒙扎大猩猩",1975年奥地利大奖赛冠军得主而建立的。

南、北高环就位于围场不远处。这两个著名的高速倾斜弯道建造于20世纪50年代,但在60年代末就被废弃。1960年,几支领先的英国车队认为倾斜的高速弯过于危险,拒绝参加意大利大奖赛。法拉利的菲尔·希尔赢得了比赛,这是前置发动机赛车最后一次获得F1世界锦标赛胜利。

一年后,英国车队重新加入,但比赛却被一场可怕的事故打断。争夺冠军的沃尔夫冈·冯·特里普斯与初出茅庐的苏格兰小将吉姆·克拉克的路特斯赛车相撞。前者的法拉利发生侧翻,冲出赛道,撞向人群,导致德国人和15名观众死亡。尽管事故发生在高速环道之外,但从此以后这条赛道举办大奖赛时再也没有使用过这

本页图:
1961年,意大利大奖赛。赛车在起跑线前就位。白色桩桶后面就是著名的倾斜高速弯,而这场比赛是F1最后一次使用包含该弯道的布局。这场比赛也见证了法拉利领先车手沃尔夫冈·冯·特里普斯的不幸离世。

一布局。

即使缺少了高速环道,蒙扎也是一条很快的赛道。它直道较长、弯道较少的特性造就了许多精彩的多车缠斗场面。1971年,BRM车队的彼得·盖辛以每小时242.62千米的平均速度赢得了意大利大奖赛——这场比赛不仅是当时F1历史上最快的比赛,也是前几名成绩最接近的。马奇车队的罗尼·彼得森以0.01秒的差距获得第二名,苏蒂斯车队的迈克·海尔伍德与冠军相差0.18秒,却只排名第四。

在1972年的比赛,赛道布局中新增两个减速弯,以试图降低

上图：
1975年，意大利大奖赛。法拉利车队的车手克莱·雷加佐尼（11号赛车）和尼基·劳达（12号赛车）头排发车。雷加佐尼最终赢得了比赛，而劳达则夺得了当年的世界冠军。

左下图：
1961年。里奇·金瑟和菲尔·希尔驾驶法拉利156赛车通过倾斜弯道，领先吉姆·克拉克和里卡多·罗德里格斯。

右下图：
1971年。这是一场传奇的比赛，四辆赛车以毫厘之差先后冲线。彼得·盖辛驾驶雅德利-BRM赛车赢得了比赛，罗尼·彼得森、弗朗索瓦·塞韦尔紧随其后。稍稍落后的迈克·海尔伍德也只有2米的差距。

上图：
1988年让-路易·舍勒塞尔在Rettifilo减速弯撞上了埃尔顿·塞纳，结束了迈凯伦的完美连胜。当时，该弯道是一个左弯。2021年，麦克斯·维斯塔潘和刘易斯·汉密尔顿相撞时，它已经被改成了右弯。

左下图：
蒙扎赛道维修区内，杰克·布拉汉姆看起来有些不自在。他正与法国电影明星弗朗索瓦·哈迪摆出造型，参与拍摄约翰·弗兰肯海默（John Frakenheimer）的电影"大奖赛"（Grand Prix），这部电影的演员阵容中包括了F1车手。

右下图：
2019年，夏尔·勒克莱尔代表法拉利获得胜利。赛后，法拉利忠实粉丝"铁佛寺"（Tifosi）兴奋地涌上赛道。这已经成为蒙扎国家赛车场的经典场景。

上图:
2021年,丹尼尔·里卡多驾驶迈凯伦赛车领先麦克斯·维斯塔潘。从Ascari减速弯著名的拍摄点回望,可以看到直道稍有下沉,以避开弃用的倾斜高速环道。

下图:
2021年。维斯塔潘停站时间过长,出站时与对手刘易斯·汉密尔顿相遇并在1号弯发生碰撞。汉密尔顿头部受到重击,但他之后仍在试图倒车挣脱碎石缓冲区。

车速。此后也进行了其他修改,但蒙扎仍然是赛历上最快的赛道。在接下来的三十年里,赛车技术取得了显著的进步,但盖辛的平均速度纪录一直无人打破。直到2003年,迈克尔·舒马赫以每小时247.57千米的均速完赛并夺得该站冠军,才打破这项纪录。他仅用时不到75分钟就跑完了全程。

蒙扎还创造了F1正赛最高均速单圈(鲁本斯·巴里切罗,法拉利车队,2004年,每小时257.32千米)和排位赛最高均速飞行圈(刘易斯·汉密尔顿,梅赛德斯车队,2020年,每小时264.36千米)的纪录。极速神话虽受到减速弯的制约,但蒙扎依然是速度的殿堂。

1950

银石赛道

F1世界锦标赛的发源地，首场比赛就在这里举行。此后，英国大奖赛也曾在布兰兹哈奇或安特里赛道举办过。尽管伯尼多年来对银石赛道不甚满意，但它仍然是F1的永久总部。右图展示了1977年英国大奖赛上，迈凯伦车手詹姆斯·亨特和布拉汉姆车手约翰·沃森在头排起跑。这一年，为了避免发车后在距离较近的Corpse弯发生混乱，组织者把发车区移到了Woodcote弯附近的旧赛道上。

上图：
1968年，德国大奖赛。杰基·斯图尔特驾驶马特拉-福特赛车驶过湿滑的路面。本场比赛他以4分钟的优势获胜，这也被认为是他最出色的一场比赛。

下图：
1957年，德国大奖赛。迈克·霍索恩驾驶法拉利赛车通过Sud Kurve弯，领先胡安·曼努埃尔·方吉奥的玛莎拉蒂赛车（7号）。这场比赛被誉为有史以来最激动人心的一场大奖赛。

右页上图：
1958年，德国大奖赛。法拉利维修站前，彼得·柯林斯（2号）、沃尔夫冈·冯·特里普斯（4号）、菲尔·希尔（23号）和迈克·霍索恩（3号）的赛车整装待发。

右页下图：
1957年，德国大奖赛，赛中。方吉奥的玛莎拉蒂进站前领先。长直道上，布鲁克斯的范沃尔赛车和霍索恩的法拉利就在他身后不远。

1976

纽博格林北环赛道

这条德国赛道沿袭了早期赛事的传统：串联乡村道路形成长赛道。因此暗含着巨大的安全隐患。

"F1比赛中最让我满足的，莫过于在纽博格林获胜了。然而，恐惧是与兴奋并存的。每当我去参加德国大奖赛的时候，我总是会在离家前停下来，回头望一望自己的房子，我怕我再也没机会回来了……"

杰基·斯图尔特如是评价纽博格林赛道。他在这里取得了自己27场F1分站冠军中的三场，其中一场还是他职业生涯中最精彩的比赛。那是在1968年，这位苏格兰车手在雨雾交加的恶劣环境中，凭借全神贯注的驾驶和出色的操控技巧，以超过4分钟的巨大优势夺冠，这样的成绩简直不可思议。更难能可贵的是，当时他左手腕还打着石膏——当年早些时候，斯图尔特曾在一场F2比赛中受伤，导致手舟骨骨折。说实话，不利的天气条件可能帮到了他，因其降低了转向所需的手臂力量——在纽北这样崎岖不平的山地赛道上，转向简直是一种折磨。无论如何，斯图尔特的表现让人叹为观止。他很清楚如何在纽博格林赛道驾驶，他也明白代价是什么。

纽博格林赛道建于1927年，最初全长28.265千米，它沿着艾菲尔山脉（Eifel Mountains）蜿蜒起伏，赛道两旁茂密的森林阻挡视野，危机四伏。从1929年之后，重大赛事一般都不使用完整赛道布局，而是使用长22.835千米的北环（Nordschleife）布局。

二战前，德国大奖赛曾三次使用最长的原始布局，20世纪30年代后，北环则成了这一赛事的常规举办场地。1935年的德国大奖赛是这条赛道历史上最引人注目的时刻之一，意大利车手塔齐奥·努沃拉里驾驶性能不佳的阿尔法·罗密欧赛车击败了受国家资助、实力雄厚的梅赛德斯和汽车联盟车队。

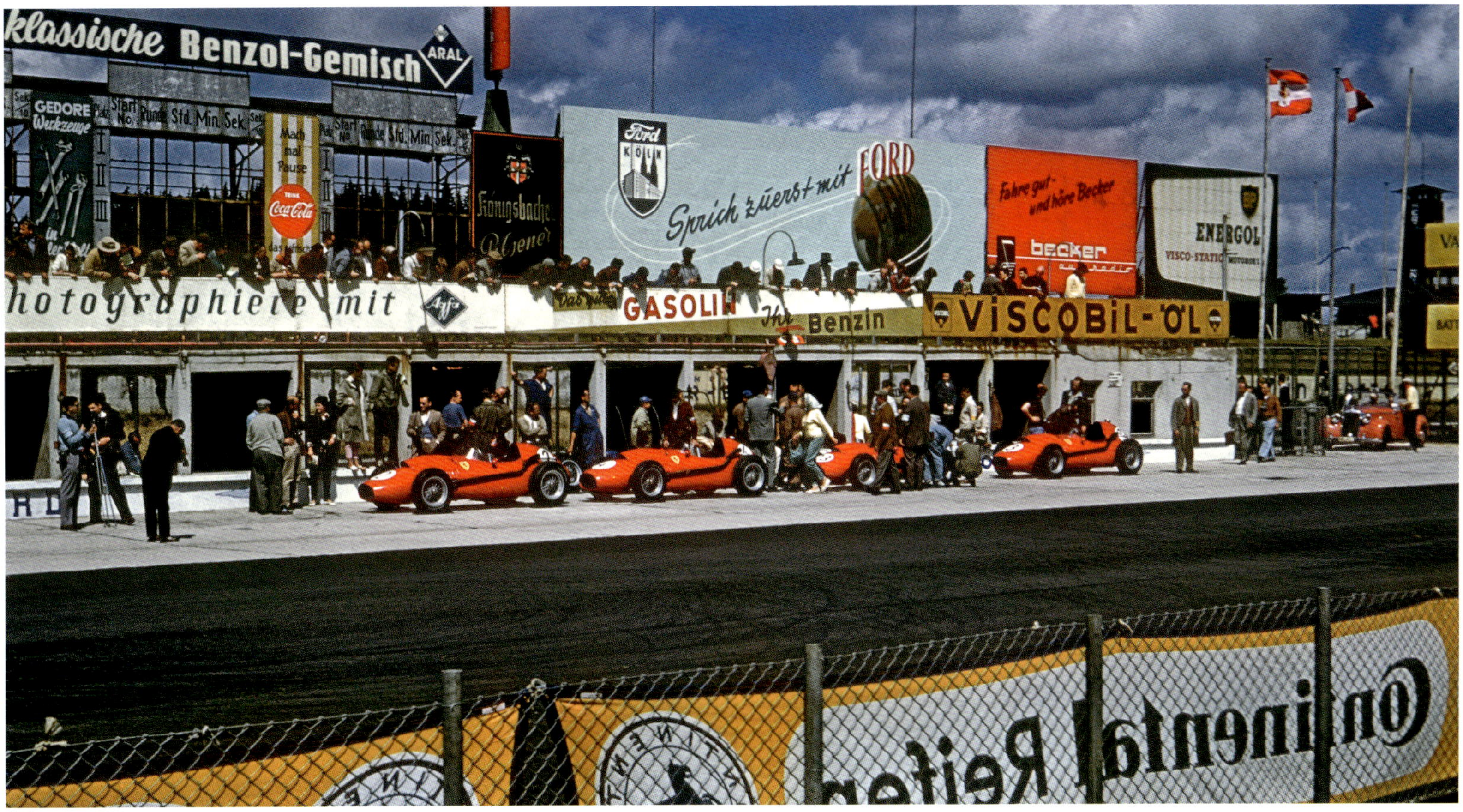
klassische Benzol-Gemisch
ARAL
GEDORE Werkzeuge
Start No. Runde Std. Min. Sek.
Mach mal Pause
Coca-Cola
Sprich zuerst mit FORD
Fahre gut- und höre Becker
becker
ENERGOL
hotographiere mit
Agfa
GASOLIN
Ihr Benzin
VISCOBIL-ÖL

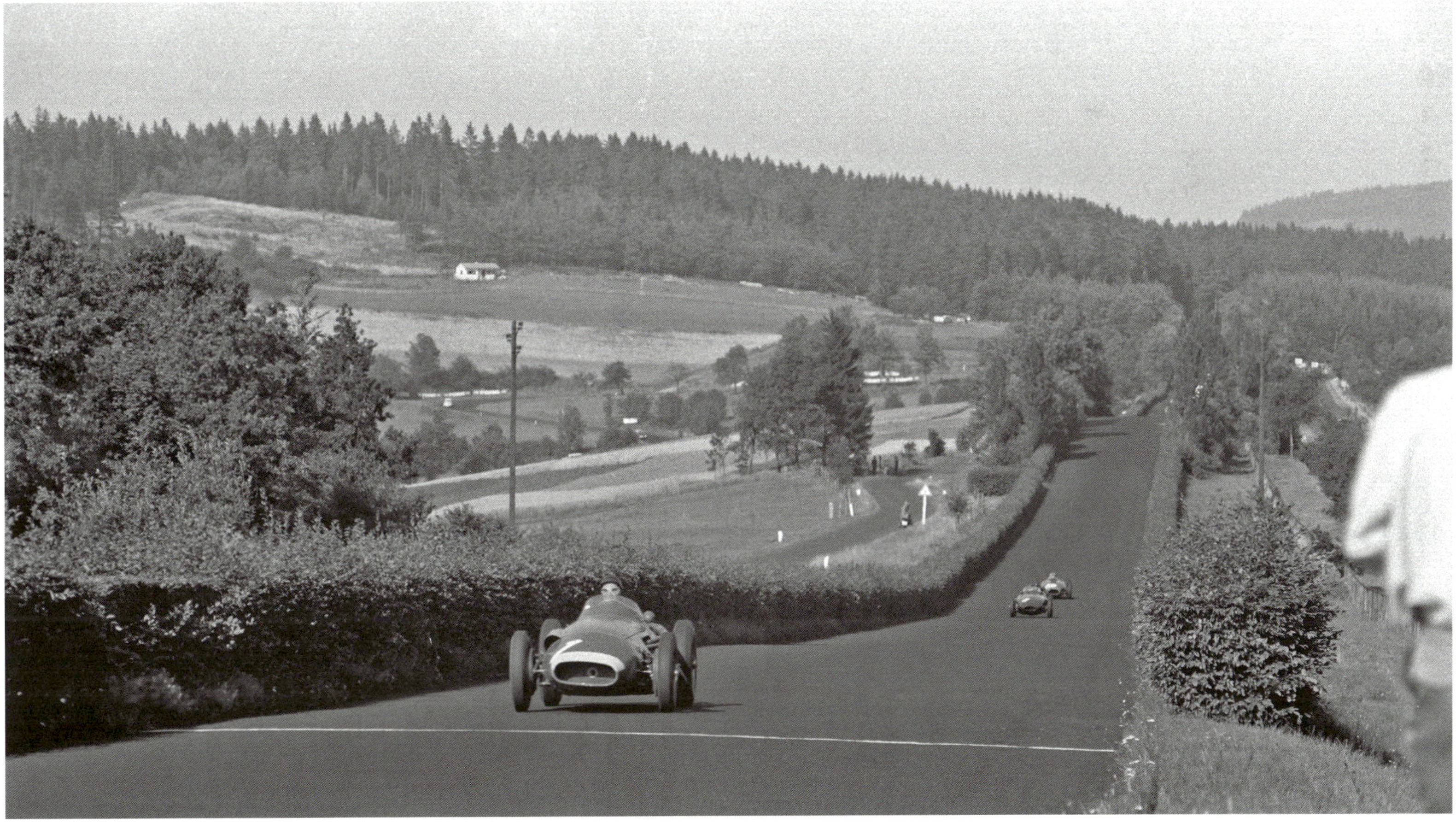

本页图：
1972年，德国大奖赛第一圈。赛车接近著名的Karussell弯。这一年，弯角附近不再是简单的围栏，而是换成了特制的Armco缓冲护栏。

右页左下图：
1961年。菲尔·希尔驾驶法拉利156赛车驶过Karussell弯。

右页上图：
1971年。杰基·斯图尔特和队友弗朗索瓦·塞韦尔驾驶泰瑞尔-福特赛车包揽一二名。有意思的是，纽博格林北环的比赛只有12圈，比其他赛道少得多。

右页右下图：
1976年，德国大奖赛。尼基·劳达在他的法拉利312T2赛车旁等待这场恐怖的比赛开始。

1950年F1世界锦标赛创立时，纽博格林赛道是举办德国大奖赛的不二之选。到1969年之前，这条赛道只缺席过两次：1955年的比赛被取消（当年勒芒站发生严重事故，车手皮埃尔·勒韦格和80多名观众丧生）；1959年德国站临时转移到了以高速环道著称的柏林AVUS赛道。

到了20世纪60年代末，随着F1车速的提高，车手们开始对赛道的安全性表示担忧，因为到那时，这条赛道已经夺去了30多条生命——包括厂队汽车联盟车手恩斯特·冯·德利乌斯、20世纪50年代明星车手奥诺弗雷·马里蒙和彼得·柯林斯。赛道高低起伏，容易导致赛车腾空、断裂而发生事故。而由于赛道过长，沿途多山，紧急情况下救援队伍难以及时赶赴现场。因此，这条赛道所需的赛道工作人员是其他F1分站赛的5倍之多。

1970年，F1车手们不愿意继续在北环赛道上冒险，要求对赛道进行改造。德国大奖赛只好暂时转移到霍根海姆举行。1971年，纽北再度回归，但是新的安全措施并不能消除赛车腾空造成的事故隐患。1976年8月1日，积分榜领跑车手尼基·劳达发生事故，引

发火灾，险些丧命。这是F1最后一次在纽博格林北环举行——其实早就有征兆表明这条赛道不再适合F1比赛了。退一万步讲，在电视转播成为赛事重要收入来源的时代，纽北的长度也不利于布设摄像机，退出赛历只是时间问题。

1984年，长度较短、布局常规的纽博格林南环赛道建成，保留了原本的发车直道。北环虽然不再举办F1比赛，但仍然用于其他赛事，如房车赛和GT赛车——其中最著名的是每年吸引20多万现场观众的纽博格林24小时耐力赛。

1999

赫尔曼·蒂尔克

他是F1近20年以来的"御用"赛道设计师,几乎所有新加入赛历的现代赛道都源自他的创意。

蒂尔克年轻时曾当过业余车手,但他认为凭自己的驾驶技术,很难实现赛车梦。于是,1984年,他成立了蒂尔克工程公司(Tilke Engineering),从纽博格林的一条辅助通道开始,专营赛道工程。这位德国设计师操刀进行了奥地利环形赛道的改建工作。他缩短了这条极快且危险的赛道(纳尔逊·皮奎特曾在这里跑出256千米的平均时速),并将三个中高速弯改造成紧凑棘手的右弯,以此增加超车机会,塑造出如今为人所熟知的"红牛环"赛道布局。

1999年到2017年间举办F1大奖赛的马来西亚雪邦赛道是蒂尔克设计的第一条新赛道,也是他设计风格的完整体现:长直道之后紧跟发卡弯,以及起步后宽大的低速组合弯,使赛车更容易选择不同的线路,增加并排的机会。在2002年的纽博格林赛道改造中,蒂尔克故技重施,1号、2号和3号弯紧密相连而又保留了足够的空间。这样做的目的在于降低车速,使赛车在第一圈拉不开太大差距,正如他自己所说,"如手风琴般",若即若离。

此后他还设计了巴林的萨基尔赛道,这是F1在中东的首个比赛场地。2004年起中国站的举办场地——上海赛车场,也是他的作品。在蒂尔克的下一个项目,伊斯坦布尔公园赛道中,他面临着处理和利用场地高差的挑战。高程变化往往是造就经典赛道的点睛之笔(如斯帕、布兰兹哈奇、伊莫拉),而这条赛道也不例外。2005年首次亮相后,它被誉为蒂尔克的巅峰之作,而其中最有趣、最富有挑战性的莫过于8号弯。这是一组由四个顶点组成的连续左弯,非常考验车手的驾驶技巧。伊斯坦布尔公园赛道是F1为数不多按逆时针布局的赛道之一,这也是蒂尔克再三斟酌后才确定的。

根据新加坡滨海湾赛道的设计要求,他需要从新加坡纵横交错的街道中选出一条线路。这条赛道成了2008年F1首场夜间比赛的举办地。一年后,阿布扎比亚斯码头赛道启用,横跨赛道的豪华酒店是它的主要卖点。蒂尔克工程公司还设计了韩国国际赛道(2010年)和印度佛陀赛道(2011年),尽管这两条赛道的大胆创

跨页图：
2012年11月，奥斯汀的首场F1比赛。红牛起步占先。民间把这条赛道起步区到1号弯前的直道命名为"菲尔·希尔上坡"，他是首位美国籍的世界冠军。

新给赛道技术与安全负责人查理·怀廷添了不少麻烦，它们却由于种种原因而未能持续办赛。

F1在美国的举办地原先是印第安纳波利斯赛道，其赛道特征导致比赛总是缺乏亮点。在伯尼与赛道老板托尼·乔治谈判无果后，F1不得不在美国寻找新的赛道，美洲赛道才得以建造。这条位于得克萨斯州奥斯汀的赛道与伊斯坦布尔公园一样，巧妙地利用了场地的高度变化，也同样采用了逆时针方向布局。2012年首次举办美

本页图：
2020年，伊斯坦布尔公园，土耳其大奖赛。赛点车队的兰斯·斯特罗尔在排位赛中表现出色取得杆位，正赛领先进入1号弯。

右页上图：
雪邦国际赛道特色鲜明的主看台。马来西亚大奖赛是最折磨人的比赛之一，因为东南亚地区高温、高湿、多雨的气候总会带来麻烦。

右页下图：
2020年，阿布扎比大奖赛，练习赛。夏尔·勒克莱尔接近亚斯码头酒店组合弯，即18号和19号弯。

国大奖赛后，美洲赛道成为另一处备受车手们青睐的比赛场地。

蒂尔克设计的赛道特点非常明显，人们发明了"蒂尔克赛场（Tilkedrome）"这个词，专门用来批评这些赛道过于相似：很多弯角的转弯半径恒定，缺乏地域特色；缓冲区也太大，对驾驶失误的容忍度过高。观点更折衷的车手则指出，虽然这些现代赛道不像银石、斯帕或铃鹿那样具有挑战性，但它们很适合如今的高下压力赛车。车手们很喜欢赛道设计大师亚诺·扎菲利完成的赞德沃特赛道，但那里非常难以超车。除了举办F1比赛，赛道还有多种功能。虽然大面积的缓冲区可能会减少比赛中的戏剧性场面，但这对客户赛道日和高性能跑车训练非常友好。预算帽下企图降低修车成本的车队和车手也会希望有更多缓冲区出现。

随着F1对新市场的探索和赛历的扩展，蒂尔克工程公司正在向多元化迈进（赫尔曼的儿子卡斯顿·蒂尔克如今直接负责设计）。2016年的巴库街道赛道的成功已经证明做出改变的必要性，而最新登场的沙特吉达赛道，已成为F1历史上最快的街道赛道，平均时速预计高达249千米。

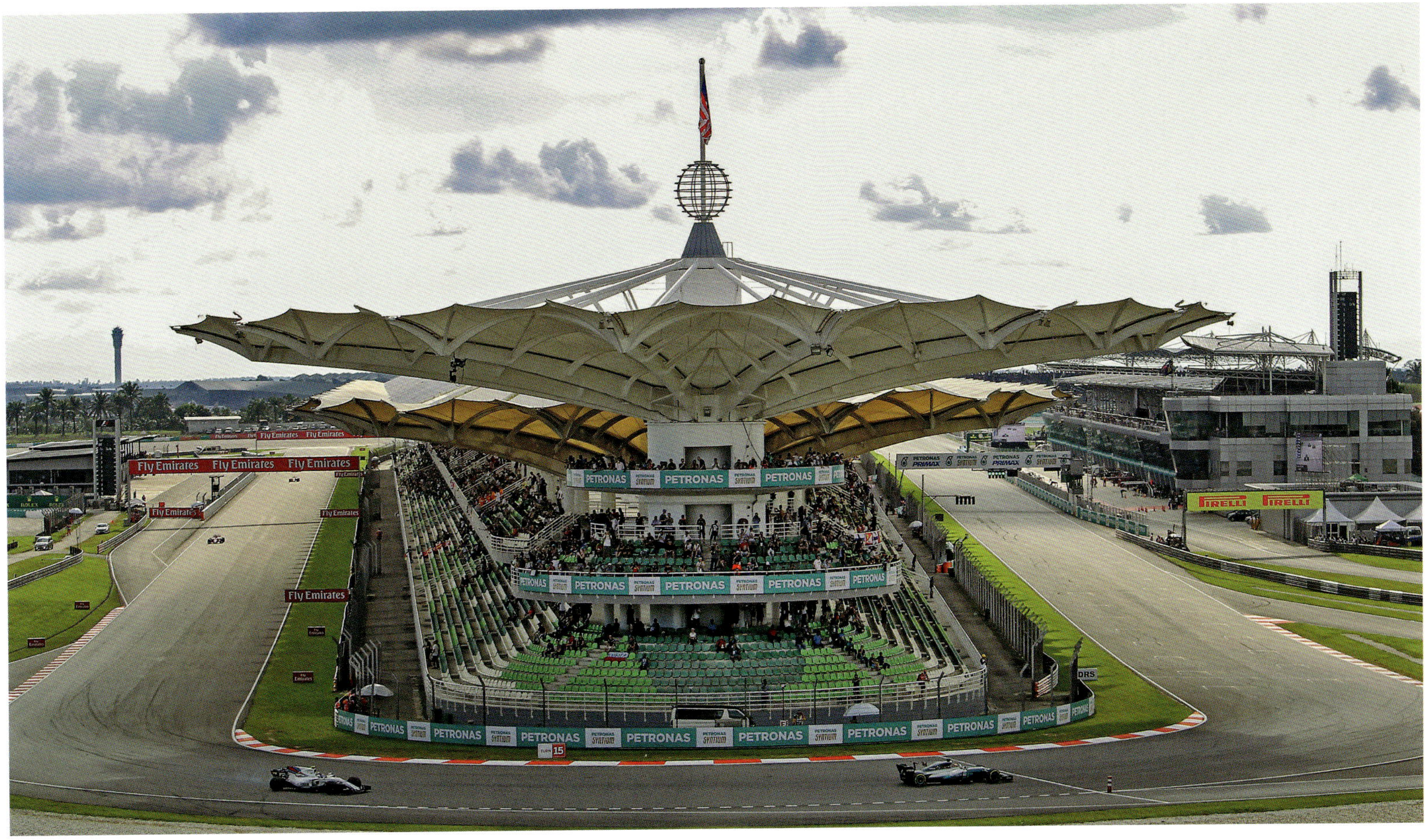
Fly Emirates
PETRONAS
PIRELLI

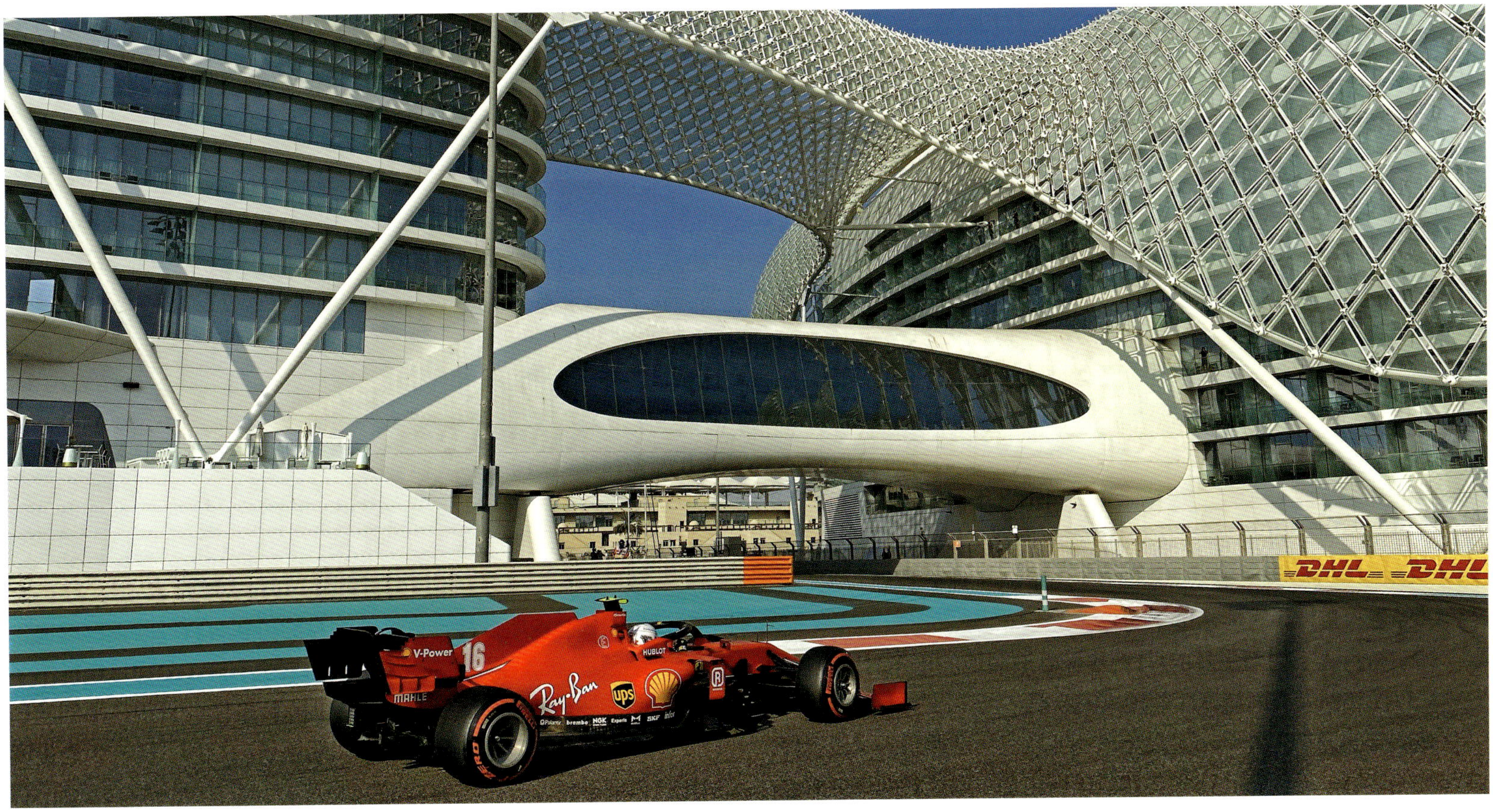
DHL
V-Power
16
Ray-Ban
ups
HUBLOT
MAHLE

本页图：
1971年，摩纳哥。约翰·苏蒂斯驾驶福特赛车驶入隧道，避让着赛道旁的灯泡。早期的赛道照明由布设于路边的白炽灯组成，由于当时没有夜赛，这样的场景难得一见。

右页上图：
2013年，新加坡大奖赛。塞巴斯蒂安·维特尔在起步后的组合弯中超越梅赛德斯车队的尼科·罗斯伯格。

右页下图：
2009年，新加坡大奖赛。基米·莱科宁驾驶法拉利F60赛车通过新加坡市政厅。在2008年的撞车后，赛会降低了一些弯角的路肩高度，改造了1~3号弯，维修区的入口和出口也变更了位置。

2008

夜间比赛

伯尼·埃克莱斯顿期待已久的夜赛，终于在新加坡滨海湾赛道首次举办，并取得了巨大的成功。

赛车在摩天大楼映衬下的胜景是新加坡站独一无二的卖点，比赛本身也极具挑战性——车手们必须在高湿度的环境中，连续两个小时穿行于狭窄的街道之间。

新加坡的首场大奖赛上，雷诺车队制造了一场"撞车门"事件。当时雷诺车队面临着赛季结束后退出F1的危机，因此车队急于获得一场胜利来证明自己的实力。车队提前召阿隆索进站，接着指示他的队友小纳尔逊·皮奎特故意撞车，引发安全车。由于当时的规则禁止安全车期间进站，这次撞车打乱了其他车队的策略，把阿隆索推上了头排，让他轻松赢得了比赛。

对一些人来说，这是F1历史上最令人发指的罪行；也有人认为，为了保全雷诺员工的工资，这是1973年保罗·纽曼和罗伯特·雷德福主演的同名电影以来最好的"诡计（Sting）"，如果不是时任雷诺老板弗拉维奥·布里亚托利和FIA主席麦克斯·莫斯利之间的矛盾，这件事可能永远不会被曝光……

远东的月光下熠熠生辉的F1赛事在欧洲腹地的正午时段直播，壮观的夜赛和时差共同造就了收视率的激增。

在次年的2009赛季，F1在豪华的亚斯码头赛道引入了首场傍晚起步的比赛——阿布扎比大奖赛。这场比赛从当地时间下午五点发车，直到夜幕降临后才结束。赛道酒店缤纷的霓虹灯屋顶和绚烂的烟花表演为赛季画上了完美的句号。

2004年4月4日，巴林站加入F1赛程，成为首个在中东举办的大奖赛分站。十年后，它学习阿布扎比的经验，也调整为夜间比赛，改变了中东赛道以沙漠为背景、缺乏视觉特色的荧幕形象。2020年，受新冠疫情影响，赛季最后三场比赛——巴林站的两连赛和阿布扎比站比赛，都是在夜间进行的。

2021年，沙特阿拉伯大奖赛加入赛历，这场在吉达赛道举行的街道赛于黄昏之时起步。卡塔尔站则取代了因疫情取消的澳大利亚大奖赛，也在罗塞尔赛道的灯火闪烁中展开夜间竞速。

可想而知，照明条件一直是限制夜间办赛可行性的关键因素之一。最近，新加坡大奖赛的照明供应商与一家瑞士公司合作推出了一种新型照明解决方案，把灯安装在FIA标准防碎片围栏顶部的长杆上。此举免去了赛道方另行设计照明系统的麻烦，进一步为夜赛的推广扫清障碍。

左页图：
2020年，亚斯码头赛道的黄昏。阿布扎比的这条赛道现在已经取代巴西的英特拉格斯赛道成为收官战举办场地。

左下图：
2012年，亚斯码头赛道，阿布扎比大奖赛。基米·莱科宁驾驶路特斯赛车，身后法拉利车队的阿隆索紧追不舍。这场比赛还是莱科宁"Leave me alone!"这句"名言"的出处，他告诉车队工程师西蒙·雷尼别再跟他说话了。

上图：
2020年，萨基尔，巴林大奖赛练习赛。麦克斯·维斯塔潘驾驶红牛-本田赛车。巴林大奖赛改为夜赛是一个绝佳的主意，这样做避免了电视转播中出现毫无特点的沙漠背景。

右下图：
兰多·诺里斯的迈凯伦赛车在亚斯码头的天际线中勾勒出的剪影。现在，阿布扎比已不再是F1赛程中唯一一场黄昏开始的比赛。

3

第三章：技术

左页图：
1959年，兰斯，法国大奖赛。托尼·布鲁克斯领先杰克·布拉汉姆的库珀T51赛车进入Mulzon弯。布鲁克斯赢得了这场比赛，而布拉汉姆赢下了那一年的世界冠军。

本页图：
1958年，摩纳哥大奖赛。杰克·布拉汉姆驾驶T45赛车，这场比赛他获得第四名。

1957

前置发动机赛车的消亡

库珀车队的后置发动机赛车最初源于二战后的务实主义设计。但他们很快就足以挑战F1的领头羊：法拉利和玛莎拉蒂。

在20世纪30年代，当梅赛德斯和汽车联盟车队统治赛场时，梅赛德斯的W25、W125和W154赛车均采用了传统的前置发动机布局，而汽车联盟则采用后置发动机布局。

配备独立后悬架的汽车联盟赛车有500多匹马力，重量分配严重偏后。虽然难以驾驭，但在努沃拉里和罗斯迈耶等车手的驾驶下仍然赢得了25场比赛。然而到了二战后的20世纪50年代，汽车联盟早已退出大奖赛。所有参赛赛车都是前置发动机——直到1957年的库珀T43赛车的出现。

库珀公司由机械师查尔斯·库珀和他的儿子约翰在20世纪40年代中期创立。他们制造并销售配备500cc JAP发动机（一家以创始人约翰·阿尔弗雷德·普雷斯特维奇命名的英国公司）的F3赛车，这些赛车成了战后经济困难的爱好者们参加比赛的选择。中置发动机布局通过链条驱动后轮，既方便又实用：不仅减少了由于发动机重量在前部而导致的转向不足，较轻的车重（与早期汽车联盟的赛车相比）还带来了更好的平衡性。同时，悬架系统的发展也使库珀确信后置发动机布局能在大奖赛中扬长避短。

库珀T43赛车在摩纳哥大奖赛中首次亮相。与统治集团玛莎拉蒂、法拉利和范沃尔车队使用的2.5升发动机不同，T43赛车使用的是2.0升考文垂Climax发动机。虽然赛车在排位赛阶段的表现完全称不上石破天惊——其中一辆没能获得正赛资格，而杰克·布拉汉姆驾驶的另一辆在16辆赛车中排名第十五。但是布拉汉姆最终以第六名，落后5圈的成绩完赛。虽然动力上的缺陷注定了它无法达到更高的高度，但是布拉汉姆本人还是对这辆由欧文·马杜克设计的作品的操控性给予了高度评价。1958年，燃油规定变更导致范沃尔错过了1月份位于阿根廷的揭幕站（摩纳哥站在4个月之后）。因此范沃尔车手斯特林·莫斯有机会驾驶私人车队罗伯·沃克的库珀赛车。他一举夺冠，获得了多项成就。这次胜利不仅是库珀赛车的首个冠军，更是后置发动机赛车的首个冠军、私人车队的首个冠军和客户发动机车队（使用非自家发动机的车队）的首个冠军。

然而，这还不是前置发动机赛车的丧钟。人们普遍认为莫斯的胜利归功于他无需换胎就能完赛的驾驶技术，而非赛车性能。虽然在下一场摩纳哥大奖赛中，莫里斯·特林蒂南代替罗伯·沃克驾驶的库珀新款赛车T45取得胜利，吸引了更多人的注意，但那个赛季范沃尔的统治地位过于明显，库珀当年再没赢过比赛。

1959年，情况发生了变化。由于范沃尔退出比赛、方吉奥退役、迈克·霍索恩死于事故等一系列事件，所以该赛季开始时并没有世界冠军车手的身影，这还是有史以来的第一次。换装2.5升考文垂Climax发动机后，库珀新赛车T51s的性能显著增强，杰克·布拉汉姆得以在五场大奖赛中摘得桂冠的同时也开启了他本人的世界冠军三冠之路。库珀也终于凭借出色的赛车获得制造商冠军。

一年后，其他车队纷纷效仿，包括路特斯和BRM在内的大车队也走上了后置发动机的道路。布拉汉姆和库珀赛车连续第二年获得冠军，赢得了九场大奖赛中的六场。菲尔·希尔在1960年意大利大奖赛中驾驶法拉利获胜，这是前置发动机赛车最后一次取得分站冠军。

跨页图：
1957，鲁昂，法国大奖赛。玛莎拉蒂车手哈里·谢尔（6号赛车）和站在250F赛车后的胡安·曼努埃尔·方吉奥。谢尔在这场比赛中位列第五。方吉奥则夺得分站冠军，这个赛季也是他第五次获得世界冠军。

1957

考文垂Climax：
独立发动机供应商登场

1958年阿根廷大奖赛之前，F1分站赛的冠军无一例外，都是由自研发动机的车队获得的。斯特林·莫斯在布宜诺斯艾利斯的胜利打破了这一局面，他驾驶库珀赛车搭载了考文垂Climax公司提供的发动机。

20世纪50年代，英国车队在F1中的影响力逐渐增强，而考文垂Climax公司是它们能够匹敌意大利车队竞争的法宝之一。法拉利、阿尔法·罗密欧、范沃尔、玛莎拉蒂和BRM等大品牌都自行设计和生产发动机，但新入局者库珀和路特斯为此没有足够的工程条件。于是他们开始向考文垂Climax公司购买发动机，这家公司从20世纪初就为各种机械提供发动机，包括汽车、船只、叉车和水泵等。

这家公司的赛车发动机从20世纪50年代中期开始在跑车和F2赛事中展现出出色的性能，并于1957年摩纳哥大奖赛首次进入F1领域。当时，他们将一台2.0升的四缸发动机装在杰克·布拉汉姆的后置发动机库珀T43赛车上。尽管这台发动机与大车队使用的2.5升发动机相比动力劣势明显，但较小的体积使赛车更轻巧灵活，很适合摩纳哥赛道的特点。因此，布拉汉姆一度排名第三，但最后因为发动机故障而不得不推着赛车跨过终点线，名列第六。到下一个赛季的摩纳哥站，搭载考文垂Climax发动机的赛车从一辆增加到六辆，在赛季中期的一些比赛中，甚至有十几辆。

考文垂Climax发动机在F1的首次夺冠是赛车运动历史上的一个里程碑。1958年，斯特林·莫斯赢下了这场胜利。他虽然是范沃尔车队的签约车手，但该车队的赛车在阿根廷布宜诺斯艾利斯的首站比赛中还没有完成研发，所以这位英国车手驾驶英国私人车队罗伯·沃克的库珀-Climax赛车参加了比赛。他凭借自己的技术和智慧，击败了性能更强的法拉利和玛莎拉蒂赛车：他和团队假装执行一停（单次进站）策略，但莫斯其实在尽一切努力保护轮胎，延长轮胎寿命。为此，他甚至会驶上赛道边的草皮给轮胎降温。他的对手直到最后才发现他们的计谋，但为时已晚。

这也是后置发动机赛车在F1世界锦标赛中的首次胜利，这种布局后来被所有车队采用，包括最初持怀疑态度的法拉利。这也是客户发动机车队在世界锦标赛中的首次胜利（印地500除外）。

为了备战1959赛季，考文垂Climax公司的老板莱纳德·李（Leonard Lee）批准将发动机升级到2.5升。"满血"版的发动机使杰克·布拉汉姆得以连续两年赢下世界冠军。有意思的是，他锁定首个世界冠军的美国大奖赛，也是推着赛车冲线的。他在最后一圈耗光了燃油，收获分站第四。

1963年和1965年，吉姆·克拉克使用1.5升的Climax发动机为路特斯赢得了世界冠军。但由于负担不起为新规则开发3.0升发动机的费用，Climax遗憾宣布其将于1966年退出F1。最终，为了满足路特斯继续参赛的要求，该公司不得不折衷研发了一款2.0升的发动机，标志着这家在1957—1969年间赢得40场比赛的独立发动机制造商短暂而光辉的F1之路走到了尽头。

左页图：
1964年，纽博格林，德国大奖赛。起步前的发车直道。吉姆·克拉克（1号）的路特斯赛车和丹·格尼（5号）的布拉汉姆赛车占据头排，二者都搭载了Climax发动机。

左下图：
科林·查普曼的第一款封闭式跑车（enclosed sports car），路特斯Elite。该车搭载了2.0升考文垂Climax发动机，并开创性地使用玻璃钢作为主要结构材料。

上图：
路特斯33赛车上的1.5升V8考文垂Climax发动机。

右下图：
1962年6月。斯帕-弗朗科尔尚，比利时大奖赛。吉姆·克拉克驾驶搭载1.5升V8考文垂Climax发动机的路特斯25赛车。

左页图：
1962年，赞德沃特，荷兰大奖赛前。科林·查普曼和吉姆·克拉克与路特斯25赛车合影。

本页图：
1963年，银石，英国大奖赛。吉姆·克拉克驾驶路特斯25赛车驶向胜利。

1962

单体壳座舱

科林·查普曼的路特斯25是首款搭载单体壳[1]的赛车。这种独特的构造仅靠最外层的壳状结构就能支撑所有负载。

后置发动机F1赛车的出现让设计师们意识到缩减前部结构能带来巨大的空气动力学效益。由于赛车前部不必再给发动机留位置，只需要把车手的驾驶姿势尽量后仰，就可以最大限度地缩减赛车前部空间。这时，原本的管状框架结构就成了继续降低风阻的最大障碍，于是查普曼开始另辟蹊径。

据说查普曼最初是在吃饭时用餐巾纸开始画草图的。他决定用L72铝合金制造F1的首个单体壳，这样做既能提升车架强度，又比管状框架结构节约了一半的重量。更强的刚度也使更软的悬架系统成为可能，从而提升赛车在低速弯中的表现。

在前置发动机时代，车手坐姿通常只向后倾斜20度，而路特斯21/24车型却将这个数字增加到了50度左右。采用单体壳的路特斯25赛车做得更极致，不仅继续增大后仰角度，还减小了方向盘的直径，以适应车手膝盖和挡风玻璃之间更小的间隙。

传奇车手吉姆·克拉克曾抱怨新的坐姿很难适应。由于视角更低，前轮高出了视平线，因此他不得不重新选取赛道上的参考点。另外，这种接近于仰卧的坐姿使他不低头才能保持平视，很容易引发颈椎酸痛。不过，经过适应之后，克拉克完全转变了态度。他后来毫不犹豫地认为这就是最合理的驾驶坐姿。

路特斯25赛车在赞德沃特赛道首发的时候，客户车队对他们的"创新"非常不满，因为查普曼曾保证私人车队所购买的赛车在机械上与厂商自己用的赛车一模一样。查普曼对此的回应是：路特斯保留对赛车车体进行修改的权利……

不出所料，路特斯25赛车在赛场上遥遥领先。在1962赛季的9场比赛当中，克拉克拿下了6场的杆位，还在第三场比赛——斯帕大奖赛上赢下了人生中的首场比赛。那年，他本可以收获世界冠军，可惜赛车在收官战墨西哥大奖赛中突发发动机故障，把世界冠军拱手让给BRM的格拉汉姆·希尔。

一年后，克拉克重整旗鼓，在10场大奖赛中赢得了7场——创造了当时的世界纪录。

在F1赛场上，模仿其他车队成功的设计创新是常规做法，而模仿单体壳却没有那么容易。1963年的法国站，BRM为希尔换上了搭载半单体壳的P61赛车。由于发动机和车手之间没有设置挡板，这款赛车的车架刚度严重不足，以至于只参加了两场比赛，其他分站使用的还是老款桁架结构的赛车。与此同时，路特斯的单体壳赛车已经从原来的路特斯25迭代到了路特斯33。后者略微加长了轴距，还优化了悬架支点以适应邓禄普的13寸宽胎。1965年的荷兰站是克拉克驾驶路特斯25赛车赢下的最后一场比赛。在那之后，路特斯33帮助他续写了传奇。

1966年开始，F1规定车队必须使用更重的3.0升发动机。车重的增加意味着桁架型赛车不再适用，单体壳成了所有车队必选的底盘结构。

译者注
1 单体壳：现代F1赛车的单体壳由两个12层的碳纤维层和中间夹着铝制蜂巢结构的层体构成，虽然材料与科林查普曼的设计不同，但是其原理是一脉相承的——其中的蜂巢结构能将承载重物的作用力均匀地分散到每个面。

1966

发动机规则调整

F1的发动机规格经常变动，从直列6缸到V8、V12、V10……1966年，发动机规则变化迈出了重要的一步，发动机排量翻了一倍，达到3.0升。

历史上，奇怪的F1发动机层出不穷。Life车队的W12发动机也许是其中的登峰造极之作——这款发动机由三组四缸发动机拼装而成。尽管它由前法拉利工程师弗兰科·罗基主创，但遭遇了严重的可靠性缺陷，以至于1990年全年（这款发动机参与的唯一一个赛季），车队都无法通过预选，晋级排位赛。

其次是布加迪的例子。这家法国公司是20世纪20至30年代的赛车巨头，但只参加了一场F1世界锦标赛——1956年在法国兰斯举行的分站赛。出战的251赛车搭载了一台直列8缸发动机，奇特之处在于它竟然是横向布局的。车手莫里斯·特林蒂南在排位赛中位列倒数第三，他还在正赛中卡住油门，提前退赛。这也标志着该款赛车比赛历程的终结。

直到相对晚近的时期，发动机规则才变得更加严格，迫使制造商们对同一个基本要求做出自己的解答。

从1950年F1世界锦标赛开始到1988年底，发动机规则始终没有对发动机构造作出限制，仅规定了排量：从最早的4.5升（1950—1953年[1]），到后来的2.5升（1954—1960年）、1.5升（1962—1965年）和3.0升（1966—1985年）。

此前，除了1.5升时代以外，车队一直有使用小排量增压发动机的余地，但始终没有人尝试过，直到雷诺打破传统，推出了第一款涡轮增压F1赛车RS01。这款车在1977年英国大奖赛上首次亮相，搭载了一台1.5升V6涡轮增压发动机。虽然涡轮增压赛车首战以提前退赛告终，但雷诺又经过两年的努力，终于在法国取得了首个分站冠军。其他车队很快也走上了涡轮增压的道路。1983年，布拉汉姆车手纳尔逊·皮奎特成为第一位使用涡轮增压发动机赛车赢得世界冠军的车手，到1985年下半赛季，所有车队无一例外地选择了小排量涡轮增压发动机。然而，1988赛季末，涡轮增压发动机又遭到禁止，从1989赛季起只允许使用3.5升自然吸气发动机，且气缸数不得超过12个。

1989年，雷诺和本田分别与威廉姆斯和迈凯伦合作，首次开发出V10发动机。这种发动机规格逐渐在20世纪90年代成为主流。1995年，最大排量限制降低到3.0升，迫使坚定V12路线的法拉利也不得不在一年内妥协。让·阿莱西在1995年加拿大站的胜利是12缸发动机的绝唱。到了1998年，所有车队都倒向3.0升的V10发动机。两年后，这一规格成为明文规定的强制性要求，也是F1发动机规格首次被如此精确地规范。

由于FIA试图进一步限制赛车的速度，V10发动机在2005年底开始逐步淘汰，取而代之的是2.4升V8发动机[2]。这对降低车速没有起到什么作用，毕竟这些发动机可以达到20 000转/分钟以上的转速。2007年和2009年对发动机转速也做了限制，分别为19 000转/分钟和18 000转/分钟，但收效甚微。

2009年的另一项规则调整是首次允许使用动能回收系统（KERS[3]）。这项功能最初并未掀起波澜，2010赛季甚至没有车队使用。而短短一年后，它已经成了头部车队的制胜法宝，这是朝着即将到来的混合动力时代迈出的第一步。

译者注
1 1952和1953赛季最终参照F2规则，使用2.0升发动机以增加比赛竞争性。
2 FIA为无法短期内完成转型的车队提供了两年的宽限期，期间允许使用降低功率的V10发动机。
3 KERS：kinetic energy recovery systems，特指2009—2014年间，F1赛车通过飞轮将车身制动能量储存起来，并在加速过程中作为辅助动力释放以增强性能的装置。2014年引入混合动力系统后，类似功能通过动能回收系统"MGU-K"完成。

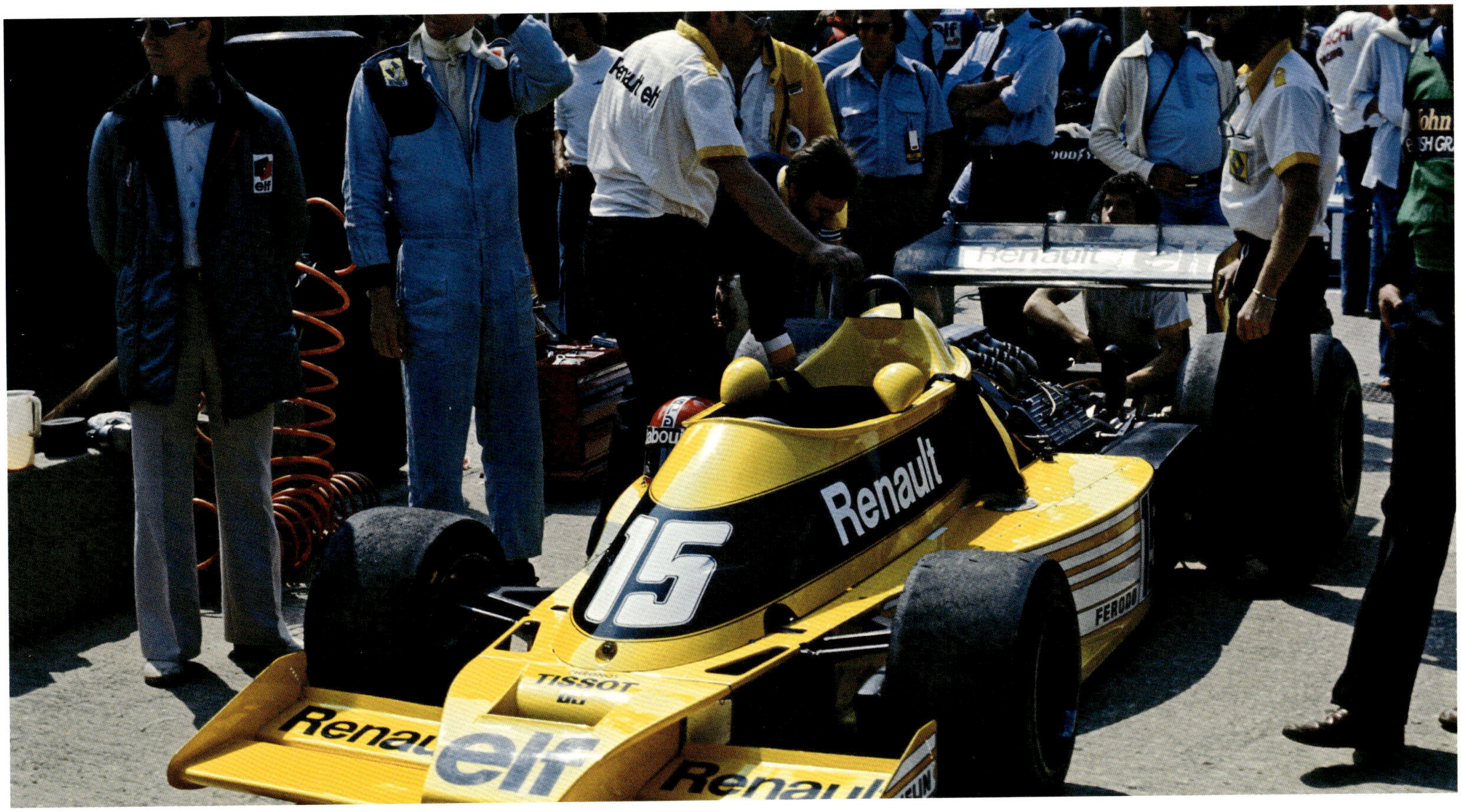
Renault
15
TISSOT
Renault
elf
Renault
FERODO

BMW M Power

Marlboro
Agip
27
MAGNETI MARELLI
FIAT

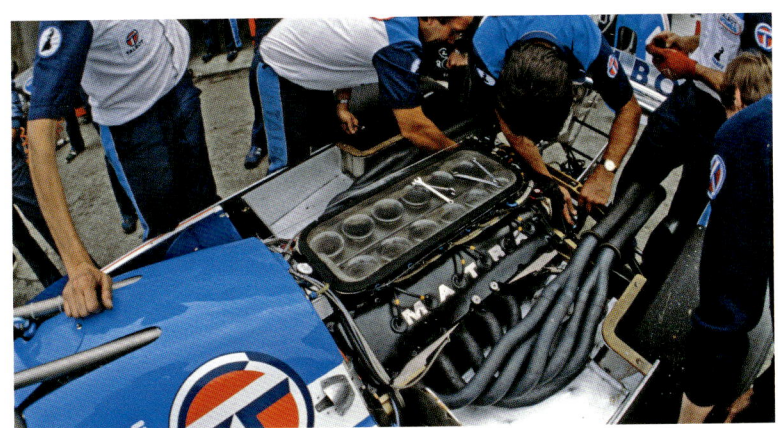

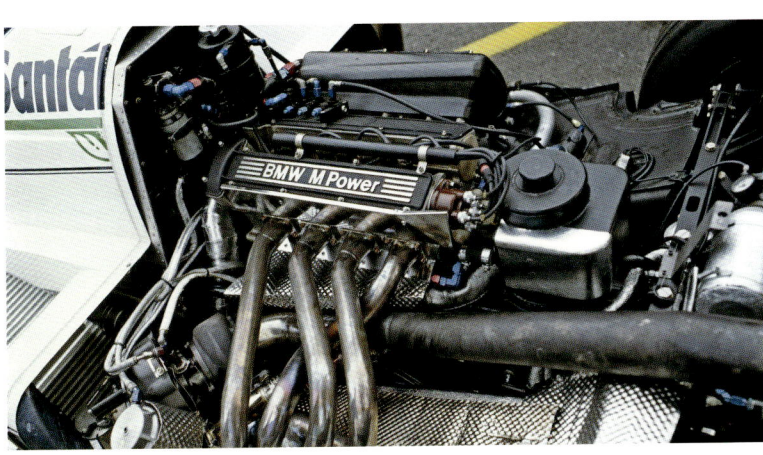

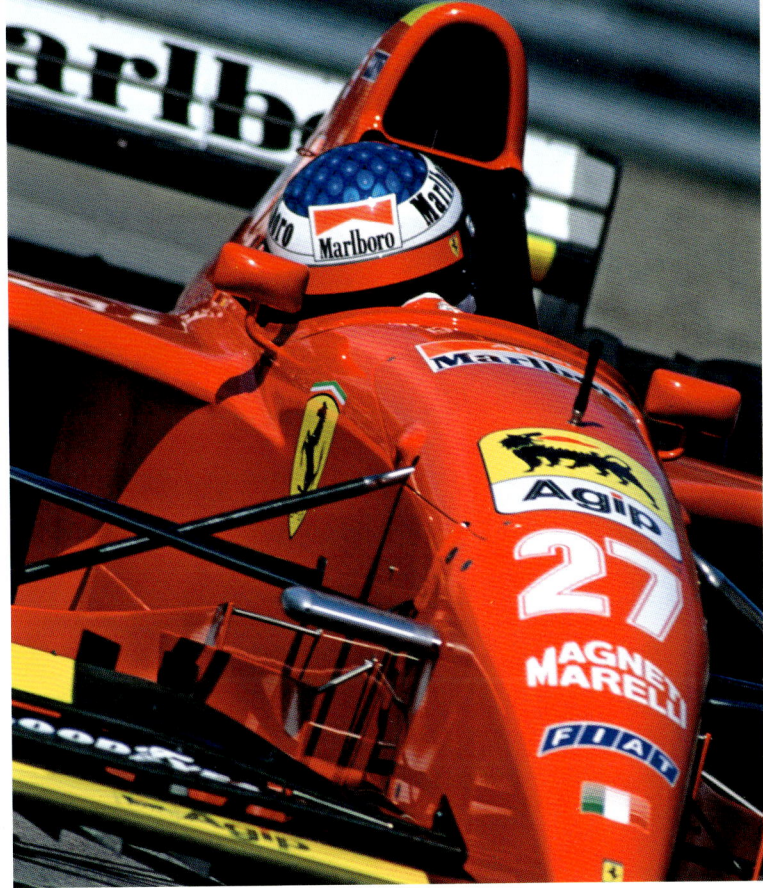

1967

考斯沃斯DFV

在1966年发动机规则调整，限制发动机排量为3.0升后，科林·查普曼和他的路特斯团队苦于找不到可用的动力单元替代品。

1965年，吉姆·克拉克在路特斯车队赢得了世界冠军，而车队老板科林·查普曼却陷入了困境，因为这是1.5升发动机的最后一个赛季。3.0升大排量发动机意味着"动力的回归"，标志赛车运动进入了新的时代，而查普曼却没有找到合适的发动机来捍卫冠军头衔。

1966年对于路特斯来说困难重重。车队尝试使用2.0升考文垂Climax发动机和复杂的BRM H16发动机[1]，但都遇到了困难。考斯沃斯工程公司的设计师基斯·达克沃斯表示他可以造出有竞争力的发动机，前提是查普曼能够提供10万英镑的研发预算。最终，查普曼说服福特汽车公司资助了这个项目，福特-考斯沃斯DFV[2]发动机就这样诞生了。

这款发动机比竞争对手更轻且性能更强。在路特斯49赛车上，它作为应力承载结构整合进车架中，一端固定在单体壳上，另一端则固定在悬架和变速箱上。由于1967赛季初，DFV发动机尚未完成研发，这款发动机在第三站荷兰大奖赛上才首次亮相。

DFV发动机的表现一鸣惊人。英国车手格拉汉姆·希尔驾驶路特斯49赛车夺得杆位，正赛中一度领先，直到发动机因凸轮轴驱动齿轮上的一个齿脱落而熄火，才不得不退出比赛。队友克拉克在练习赛中遇到了很多麻烦，发车时仅排在第八位，但他最终上到第一，为新车和发动机带来了首场胜利。

尽管克拉克在赛季中还赢得了三场分站冠军，但新发动机的研发问题影响了他争夺世界冠军的进程。最终他仅以第三名的成绩结束该赛季，排在布拉汉姆车手丹尼·赫尔姆和杰克·布拉汉姆之后。

尽管并没有获得分站冠军，但蒙扎的意大利大奖赛是他表现最出色的一场比赛。比赛开始后他一度领先，因爆胎而被迫进站后，已经落后了整整一圈，但他成功追回差距并再次领先，可惜最后一圈时因为燃料耗尽而不得不减速，最终排名第三。

路特斯在DFV推出后的第一个赛季独享这款发动机的使用权，但此后它成了一款极具竞争力的客户发动机——所有车队都可以购买使用。克拉克赢得了1968年在南非举行的揭幕战，但在西班牙举行的第二回合比赛前，他在一场F2事故中丧生。希尔在那场比赛中夺冠，帮助路特斯重振士气，并在当年成为第一位使用DFV发动机的世界冠军。

使用这款发动机逐渐成为一种趋势：1968年后的六个世界冠军均由使用DFV的车手获得：杰基·斯图尔特（三次）、埃默森·菲蒂帕尔迪（两次）、约亨·林特（一次）。之后还有詹姆斯·亨特（1976年）、马里奥·安德雷蒂（1978年）、阿兰·琼斯（1980年）、纳尔逊·皮奎特（1981年）和科科·罗斯伯格（1982年）。与此同时，雷诺于1977年推出了1.5升涡轮增压发动机，其代表着赛用发动机未来的发展方向，且逐步具备与3.0升发动机竞争的实力。

随着车队逐渐抛弃DFV，泰瑞尔车手米歇尔·阿尔博雷托在1983年的底特律大奖赛上夺得了这款发动机的最后一个世界冠军——也是它的第155个分站冠军。毫无疑问，没有其他发动机能像DFV一样取得如此巨大的成功。

译者注
1 吉姆·克拉克使用该发动机在美国大奖赛上获胜。
2 DFV：double four valve，即"双四气门"，指该款发动机每气缸有四个气门。

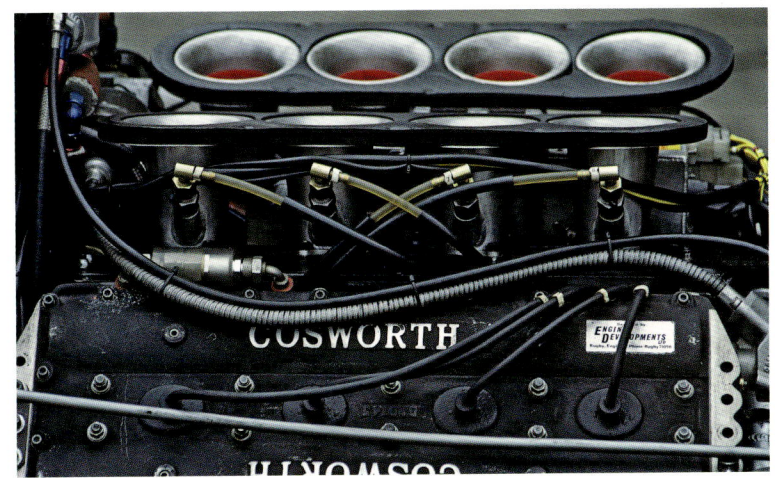

左页图：
1967年5月。格拉汉姆·希尔乐于看到它的路特斯49赛车上搭载了这款考斯沃斯发动机，赛季初他曾临时使用BRM发动机。当年的荷兰大奖赛上，队友吉姆·克拉克首次使用搭载DFV发动机的路特斯49赛车获得分站冠军。

上图：
1983年，底特律，美国大奖赛。泰瑞尔车队的米歇尔·阿尔博雷托为这款发动机赢得了最后一场胜利。

左下图：
1978年，哈拉马（Jarama），西班牙大奖赛。马里奥·安德雷蒂驾驶搭载DFV发动机的路特斯79。在这个赛季中，他驾驶该赛车获得了六个分站冠军。

右下图：
1983年的DFV发动机。这款3.0升V8考斯沃斯发动机后来也被改装成DFY、DFZ和3.5升DFR发动机。1990年，让·阿莱西使用DFR为泰瑞尔车队获得过两次亚军。

左页上图：
1968年，摩纳哥大奖赛。格拉汉姆·希尔驾驶路特斯49赛车驶入Mirabeau弯，领先约翰·苏蒂斯的本田RA301赛车。

左页下图：
1968年，鲁昂，法国大奖赛。此时的路特斯49赛车已经装上了巨大的扰流板。

本页图：
1969年，蒙特惠奇公园，西班牙大奖赛。克里斯·阿蒙驾驶法拉利312赛车。对他来说这是一场改变命运的比赛。

1969

"高耸入云"的扰流板

在F1赛车上安装巨大的扰流板可以显著提升抓地性能，但早年间这项技术尚不成熟，可靠性不佳，很容易造成毁灭性的后果。

提升空气动力效率能够带来好处并不是什么新鲜事。古斯塔夫·埃菲尔最杰出的贡献可能是他对巴黎天际线的改造，但鲜有人知的是他位于16区布瓦洛街的埃菲尔实验室设有一个风洞。1914年，标致曾将他们的大奖赛赛车送到那里测试，以提升直道性能。然而，半个多世纪后，对空气动力效率的追求把赛车运动带向了完全不同的方向。

1966和1967年，美国赛车手兼工程师吉姆·霍尔开创性地在Chaparral 2E和2F Can-Am[1]赛车上安装了尾翼。很快，路特斯车队老板科林·查普曼就在他的路特斯49上如法炮制，在1968年摩纳哥大奖赛上引入了带有鼻翼和尾部上扬造型的新车身。此举后果可想而知，在F1赛车中，每当一个创新设计取得成功后，其他车队就会迅速跟进……翼型设计变得越来越奇特。

不少车队很快就研发了自己的前翼和尾翼，但当时的技术还过于原始，以至于1969年在南非卡亚拉米赛道举行的揭幕战中就有几台赛车的扰流板支架倒塌。两个月后，在西班牙蒙特惠奇公园，路特斯为了使翼片远离空气湍流以产生最大效果，将其抬高了更多。但由于支架过于脆弱，无法承受巨大的下压力。世界冠军格拉汉姆·希尔在第九圈时就因扰流板失效而撞车。他的队友约亨·林特在第20圈的同一地点也遭遇了类似命运。他撞上了希尔的赛车残骸后翻车，遭受了严重的面部切割伤而不得不送医治疗。

这位奥地利车手后来向专业赛车媒体发表了一封公开信，表达了他对F1赛车设计方向的不满。他在谈到扰流板可靠性时写道："我在西班牙经历了最严重的一次事故：通过速度最快的弯道时尾翼突然断裂。原本的下压力瞬间消失，整个赛车自尾部腾空而起，差点飞出赛道左侧的双层护栏。所幸赛车的高度比护栏低了大约25厘米，才被反弹回路面，否则后果不堪设想。如果不采取措施，明年可能会出现大到足够使赛车飞过护栏的尾翼，届时所有的赛道运营方都不得不考虑升级观众保护措施……总的来说，我得出的结论是，扰流板非常危险，理应禁止。"

译者注
1 Can-Am：1966年在美国和加拿大诞生的一项全新赛事——加拿大-美国挑战杯（Can-Am Challenge Cup）。由于赛事几乎没有任何技术上的限制，Chaparral车队的工程师们把用在飞机上的翼片倒装在赛车上。

最初，赛会没有采取任何行动，两周后的摩纳哥站开始时（康复中的林特未参加），仍然允许使用扰流板。直到第一节练习赛结束，赛会才决定禁止使用不属于车身主体部分的扰流板，此前的圈速也被取消。该决定立即执行，第二天上午的比赛中，车队就移除了所有分离式扰流板。

当然，它们不久之后就会以更坚固、更集约的方式重新出现。

左上图：
1969年，摩纳哥大奖赛。理查德·阿特伍德驾驶林特的路特斯车队参加了摩纳哥大奖赛。这场练习赛是巨大尾翼的最后一次亮相。

右上图：
1969年，布鲁斯·迈凯伦驾驶安装了两片扰流板的迈凯伦M7C赛车通过Station发卡弯。

下图：
1968年，意大利大奖赛。杰克·布拉汉姆的BT26赛车搭载了当时不同寻常的双扰流板。

左上图:
1969年,蒙特惠奇公园,西班牙大奖赛。驾驶路特斯49B赛车(2号)的约亨·林特起步领先,克里斯·阿蒙的法拉利赛车(15号)和格拉汉姆·希尔的路特斯赛车(1号)紧随其后。

右上图:
尾翼失效撞车后,遗憾离开赛车的希尔。

下图:
赛道工作人员试图在没有安全车的情况下将受损的路特斯赛车移到赛道边。后来约亨·林特的赛车遭遇同样的故障时,它仍没有被移出赛道。

左页图：
1971年，蒙特惠奇公园，西班牙大奖赛。赛前，一位西班牙警察试图把杰基·伊克斯的法拉利工程师劝离赛道。伊克斯的法拉利312B赛车安装了凡士通的光头胎。

本页图：
1982年，摩纳哥大奖赛。迪迪埃·皮罗尼的备用轮胎。此时法拉利的轮胎供应商已经换成了固特异。

1971

光头胎

马里奥·安德雷蒂在南非大奖赛"意外"测试凡士通的光头胎，引发了轮胎这一赛车常规组件的快速改进。此前，F1使用的一直是带有预切花纹的轮胎。

在光头胎成为F1赛车的标配之前，它们已经在直线加速赛场上使用了十年之久。为什么F1会落后这么多？与其他没有得到迅速应用的技术一样，答案并没有那么简单。

美国的M&H公司最早从20世纪50年代末就开始研制光头胎。到1962年，他们生产的Racemaster轮胎已经成为顶级直线加速赛和美国高速汽车协会赛事的标准配置。

宽而软的光头胎有利于获得最大抓地力。但相比直线加速赛，公路和赛道赛车的情况会更复杂一些：轮胎要有更坚硬的侧壁来保证过弯性能，对排水能力的需求也意味着胎面上必须保留花纹。

凡士通公司早已推出了右侧边缘带凹槽的软胎供印地500赛事的赛车在高速椭圆形环道上使用，而到了20世纪60年代末，邓禄普才开始生产半光面的F1轮胎，保留了非常浅的"X"形胎纹。

坊间传闻说凡士通公司的F1光头胎研发是因马里奥·安德雷蒂的一次意外测试而加速的。他在测试一款新材料轮胎时没有等切割花纹就直接开着光滑的轮胎跑了几圈，做出了更好的成绩。当然，很多人对这个故事的真实性表示怀疑，他们表示这款轮胎生产的时候，胎体上的花纹是由模具一次成型的，不需要人工切割。

支持者的观点是，安德雷蒂本人证实了这个传言，而且轮胎供应商竞争对手固特异指出，凡士通在欧洲的业务规模太小，研发阶段就单独开模成本过高。事实上，手工切割胎纹是常有的事：一般先用喷罐和模板在胎面上喷印出花纹图案，再用电热胎纹切割机来手动切出深度。同样的办法也可以用来制作半雨胎，只需要把纹路切得更深就行了。

1971年，凡士通在位于南非卡亚拉米的揭幕战上首次推出全光头胎。杰基·斯图尔特也在赛后为固特异进行了大量测试。但由于天气太热，多数人都认为光头胎无法撑过正赛，因此光头胎只出现在排位赛，正赛冠军斯图尔特使用的仍是固特异半光头胎。

同年第二场比赛是西班牙大奖赛。蒙特惠奇公园赛道见证了光头胎首次跑完全程。杰基·伊克斯的法拉利赛车使用光头胎以第二名完赛，仅落后斯图尔特三秒。后者的泰瑞尔赛车仍搭载固特异生产的半光头胎。

斯图尔特和伊克斯分别赢得了摩纳哥站和荷兰站，只不过伊克斯的冠军是在湿地条件下获得的，意味着光头胎的第一场分站冠军要等到法国大奖赛由斯图尔特创造。巧合的是，1971的法国站也是保罗·里卡德赛道首次举办比赛。

"尽管我们以前一直抵制光头胎，但后来不得不转变看法了，因为条件合适的情况下它们明显更快，"时任固特异欧洲赛事部门主管利奥·梅尔这样评价光头胎的普及："雨胎、半雨胎、干胎专业化的趋势是重大的变革。新轮胎的研发始终面临着振动和过热的问题，但随着新材料和积极研发进展不断出现，光头胎的可靠性正日趋成熟。"

本页图：
1978年，瑞典大奖赛。尼基·劳达驾驶的BT46B"风扇车"。戈登·穆雷的创新设计招致了各大车队的反对，以至于伯尼不得不立即放弃了这款赛车。

右页上图：
地面效应赛车的批评者们担心，在高速行驶时突然失去文丘里效应带来的下压力（比如驶过不平整的路面）会导致汽车飞出赛道，类似1982年勒内·阿尔努在赞德沃特遭遇的事故。事实上，阿尔努的事故是由油门卡死引起的。

右页下图：
1982年，摩纳哥大奖赛。迪迪埃·皮罗尼的法拉利126C2赛车。该款赛车配备了侧裙板。

1977

地面效应赛车

利用"地面效应"可以显著增加赛车的下压力，而且不会像扰流板那样增加阻力。

夸张的扰流板设计被叫停之后，F1工程师们开始在空气动力学设计上另辟蹊径。BRM首席工程师托尼·路德带领彼得·赖特开展了底盘空气动力学的研究；路特斯创始人科林·查普曼也赞助了加利福尼亚大学的相关项目。

赖特毕业于剑桥大学，在热力学和空气动力学方面颇有研究。20世纪70年代中期，他与路德在路特斯车队再次联手，改进了该车队1977年的赛车——路特斯78。这款赛车的特点在于侧箱呈倒机翼形，内部还集成了散热器和两个燃料箱。研发过程中，赖特偶然间发现随着侧箱下移，下压力会显著增加。于是他们进一步增加了延伸到地面的侧裙板，此时下压力竟翻了一倍！这一实验证明侧裙密封性对于底盘形成文丘里效应[1]至关重要。

马里奥·安德雷蒂驾驶路特斯78赛车赢得了四场比赛，但世界冠军仍由表现更稳定的尼基·劳达获得。路特斯花了不少时间来改进赛车的侧裙：大部分地面效应都产生于赛车前部，导致了严重的转向过度。车队不得不以牺牲直道速度并增大尾翼的方式平衡赛车下压力。

"我们好好做！"查普曼要求道。1978年，升级后的路特斯79赛车终于完美诠释了查普曼对空气动力学设计的极致追求：纤细的单体壳、中置燃料箱、全轮内置式悬架、上出式排气管无不是在向空气动力效率致敬。毫无疑问，这款车带来了统治级的表现，安德雷蒂将世界冠军收入囊中。队友罗尼·彼得森在年度积分榜上排名第二，可惜他在蒙扎起步时的撞车中不幸身亡……

赛季中期，伯尼的创新设计师戈登·穆雷推出了一款让所有人意想不到的"风扇车"——布拉汉姆BT46B。尼基·劳达在瑞典站首次驾驶这款车就表现不俗，把所有人都"吹"到了后面。

查普曼对此非常愤怒，要求禁止这款车，因为BT46B用于增加地面效应的风扇属于规则不允许的"以空气动力学为主要目的的可动装置"。但设计师穆雷却声称这款赛车仅装有小型散热器，如果没有风扇，发动机就会爆炸，所以风扇的主要目的是散热而非地面效应。

从字面上理解，BT46B并没有违规，但这款车遭到了其他车

译者注
1 文丘里效应：高速流动的流体附近会产生低压，从而产生吸附作用。利用这种效应可以使赛车吸附于地面，增加下压力。

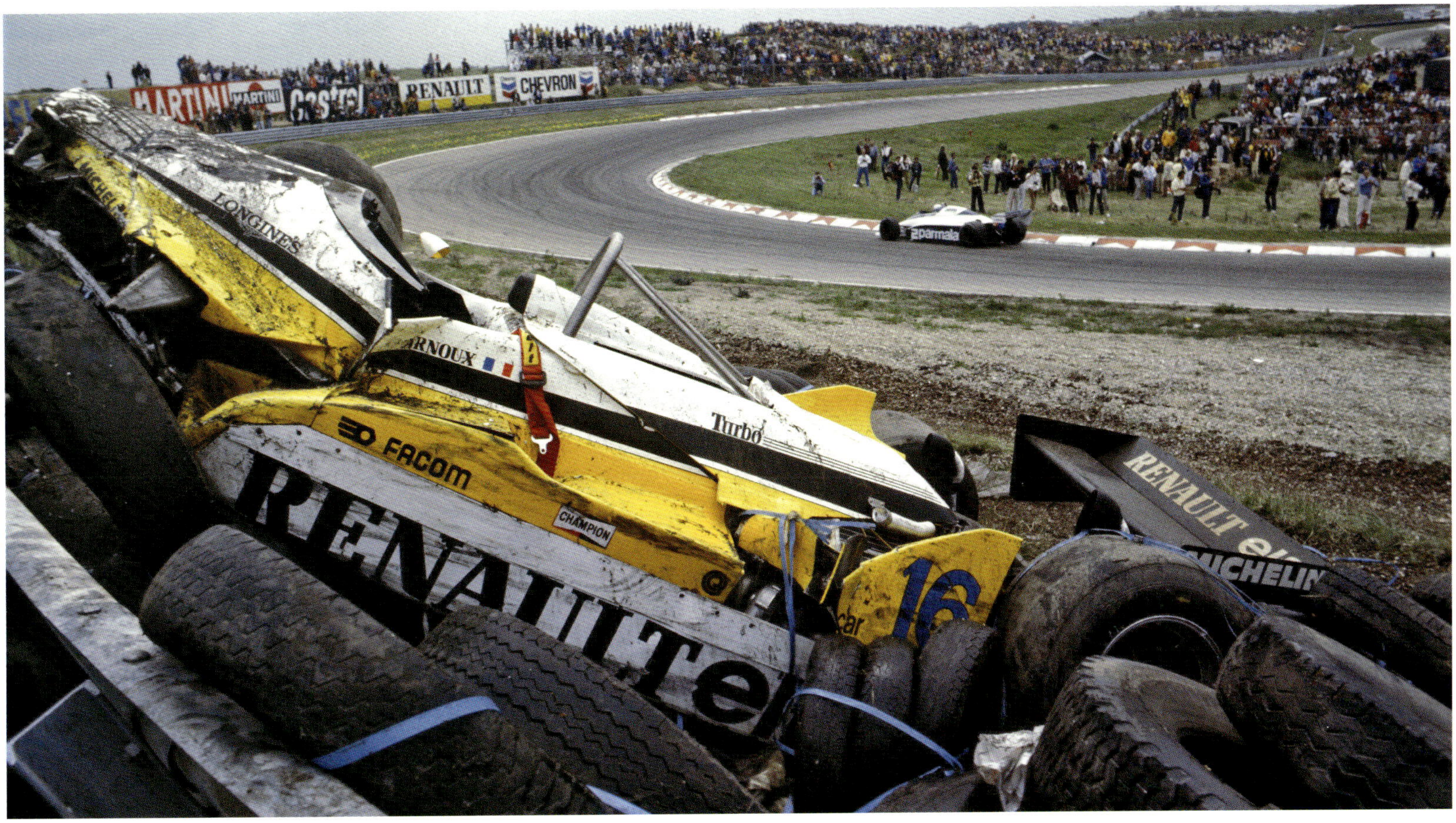
MARTINI
RENAULT
CHEVRON
LONGINES
FACOM
RENAULT
CHAMPION
Turbo
16
RENAULT
MICHELIN

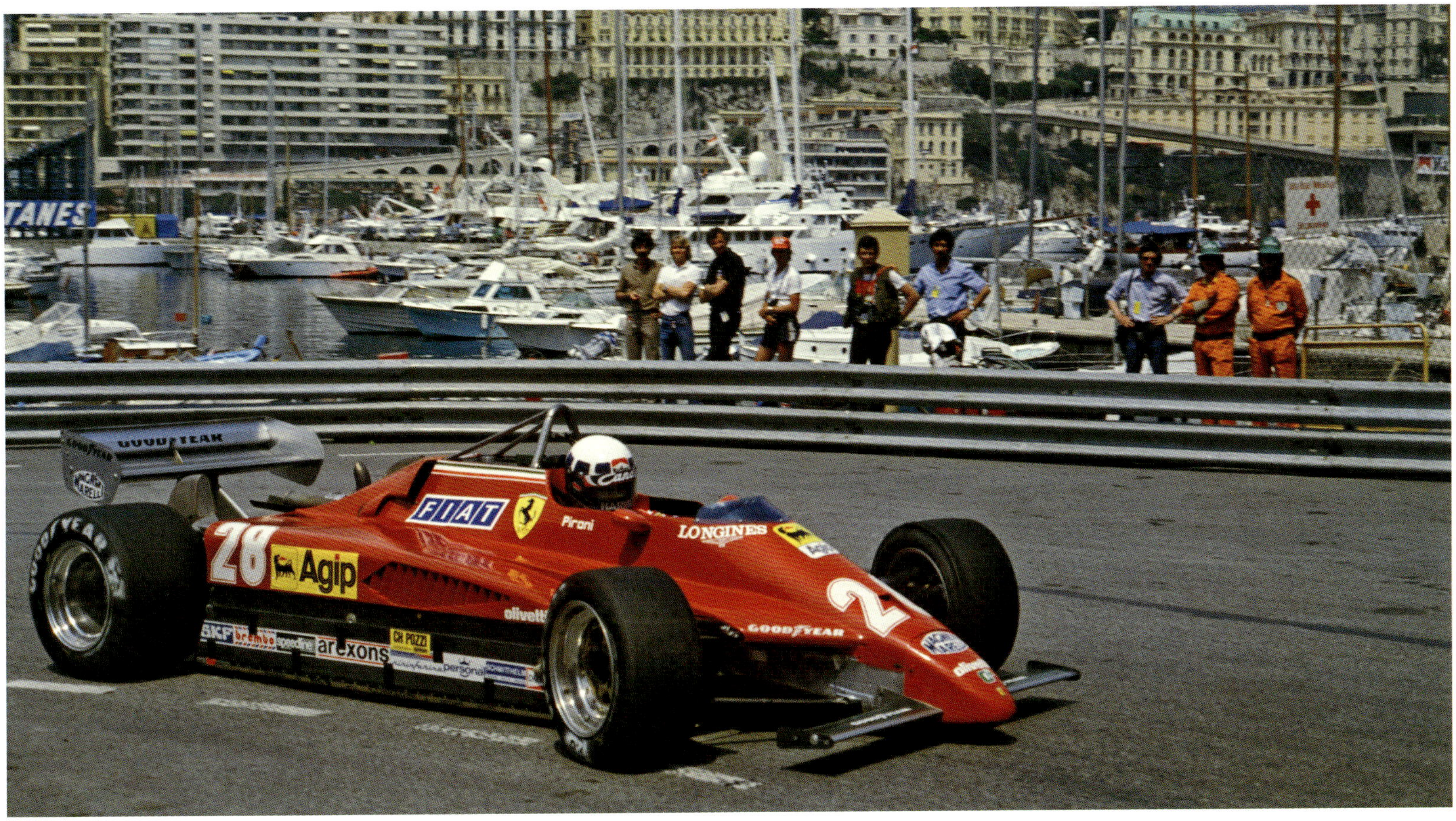
TANES
GOODYEAR
FIAT
28
Agip
Pironi
LONGINES
olivetti
arexons

上图：
1979年，荷兰大奖赛。威廉姆斯车手阿兰·琼斯驾驶FW07赛车获胜。

下图：
1978年，摩纳哥大奖赛。利吉尔-马特拉车手雅克·拉菲特的地面效应赛车JS9。

跨页图：
这是一张令人痛心的照片。1978年荷兰大奖赛上，马里奥·安德雷蒂驾驶路特斯79赛车领先队友罗尼·彼得森，他们完赛时位列一二名。不幸的是，彼得森在下一站蒙扎的比赛中受了致命伤，第二天便与世长辞。

队的强烈反对。布拉汉姆的老板伯尼为了避免和其他车队发生冲突，保护自己在F1制造商协会的领导地位，主动决定撤回该赛车。

地面效应赛车最大的优势在于它能显著提升过弯速度。1977年，詹姆斯·亨特驾驶非地面效应赛车迈凯伦M26做出的排位赛杆位成绩是1分18.49秒。而短短两年后，阿兰·琼斯就驾驶威廉姆斯FW07赛车以1分11.88秒的成绩惊艳全场。圈速提升将近7秒是非常了不起的成就，但令人担忧的是，侧裙、下压力中心和路面平整度都会影响地面效应下压力的稳定性。"如果以240千米的时速通过Club弯时侧裙板突然卡住或者断裂，我不敢想象会发生什么，"琼斯说："由于底板密封突然消失，赛车会瞬间失去地面效应带来的下压力并飞出赛道。相比之下，我觉得1分18秒和1分12秒对观众而言区别不大，即使完全禁止地面效应赛车，F1也会一样刺

激……"

FIA专门为此修改规则，试图禁止裙板这样脆弱的关键部件。但各车队还是设法通过液压系统调节裙板高度的方式绕过了强制赛车底板离地高于6厘米的新规。

裙板高度问题后来成了一系列斗争的导火索。雷诺、法拉利和阿尔法·罗密欧等资金雄厚的传统厂队将地面效应赛车技术视为使用考斯沃斯发动机的英国小车队（包括路特斯）与他们更强大的涡轮增压车竞争的手段。这引发了国际汽车运动联合会（FISA）和F1制造商协会（FOCA）间的政治斗争，这场体育争端甚至波及到英国下议院。最终，地面效应赛车还是在1983年被完全禁止了。

有趣的是，地面效应设计已在2022年回归，以提升赛车跟紧前车的能力，提供更多超车机会。

本页图：
2011年，巴西大奖赛。迈凯伦工程师和策略师在迈凯伦技术中心内的远程指挥中心监控赛车表现。

右页上图：
2012年。简森·巴顿和刘易斯·汉密尔顿与他们各自的比赛工程师一起查看MP4-27赛车的数据。

右页下图：
1987年，保罗·里卡德赛道，法国大奖赛。练习赛期间，埃尔顿·塞纳的路特斯-本田赛车连接着主动悬架计算机。

1977

遥测技术

在F1初创的前30年里，车手们必须自己发现并解决刹车过热、变速箱故障或轮胎漏气等问题。

数据采集和遥测技术是F1赛场上最大的变革之一。这项技术能帮助车队更高效地改进赛车，车手们也能根据这些数据来调整驾驶策略。在20世纪60年代末的一系列基础数据记录尝试之后，肯·泰瑞尔于1977年首次聘请专业人士进行数据收集和统计工作。他邀请美国数学家卡尔·肯普夫博士利用计算机和早期汽车传感器来收集数据，测量诸如速度、加速与制动踏板深度、加速度和悬架偏转等项目。其他车队很快就意识到这是赛车进步的方向，不久之后，大多数车队都开始聘用专职计算机分析师。

随着笔记本电脑、软件技术的发展和传感器小型化，以及涡轮发动机时代更多厂队的加入，20世纪80年代见证了数据采集技术的迅速迭代。到90年代初，迈凯伦应用技术公司（McLaren Applied Technologies）成为第一家使用遥测技术服务汽车运动的公司。它们最初为C组赛车客户开发了先进遥测链接采集系统（ATLAS），这一组别最大的特点在于对总燃料使用量的限制，因此精准计算进站策略至关重要。该系统通过一台Windows电脑就能处理原本需要大量计算设备才能完成的计算。

最初，赛车只有在每圈通过维修区附近时，才能通过车头部分的天线向维修站传输数据。而如今，只要赛车在赛道上运行，车队就可以随时读取车辆实时数据。一度被广泛采用的双向遥测通信使车队可以在比赛期间对赛车设置进行动态调整，修改发动机设置、制动平衡，甚至是差速器等部件的参数，这些命令通过激光传输到赛车侧箱上的接收器。直到1994年，FIA才在大力打击自动化驾驶辅助的行动中禁止了从维修站向赛车传输信息的技术。

现代F1赛车上配有300多个传感器，每一圈都会向维修区和工厂的数据专家发送海量数据。他们可以实时监测车辆的各项指标，车手无法隐瞒任何问题，很多机械故障都能在出现前及时发现和避免。

通过叠加遥测数据图层，车手之间的表现和驾驶习惯差异就能得到体现。1993赛季的威廉姆斯就是一个很好的例子。当时达蒙·希尔从测试车手升为二号车手，与四届世界冠军竞争者阿兰·普罗斯特并肩作战。尽管他缺乏比赛经验，但希尔是一位头脑型车手，他可以通过研究普罗斯特周五练习赛的遥测数据来找到差距，提升自己的表现。遥测数据本身不会替他比赛，但它能告诉车手往哪个方向努力可以获得最大的进步。

遥测数据有时候也会引发一些笑话。2012年的比利时大奖赛，刘易斯·汉密尔顿对队友巴顿抢走杆位耿耿于怀。由于斯帕赛道第一和第三计时段是高速路段，而第二计时段弯道较多，需要不同的下压力设置，赛车需要在调校上做出妥协。汉密尔顿想让他的粉丝们知道巴顿的尾翼角度比他的更适合排位赛，就在社交媒体上发出了他们遥测数据对比图的帖子。这让车队负责人马丁·惠特马什非常恼火，立刻要求汉密尔顿删帖，因为它还暴露了一些比如底板高度之类的车队机密信息。虽然汉密尔顿最终删除了帖子，但毫无疑问，此时这些数据早就被围场上下分析遍了。

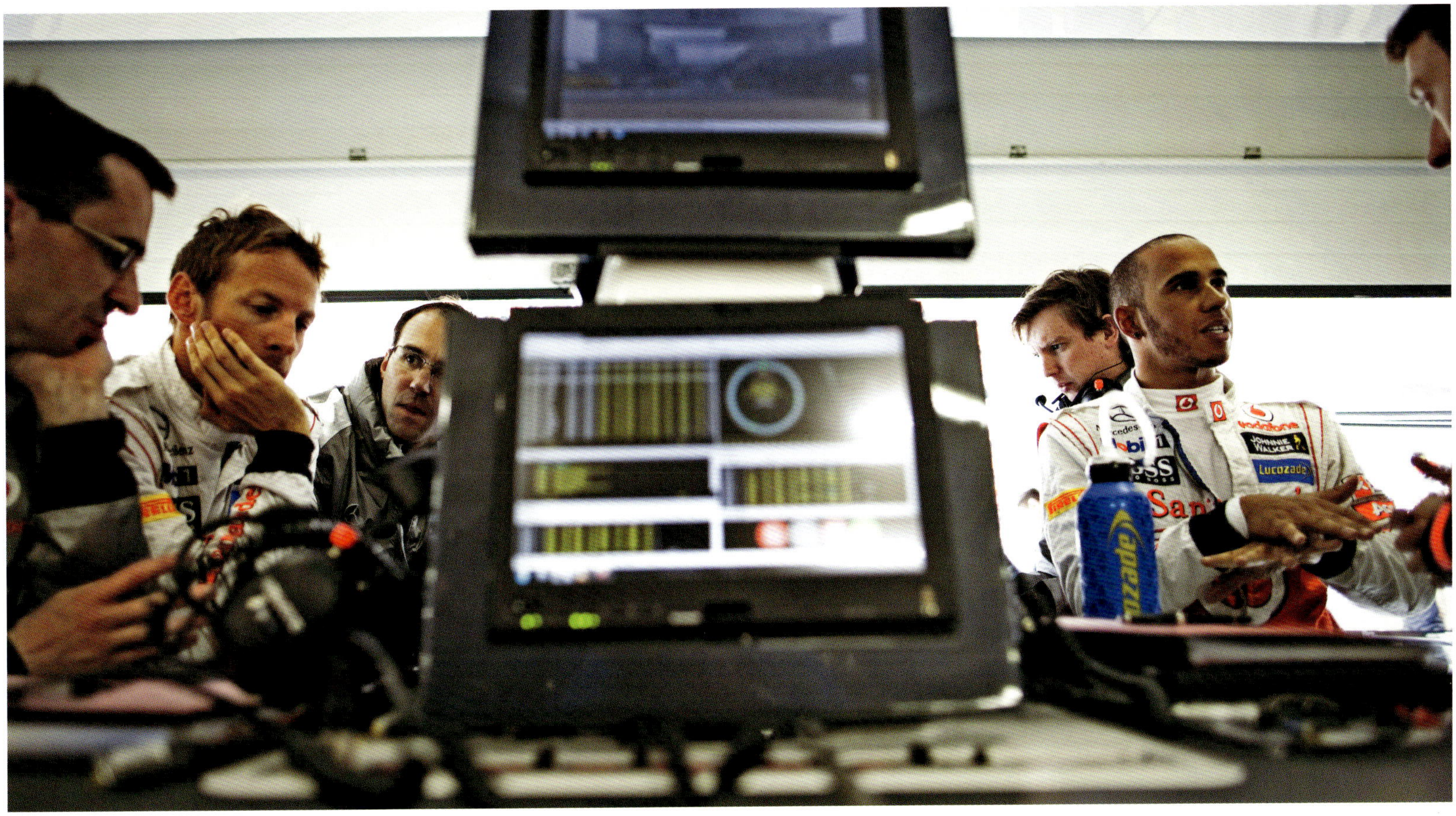
JOHNNIE WALKER
Lucozade

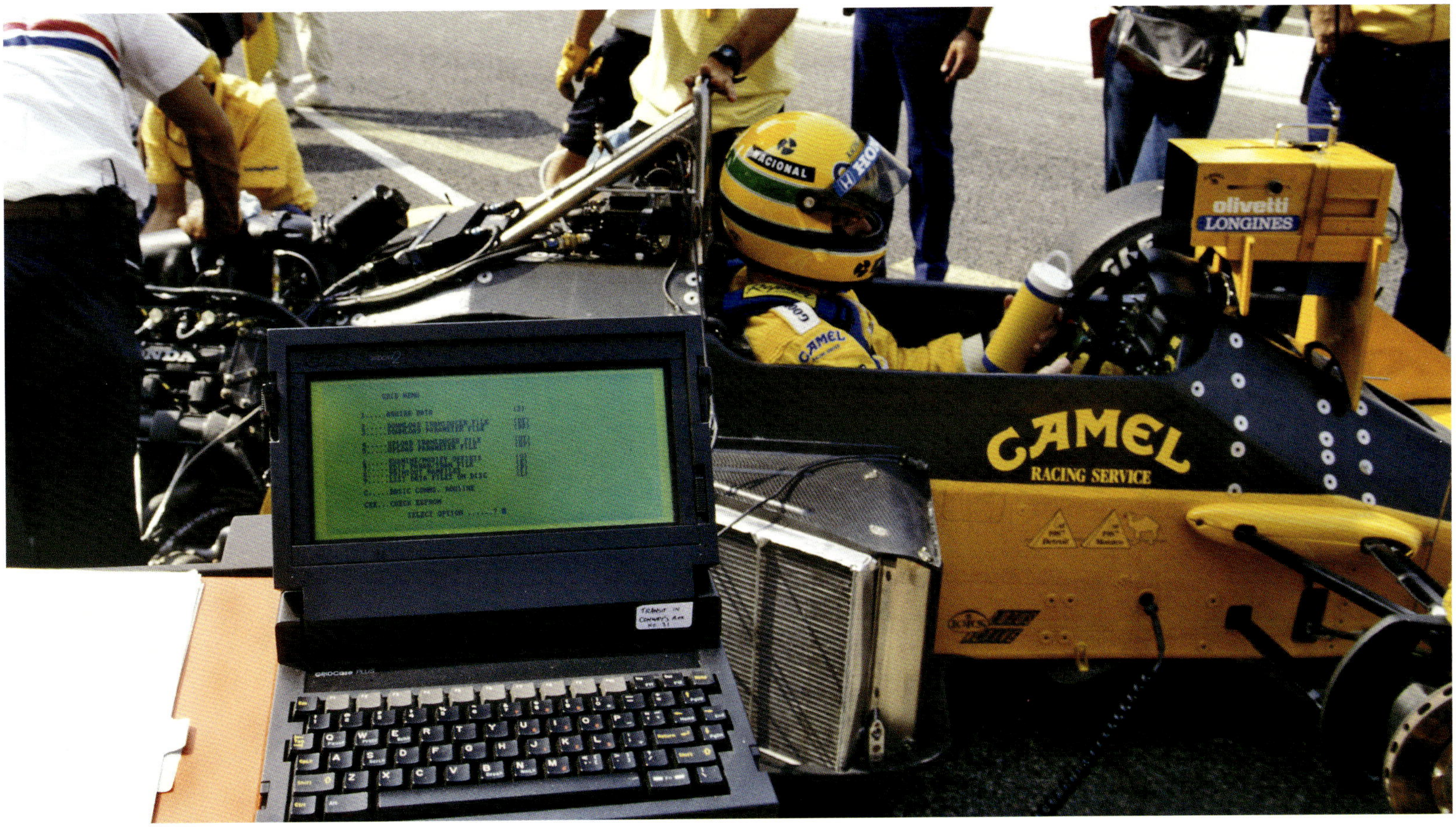
NACIONAL
olivetti
LONGINES
CAMEL
RACING SERVICE

1977

涡轮时代

在F1赛场上，直到1977年才有车队开发出性能足以匹敌3.0升自然吸气发动机的1.5升涡轮增压发动机。

在此之前，只有1951年方吉奥的阿尔法·罗密欧159赛车使用过增压技术。

1977年，雷诺推出了RS01赛车。车手让-皮埃尔·雅布伊在银石赛道首次驾驶这款搭载1.5升V6涡轮增压发动机的赛车。它的性能并不出众，首站排位赛仅获21名，正赛第16圈就因涡轮故障而退赛。后续比赛中，RS01也问题频出，以至于被肯·泰瑞尔戏称为"黄色茶壶"——因为它总是像个水壶似的蒸汽腾腾地退赛。

这款赛车最主要的问题在于可靠性和涡轮迟滞[1]，而涡轮增压技术本身是非常有前景的。在后续车型中，雷诺通过双涡轮增压的方式缓解迟滞，同时搭配地面效应底盘，终于实现了质的飞跃：1979年，雅布伊驾驶RS10赢得了雷诺主场法国站的冠军，队友勒内·阿尔努也在缠斗中战胜了实力相当的维伦纽夫，站上领奖台。这场比赛中，雷诺赛车的尾速比其他车队高出30千米/小时左右，终于让对手们清晰地意识到自然吸气发动机被取代已是板上钉钉的事了。

在一段时间内，由于有地面效应底盘的性能加成，威廉姆斯FW07和利吉尔JS11这样的自吸赛车尚能匹敌涡轮增压赛车。但是到了后来，因水平对置12缸发动机体积过大而错过地面效应时代的法拉利也走上了涡轮增压的道路。即使他们1981年为涡轮增压发动机设计的126C底盘非常粗糙、笨重——超出最低重量限制多达50千克，维伦纽夫也能够出人意料地赢得摩纳哥大奖赛，并且在西班牙站利用速度优势在冲线的车阵中力压四位对手，完美地诠释了"力大砖飞"——速度与动力就是一切的道理。

1982年是一个悲惨的赛季，维伦纽夫在佐尔德（Zolder）赛道丧生，队友迪迪埃·皮罗尼也遭遇了终结职业生涯的事故。但那一年法拉利的126C2赛车性能出色，为涡轮增压赛车拿下了第一个车队世界冠军——要感谢哈维·波斯特尔思韦特（Harvey Postlethwaite）的精心设计，这一荣誉才没有被雷诺捷足先登。伯尼·埃克莱斯顿的布拉汉姆车队也加入了涡轮增压行列，使用的

译者注
1 车手踩下油门时与涡轮转速提升并提供动力时，其间的延迟。发动机在低转速时，由于产生的废气量低，不足以带动涡轮的运转，因此需要发动机输出增加，才能带动涡轮工作。

是宝马的直列四缸发动机。正是这款发动机让纳尔逊·皮奎特领先雷诺车队的普罗斯特,成为第一位使用涡轮增压赛车赢得世界冠军的车手。

迈凯伦则委托保时捷开发了一款名为"TAG Turbo"的V6涡轮增压发动机,在1984年和1985年拿到了车队和车手双料世界冠军,其中车手世界冠军分别由尼基·劳达和阿兰·普罗斯特获得。

同一时期,本田以发动机供应商的角色加入F1,分别在1983年和1984年为Spirit车队和威廉姆斯车队供应发动机。本田发动机的动力响应最初非常糟糕,用威廉姆斯车队车手科科·罗斯伯格的话说,"油门就像开关一样,只有全开和全关两种状态"。好在

跨页图:
1982年初,保罗·里卡德赛道。纳尔逊·皮奎特正在测试宝马发动机。这一赛季对布拉汉姆车队而言非常艰难。

日本人进步迅速,仅仅一年之后,搭载本田发动机和碳纤维底盘的FW10赛车就具备了很强的实力。1985年,罗斯伯格和奈杰尔·曼塞尔都赢得了分站冠军。到1986赛季,宝马为贝纳通提供的排位赛专用发动机据说已经能输出惊人的1 500匹马力⋯⋯

不久之后,本田发动机就成了最强的那一个。1987年,威廉姆斯的纳尔逊·皮奎特为自己和车队拿下了世界冠军。到那时,自然吸气发动机已经完全没有竞争力了。为此,FIA还特地为自然吸气发动机赛车设置了专门的奖项(吉姆·克拉克奖和科林·查普曼奖),分别被总积分排名第十的乔纳森·帕尔默(Jonathan Palmer)和泰瑞尔车队轻松获得。

1989年涡轮增压技术被禁止之前,1988赛季见证了罗恩·丹尼斯治下迈凯伦车队的辉煌。塞纳与普罗斯特的车手组合,加上搭载本田涡轮增压发动机的MP4/4"火星车"(赛季中综合实力最强之赛车的绰号——译者注)组成了当时无人能及的最强阵容。这个赛季,迈凯伦赢得了16场大奖赛中的15场。如果不是塞纳在蒙扎的Rettifilo减速弯与让-路易·舍勒塞尔发生事故,他们本可以包揽所有分站冠军。

上图:
1982年,伊莫拉站。吉尔斯·维伦纽夫回到法拉利维修区,他的刹车正在冒烟。这是1.5升涡轮增压发动机的第二个赛季,车队开始逐步解决发动机的各种问题。

下图:
1985年,赞德沃特赛道。尼基·劳达驾驶迈凯伦-泰格MP4/2B赛车赢得了他25个分站冠军中的最后一个。

右页上图:
1979年,第戎,法国大奖赛。驾驶雷诺RS10赛车的勒内·阿尔努正与乔迪·谢克特争抢位置。他的队友让-皮埃尔·雅布伊在这场比赛中赢得了雷诺涡轮增压赛车的首个冠军。

右页下图:
1985年,埃斯托里尔,葡萄牙大奖赛。科科·罗斯伯格坐在威廉姆斯-本田FW10车中,车队技术总监帕特里克·海德站在旁边做记录。

103

1977、1981

碳纤维

碳刹车在20世纪70年代后期就已经投入应用，但直到1981年，迈凯伦设计师约翰·巴纳德才迈出勇敢的一步，扩大碳纤维的使用范围。他的MP4/1赛车是全碳纤维单体壳在F1的首次尝试。

本页图：
1977年，法国大奖赛。约翰·沃森的布拉汉姆BT45B赛车。设计师戈登·穆雷在这一赛季的部分比赛中为它装上了碳刹车。

右页上图：
2015年，墨西哥大奖赛练习赛。尼科·罗斯伯格的刹车起火。容易过热是碳刹车的主要问题，因此需要更强大的冷却系统。

右页下图：
1981年，第戎，法国大奖赛。迈凯伦MP4赛车的碳纤维单体壳现身围场。

地面效应时代显著增加的载荷要求底盘更坚硬、紧凑，同时最大化侧箱宽度以产生更多下压力。这一工程挑战让巴纳德试图寻找一种刚而轻的材料来替代传统的铝合金。

罗恩·丹尼斯的MP4赛车团队在与万宝路迈凯伦合并后，于1980年接管了迈凯伦的研发。同一时期，他们还支持了巴纳德的碳纤维计划。当时，美国赛车工程师史蒂夫·尼科尔斯将巴纳德介绍给了他的前雇主——赫尔克里士（Hercules）航空航天公司。这家公司最终在碳纤维材料专家和英国航空航天工程公司工程师的帮助下实现了巴纳德的设计。

很多人对全碳纤维底盘的安全性持怀疑态度，甚至包括非常敢于在赛车设计上冒险的科林·查普曼。但作为车队和赫尔克里士航空航天公司的合作成果，MP4/1赛车还是参加了1981年长滩揭幕战的练习赛。到第三站的阿根廷大奖赛，这款赛车才由车手约翰·沃森驾驶，加入正赛。

迈凯伦在过去三个赛季中一直处于低迷状态，但得益于新技术，他们进步很快。在法国站中，沃森头排发车并获得正赛亚军，仅次于阿兰·普罗斯特的雷诺涡轮增压赛车。两周后，他就在银石取得了属于碳纤维赛车的第一场胜利。

当时，碳纤维单体壳饱受碰撞安全性方面的质疑，反对者声称它遭受碰撞时可能会被撕成碎片。但沃森在蒙扎赛道Lesmo弯的撞车"撕碎"了这些质疑：赛车以每小时240千米的速度飞出赛道，发动机和变速箱都被甩到了赛道的另一侧，而他本人却毫发无伤，从单体壳中解开安全带，起身走回了维修区。这次事故对赫尔克里士公司来说无疑是很好的宣传，美国军方甚至推荐把同样的碳纤维材料做成直升机底部的防弹保护装置。

在随后的几个赛季中，碳复合材料底盘成为F1赛车的常规配置，它也被证明是这项运动历史上最大的两次安全性提升之一。另一次是中置凯夫拉纤维/橡胶柔性密封燃料箱。

F1赛车中最早使用碳刹车的是布拉汉姆车队设计师戈登·穆雷，他在BT45赛车上装配了这种新材料。事实上，与多数人的印象不同，碳之于钢制刹车的优势在于重量更轻，而非减速性能更强。通过技术手段解决过热问题之后，它们的耐热性能也比钢制刹车更好。

因此早期的普遍观点是，在刹车性能要求不太高的赛道上，可以使用较轻的碳刹车带来圈速提升。那时F1刹车的散热能力有限，并且碳刹车导热性不如钢，意味着到了刹车要求更高的赛道上，碳刹车有可能出现热衰退。这种情况下还是需要换回钢制刹车。

直到航空航天供应商Carbon Industrie为迈凯伦研发出散热性能更强的通风碳刹车盘，碳刹车的过热问题才得到解决。配合更先进的卡钳，上文的理论已然失去意义。迈凯伦的突破也挑起了"军备竞赛"，促使竞争对手的刹车盘（片）技术开始加速进步。

时间快进到当下。F1现行的规则限制了刹车盘的尺寸和厚度，一定程度上减轻了车队的研发负担。当然，这么做的前提是现代F1的刹车系统已经发展到了一个相当先进的水平，每个刹车盘上大约有1500个散热孔，重量不超过1千克。

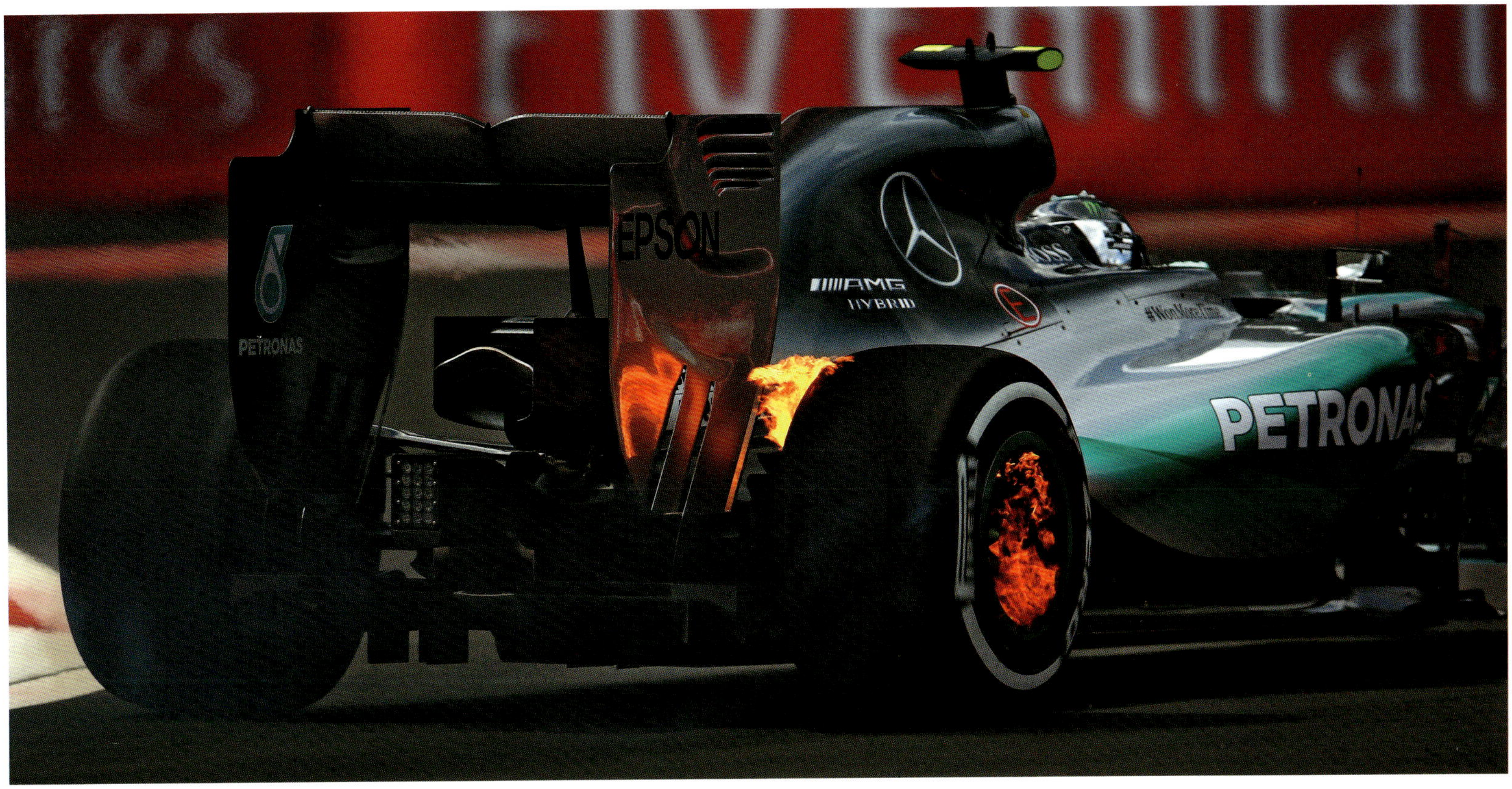
EPSON
PETRONAS
AMG
HYBRID
PETRONAS

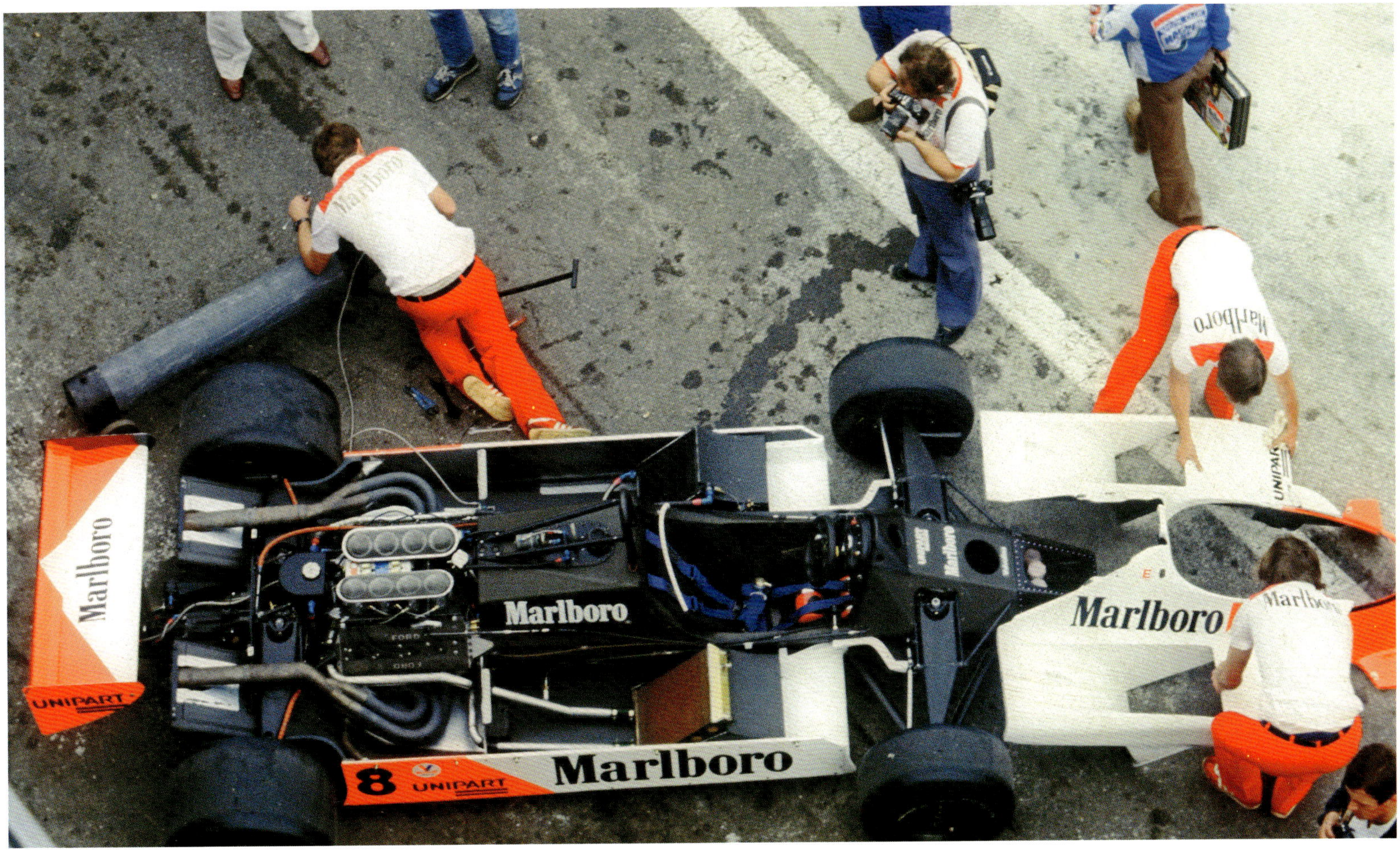
Marlboro
UNIPART
Marlboro
Marlboro
8
UNIPART
Marlboro

上图：
工程师罗伯·斯梅德利和他的车手、朋友"菲利普宝贝"（Felipe baby）·马萨。

左下图：
红牛比赛工程师乔纳森·惠特里。在2021年比利时站，他帮助出场圈撞车的佩雷兹迅速修好赛车重新加入比赛。这一赛季的创新之一是车队与赛事总监迈克尔·马西之间的通话也被公开。马西表示自此以后车队联系他的频率明显降低了。

右下图：
2019年，加拿大大奖赛。基米·莱科宁的野生动物观察记录被人认为是比赛中的一个亮点。"6号弯有不明野生动物在赛道中央跑。"他说。他应该是没看过"土拨鼠之日"（Groundhog Day）这部电影。

右页图：
2012年，阿布扎比站。基米·莱科宁和他身后的阿隆索。

20世纪80年代

车队无线电通话

车手和维修区之间的无线电通话始于20世纪80年代初，但早期无线电技术尚不成熟，通话经常时断时续，受障碍物影响非常严重。

最典型的例子可能就是塞纳在银石赛道的车队通话与场内餐饮公司对讲机串台的事件了。随着科技进步，现在的无线电传输已经非常可靠。在车队通话强制公开之前，使用模拟信号传输的车队很容易被对手监听，转为加密的数字信号就能解决这个问题。

车载无线电设备由赛车上的电子系统驱动，车手按方向盘上的按钮即可通话。赛车发出的甚高频调频信号由维修区后部或车队运输卡车上的天线接收并转换成超高频信号，传输到车队策略师的耳机里。

所有的车手无线电通话都由赛事控制中心监管，并提供给F1管理公司（FOM）的转播机构，由官方赛事转播负责选取播放。在2002到2010年的"车队指令禁令"期间，对无线电通话的审查特别严格，比赛工程师不得不使用极具暗示性的措辞来告诉车手该做什么。最著名的例子就是2010年德国大奖赛上法拉利工程师罗伯·斯梅德利指示菲利普·马萨让车的通话："菲利普，费尔南多比你快……"（*"Felipe, Fernando is faster than you..."*）

加上必要的脏话消音之后，无线电通话已经成为赛事转播中非常有趣的一个部分。通话的内容因车手而异，有些车手喜欢在直道上听取尽可能多的比赛信息，车队也会通过能准确显示自家赛车位置的GPS定位系统避免在多弯区域与其交流，以保证车手能集中精力过弯。其他车手则喜欢尽量少说话。

F1最出名的车队通话可能就是2012年阿布扎比站基米·莱科宁和时任路特斯比赛工程师西蒙·雷尼之间的对话。

雷尼："基米，你身后下一位是阿隆索，落后你5秒。我将持续为你播报差距和你应该保持的节奏。"

莱科宁："别烦了，我知道该怎么做！"（*"Just leave me alone, I know what I am doing."*）

后来，赛会出动安全车导致赛车轮胎温度降低。

雷尼："基米，我们要尽量保持所有轮胎的温度，保持所有轮胎的温度。"

莱科宁："是是是是，我一直在这么做，你不用每隔一秒就提醒我一次！"（*"Yes, yes, yes, yes. I'm doing all the time, you don't have to remind me every second …"*）

最终这场比赛莱科宁成功夺冠。

毫无疑问，车队通话使赛事转播更加生动，让车迷们对比赛实况的了解更加深入。但随着赛车运动技术水平的提高，尤其是在混合动力时代，过于技术化的通话内容让非专业人士无法理解，反而容易让人失去兴趣。

在观众的心目中，F1车手都是技艺高超的掌舵者，他们的魅力在于临危不乱，在高压力的条件下运用自己的能力完成比赛。但在车队通话中，他们却被告知应该做什么，有损他们的形象。国际汽联收到了不少观众的抱怨，在2016年实施了无线电禁令。根据规则27.1，赛车手必须"独立且无辅助地"驾驶赛车。

无线电通话中仍允许交流比赛基本信息，但限制通话内容的规则过于复杂，以至于简森·巴顿在匈牙利因讨论自己的赛车是否即将出现故障而被处罚。最终，赛会还是恢复理性，解除了无线电通话的内容限制。他们认为最好的办法是精挑细选出部分通话进行转播，事实也的确如此。

本页图：
1979年，法国大奖赛练习赛。马里奥·安德雷蒂起身离开问题多发的路特斯80赛车。

右页上图：
1987年，里约热内卢，巴西大奖赛练习赛。埃尔顿·塞纳在路特斯维修区，领队彼得·沃尔和技术总监杰拉尔·杜卡鲁日站在一旁。

右页下图：
威廉姆斯-雷诺FW14B赛车，主动悬架技术的巅峰之作。

1987

主动与自适应悬架

路特斯79赛车为路特斯车队赢得了世界冠军，而它的后继者路特斯80由于设计得过于激进而故障频发，对解决问题的探索催生了主动悬架技术。

路特斯80赛车是科林·查普曼的作品。他试图减少扰流板，延长文丘里通道，使地面效应产生大部分下压力。但这种做法实际上并不可行，由于下压力高度依赖地面效应，赛车对车身俯仰角度非常敏感。随着赛道起伏，下压力中心会发生移动，形成"海豚跳[1]"（Porpoise）。于是主动悬架应运而生，它负责调整车身高度，使之保持在最佳的几毫米范围内。

这种悬架由路特斯的空气动力学专家彼得·赖特与克兰菲尔德理工学院合作研发，用液压系统和计算机控制的阀门替代了传统的弹簧或减震器。

1982年12月，F3领先车手、路特斯试车手戴夫·史考特在斯特顿赛道首次测试了装有主动悬架的赛车——考斯沃斯发动机驱动的路特斯92赛车。可是就在同一天，查普曼因心脏病发作而不幸去世，享年54岁。他离世后，研发重心转移到涡轮增压赛车93T上，加之奈杰尔·曼塞尔不太信任主动悬架系统，项目遂遭到搁置。

直到法国设计师杰拉尔·杜卡鲁日加入车队，主动悬架才重新上马。1987年，塞纳驾驶搭载"自适应悬架"的路特斯99T赛车在蒙特卡洛和底特律的街道赛上赢得冠军。

当时处在实力上升期的威廉姆斯车队也开发了主动悬架系统，但是转到此队与纳尔逊·皮奎特搭档的曼塞尔仍然对此持怀疑态度。直到二人争夺世界冠军时，皮奎特用主动悬架赛车赢下蒙扎站冠军，他才改变看法。曼塞尔在下一站葡萄牙大奖赛中也转而使用主动悬架，却遭遇电气故障退出了比赛。在后续的日本站中，他发生事故受伤，提前结束了冠军争夺战。皮奎特将世界冠军收入囊中——有三场分站胜利归功于主动悬架赛车。

威廉姆斯在1987赛季继续使用主动悬架系统，但由于失去了本田的涡轮增压发动机而被迈凯伦超越，失去竞争力。让赖特大失所望的是，路特斯直到五年后才决定跟进这项技术，彼时车队已经陷入了严重的财务危机。

一年后，涡轮增压技术被禁用，自然吸气发动机重返舞台，威廉姆斯车队得以重新加入竞争。两年前入队的帕迪·洛和史蒂夫·怀斯建立了新的电子控制系统研发部门。洛负责主动悬架，而怀斯主导半自动变速箱的开发。专业的测试车手（马克·布伦德尔，后来是达蒙·希尔）为他们在南威尔士的彭布雷（Pembrey）赛道上进行了多次测试，收集到大量数据。

该部门为赛车打造了更复杂的辅助控制系统。洛认为1987—1988年的主动悬架优化效果有限，它"在所有速度下都保持恒定的车身高度"，而1992年推出的新系统"优化了车身高度控制程序，减少了人工预设，使用前馈（Feed Forward）来实现快速准确的实时响应"。该团队还优化了半自动序列变速箱并开发了牵引力控制系统，后者预计每圈可以节省1秒左右的时间。

1992年，有了上述驾驶辅助的加持，曼塞尔在八月中旬的布达佩斯站就提前锁定了世界冠军。他的FW14B赛车颇有1978年路特斯79赛车的风范——利用新技术"降维打击"竞争对手，以至于当时在迈凯伦苦于经常退赛的埃尔顿·塞纳愿意都免费为威廉姆斯比赛。

一年后的威廉姆斯FW15赛车进一步增加了刹车防抱死系统（ABS），成为F1有史以来科技含量最高的赛车。FIA不得不对此采取措施，禁止电子驾驶辅助以保证比赛的公平性。

译者注

1　海豚跳：在地面效应的理念下，赛车越快，地面效应越强，底盘越靠近地面。当底盘过低时便会导致气流通道受阻，使车辆在下压力突然消失的同时向上弹起；而后，空气再次涌入底盘的气流通道，再次产生大量下压力，然后再往上弹……如此周而复始。

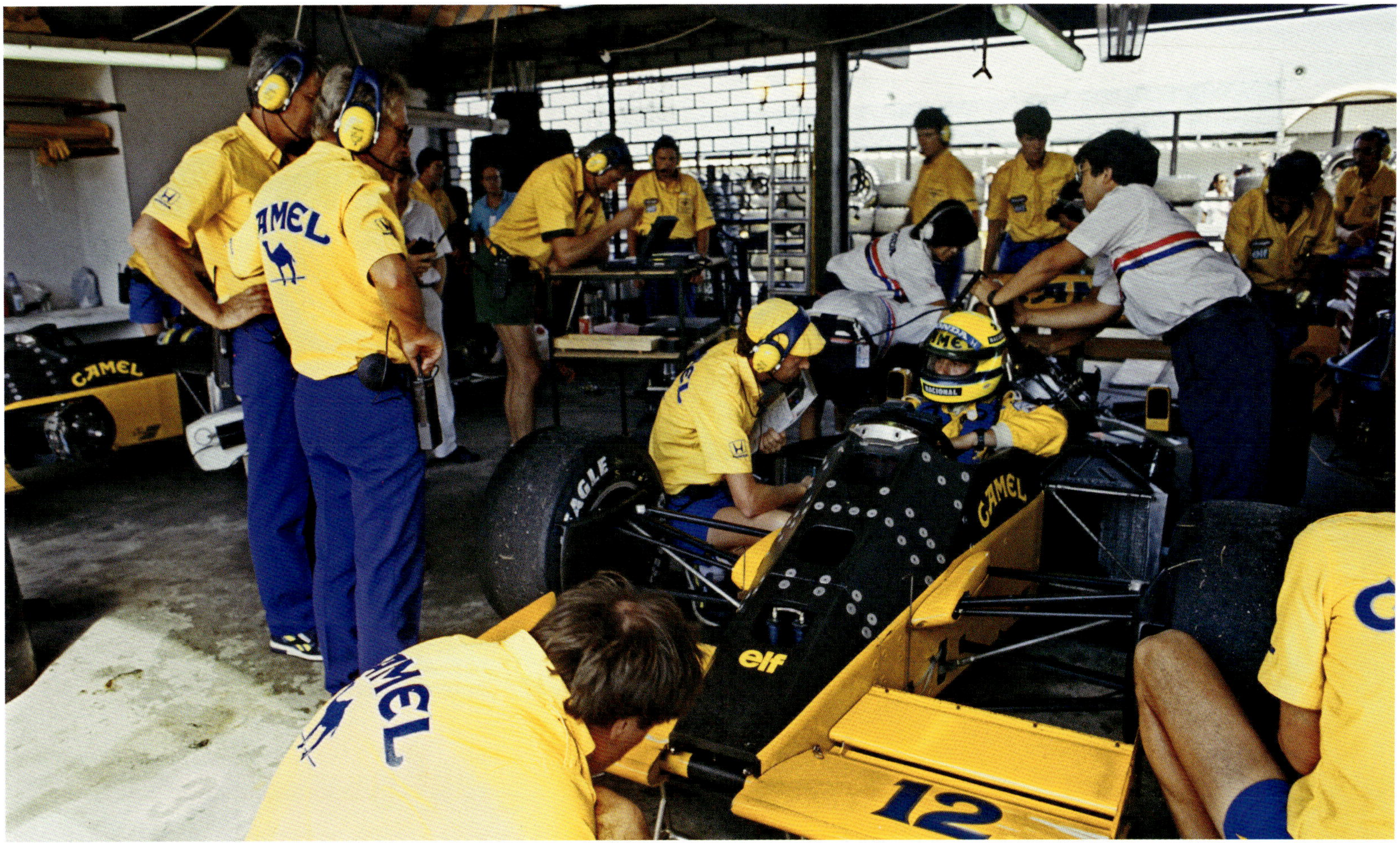
CAMEL
elf
12
EAGLE

Canon
elf
Labatt's
Bull

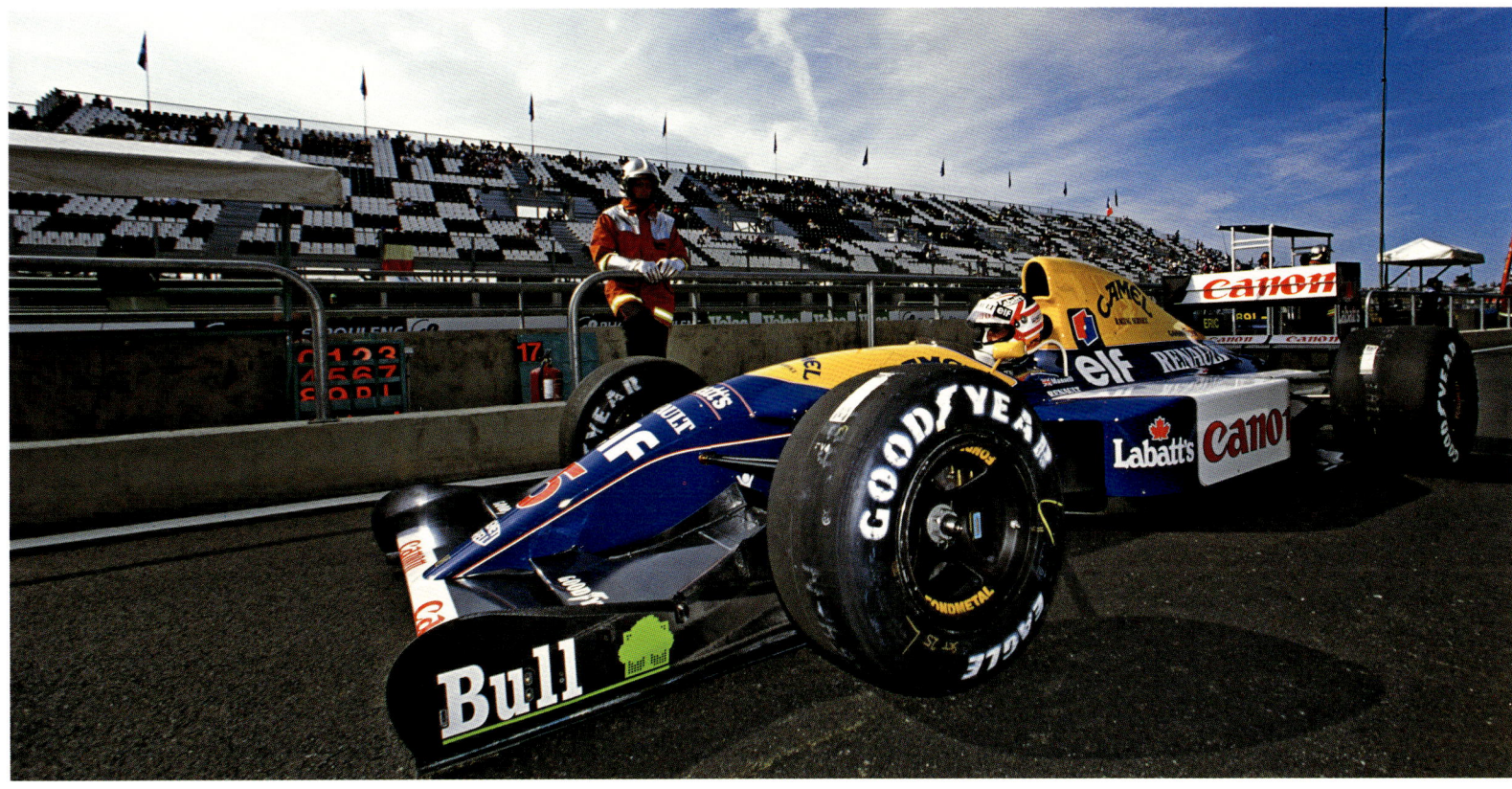

上图：
吉姆·克拉克1964年的路特斯25赛车，经典的老式皮质方向盘。

下图：
1977赛季，尼基·劳达的MOMO方向盘。法拉利在"Halo"之前就研发的前置防滚架。

右页上图：
1989年，摩纳哥站。奈杰尔·曼塞尔驾驶F1有史以来最美的赛车——法拉利640通过Station发卡弯。

右页下图：
法拉利640赛车的方向盘。中心辐条后面可以隐约看到换挡拨片。

1989

方向盘的进化

多年来，方向盘形式的变化不大，但自约翰·巴纳德为法拉利设计了激进的拨片换挡变速箱后，往方向盘上集成各式控制按钮的设计潮流便一发不可收拾起来。

早期方向盘设计的唯一变化就是尺寸。由于减小赛车前部体积逐渐受到重视，方向盘也变得更小——比如路特斯25座舱狭窄，方向盘不得不减小直径才能塞得进去。

另一个因素是车手的个人喜好。1990年早期，威廉姆斯的奈杰尔·曼塞尔偏爱直径小、轮辋厚的方向盘，这样他就可以有效利用上半身的力量操控赛车。而比他更瘦小的队友里卡多·帕特雷西就无法适应曼塞尔的方向盘。

与他相反，埃尔顿·塞纳则更喜欢大直径方向盘，虽然这后来成了他在伊莫拉赛道发生致命碰撞的因素之一。

设计大师约翰·巴纳德开发出半自动变速箱后，法拉利640成为第一辆在方向盘上安装换挡拨片装置的赛车。这种换挡方式更快捷、更准确、对发动机的伤害更小，而且单体壳不再需要为排挡杆留出"气泡"空间。

1994年，迈凯伦把离合器控制装置移到了方向盘背面，速度控制和无线电通话等其他功能性按键也在这一年出现。几年后，法拉利首次在方向盘上安装屏幕，显示换挡指示灯、圈速及各类技术信息。

2014年，随着涡轮混合动力时代的到来，迈凯伦应用技术公司推出了新的屏幕和电子显示界面，进一步提升了方向盘的复杂性。这块PCU-8D屏幕可以根据每支车队的要求进行定制，显示超过100页的信息。

以梅赛德斯-奔驰为例，一辆现代F1赛车的方向盘成本约在4.5万英镑，需要机械和电器工程师花80个小时左右装配（所以车手偶尔把方向盘扔出赛车时，工程师们会感到不安）。对于观众

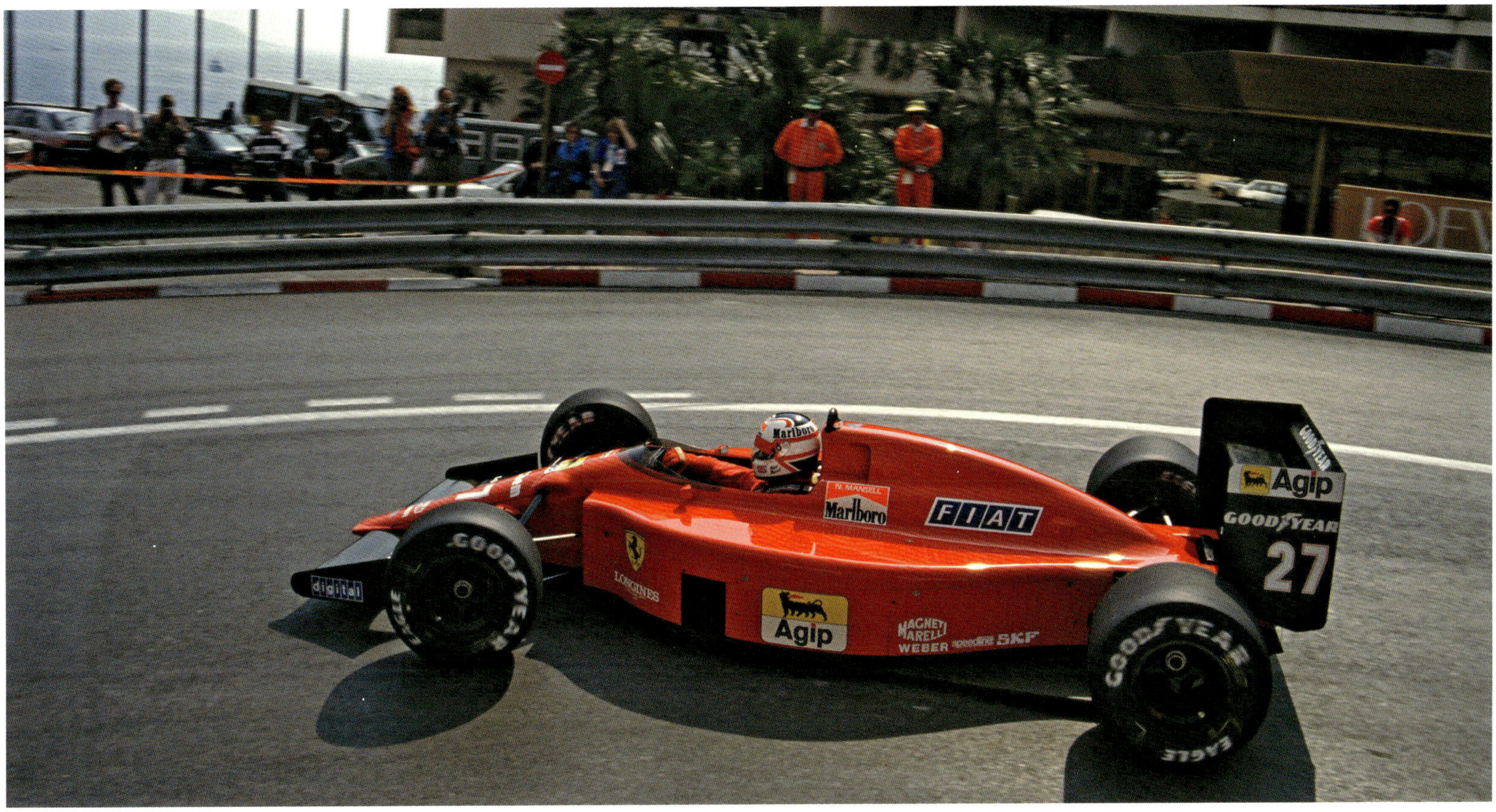
Marlboro
FIAT
Agip
GOODYEAR
27
SKF

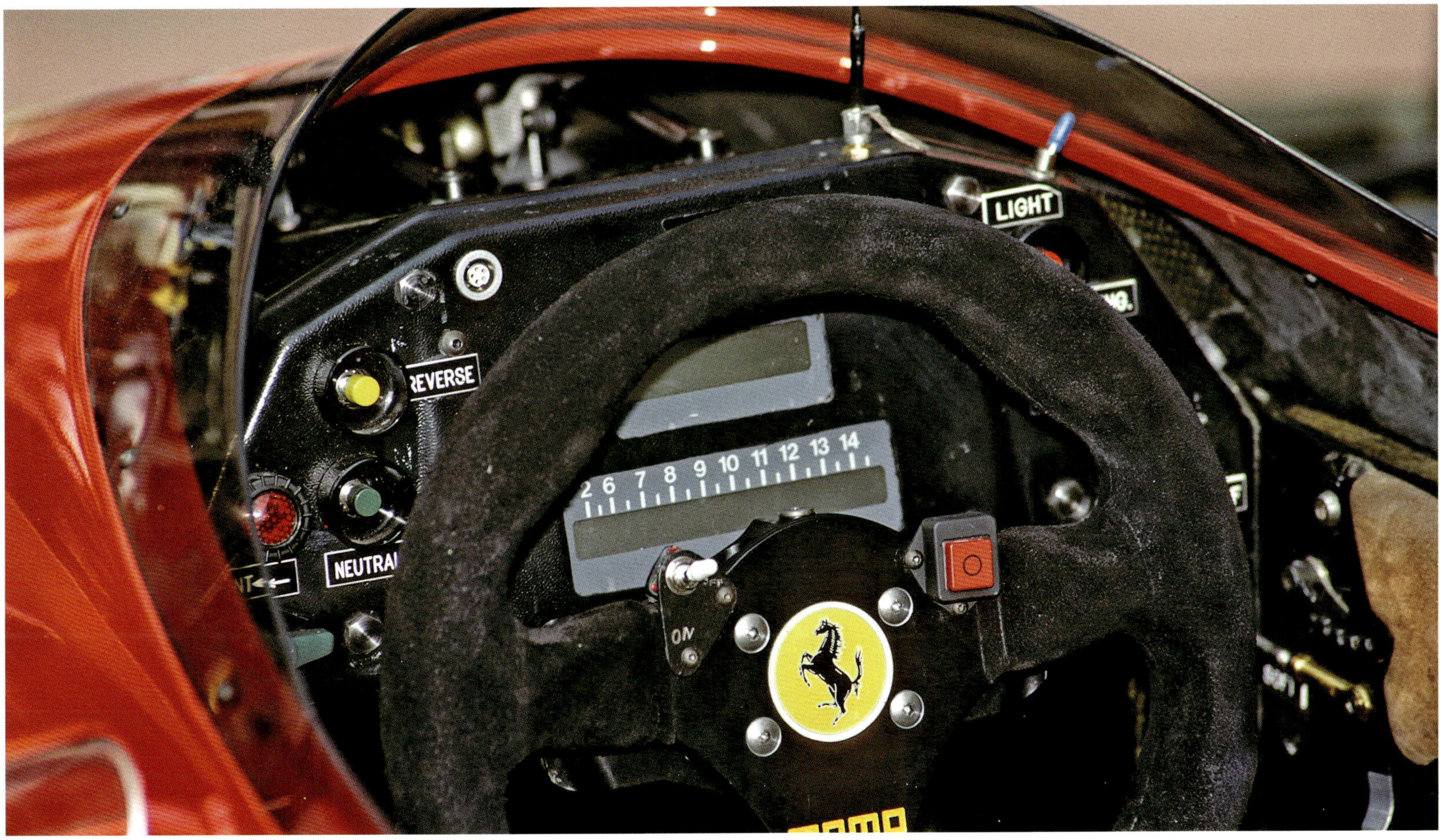
LIGHT
6 7 8 9 10 11 12 13 14

来说，它们的复杂程度令人难以置信。而在车手看来，尽管有无数的彩色开关、按钮和旋钮，在方向盘上集成各种功能仍是合乎逻辑的。

这也是最大的挑战。例如，梅赛德斯-奔驰方向盘正面左上角的黄色按钮用于控制减阻系统（DRS），而旁边的蓝色按钮负责控制传感器，再旁边浅蓝色的是空挡按钮[1]（N）。方向盘右侧有维修区通道限速器（PL）；它的右边还有进站确认（PC）按钮。不论无线电通话中说了什么，车手必须通过该按钮向车队确认进站。灰色的差速器拨轮可以改变后轮的扭矩分配，一般在进弯、弯中、出弯时做出调整。

其他旋钮可以调整前后刹车力度分配、在赛车数据记录中标记关键点；比赛开始（RS）按钮用于将赛车调整到灯灭起跑时的最大输出功率；车队通话（TALK）按钮则用于开启车队与车手之间的通话。

现在F1赛车的设置如此复杂的原因源于FIA在20世纪90年代早期对驾驶辅助设备的打压，当时有声音说技术过于先进会导致车手存在的必要性降低。现在，技术仍然存在，但必须由车手自主应用，而不是通过维修区来远程控制。

回到梅赛德斯的方向盘。它底部有三个非常关键的旋钮：左侧的策略模式（STRAT）旋钮在车队通话中出现频率很高，它能调

译者注

1　为防止意外操作，空挡无法通过换挡拨片选择。

整发动机的输出功率。由于现在每个赛季只能使用三套发动机，在每场比赛中都要合理分配输出模式以延长每套发动机的使用寿命。中间的旋钮是屏幕菜单，车手通过该旋钮完成从调整屏幕亮度到选择数据的操作。右侧的是高性能动力单元（HPP）控制旋钮，负责控制能量管理和MGU-K等系统的输入设定，该旋钮的调整通常也需要联系维修区的工程师确认。

车手需要在驾驶赛车的同时完成这么多设置，可见能拿到世界冠军的车手绝非凡人……

左页上图：
在法拉利640赛车面世六年后，格哈德·伯格的MOMO方向盘。1995年的方向盘已经有了像游戏手柄一样的按钮，可想而知下部的"N"按钮代表什么。

左页下图：
2017年，英特拉格斯赛道，巴西大奖赛。塞巴斯蒂安·维特尔获胜后，高举着方向盘，以角斗士般的姿态庆祝胜利。

本页图：
2020赛季刘易斯·汉密尔顿的梅赛德斯方向盘展示了现代F1赛车手角色的复杂性。

1994

驾驶辅助

埃尔顿·塞纳是反对计算机辅助驾驶的先锋,他从软件工程师的手中夺回了赛车控制权。

20世纪90年代初期,是否应该使用驾驶辅助系统成为F1比赛中的一大分歧。若非有史以来,也称得上是当时最好的车手埃尔顿·塞纳在圣诞节与FIA主席麦克斯·莫斯利的通信中要求他们审慎对待电子驾驶辅助,因为它削弱了车手驾驶技能在比赛中的重要性。

法拉利是最早应用牵引力控制系统的车队——1990赛季末的葡萄牙大奖赛,他们用简单的程序和轮胎转速传感器首次实现了这项技术。

随着该技术的进步,威廉姆斯车手达蒙·希尔认为其"显然有很大帮助,尤其是在雨天。因为车手只需要踩下油门,发动机就会自动限制打滑,将输出到地面上的动力最大化"。

牵引力控制系统可以通过短暂切断燃料供应、中断火花塞点火或关闭电控油门的方式来降低动力输出,防止打滑。类似地,弹射起步控制可以在赛车起步时消除空转,让赛车以最强动力"弹"出起跑线。

防抱死系统(ABS)也不受赛车纯粹主义者的欢迎。ABS在民用车上应用是很理想的,它可以防止汽车在道路上打滑,从而让驾驶员保持对转向的控制。但刹车和加速一样,作为最基本的赛车技能,由计算机控制是不合适的。

身处政治风暴中心的莫斯利最终决定禁止电子驾驶辅助系统,包括弹射起步控制、牵引力控制和防抱死系统。此举也波及了威廉姆斯的主动悬架,使其失去了1992—1993赛季占据领先地位的核心竞争力。讽刺的是,塞纳于1994年得偿所愿,加入了辅助技术最先进的威廉姆斯车队,开启他生命悲惨的最终章。

失去主动悬架的威廉姆斯车队在赛季初很挣扎。塞纳甚至觉得迈克尔·舒马赫的贝纳通赛车还在偷偷使用已被禁止的起步和牵引力控制系统。

FIA为此聘请了专业的电子软件公司利物浦数据研究协会(LDRA)来检测圣马力诺大奖赛上各车队使用的软件,但由于贝纳通和迈凯伦以合作伙伴保密问题为由推迟上交源代码,此事不了了之。

LDRA发现贝纳通的软件中有一个"选项13"——牵引力控制,可以通过工程师的笔记本电脑开启。车队表示他们1994年使用的软件与上一赛季相同,当时牵引力控制还未被禁止。唯一的区别是该选项出于防止误激活的目的,在今年的软件中被隐藏起来了。他们声称这样做成本更低,软件的故障风险也小于重新编写软

件程序。

为了方便对F1电子设备和应用进行监管，莫斯利于2008年起推广使用标准化的电子控制单元（ECU），由迈凯伦应用技术公司提供。该控制单元掌管着发动机、变速箱、油门、离合器、差速器和较新的DRS、ERS系统。

跨页图：
1994年4月，太平洋大奖赛。埃尔顿·塞纳和迈克尔·舒马赫从前排发车，技术人员正在发车区做最后的检查。起步后，舒马赫领先进入1号弯，塞纳却被顶出了赛道。他没有回到维修区，而是坐在外围的护墙上，目送其他赛车通过。

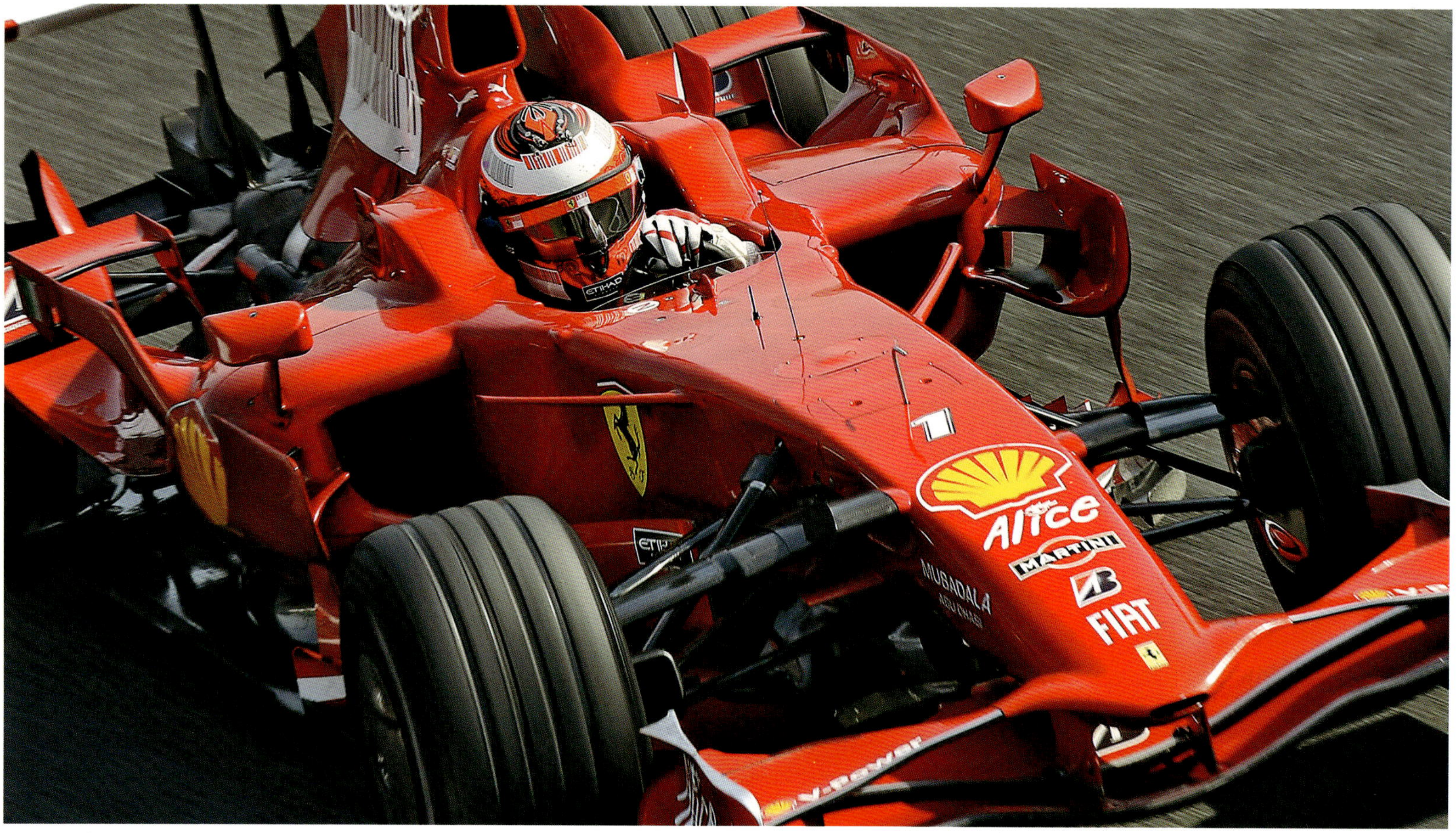
Alice
MARTINI
MUBADALA
FIAT

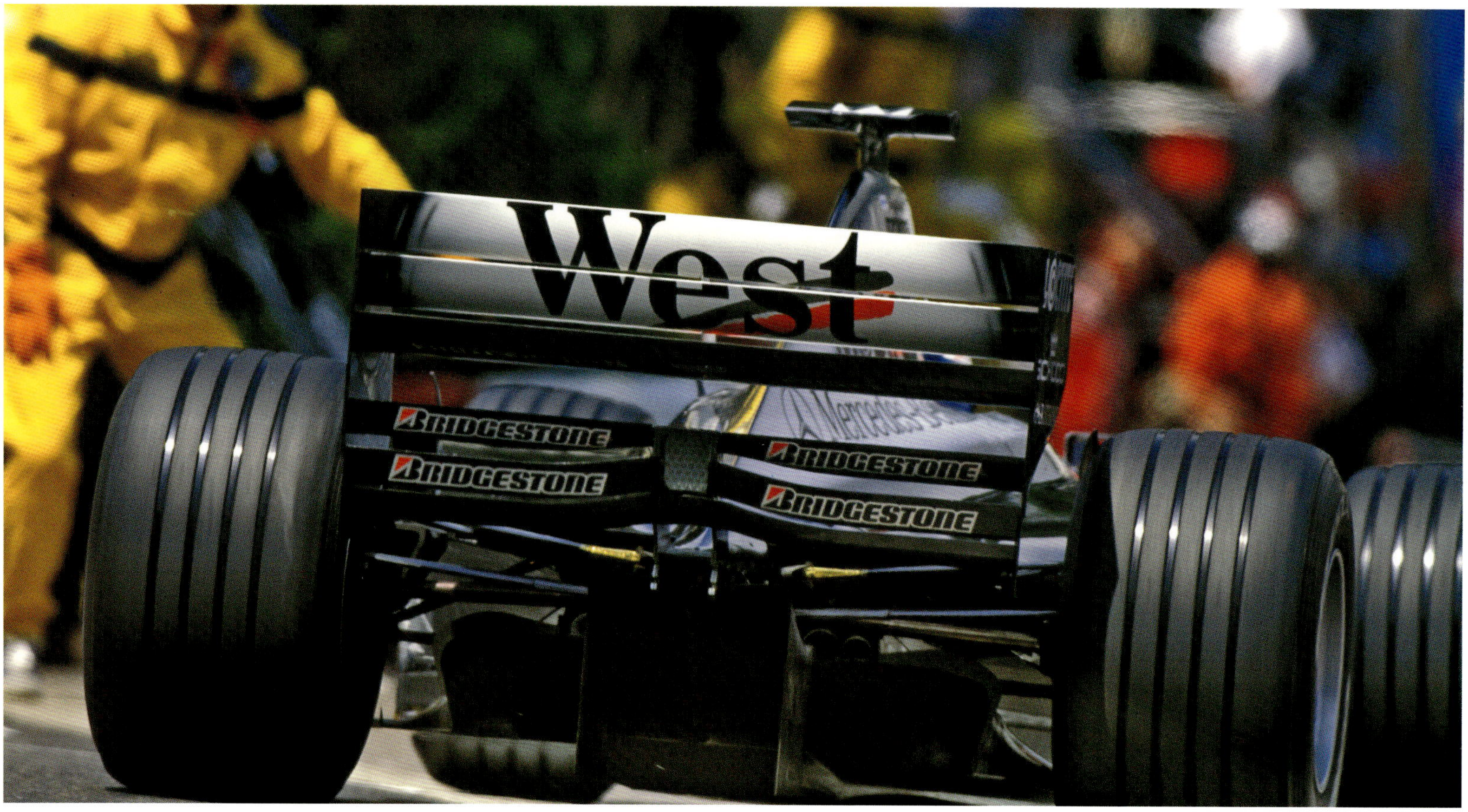
West
BRIDGESTONE
BRIDGESTONE
BRIDGESTONE
BRIDGESTONE

左页上图：
2008年，蒙扎赛道。基米·莱科宁在此测试他的法拉利赛车时，前轮凹槽已经从三条增加到四条。

左页下图：
1999年，摩纳哥大奖赛。米卡·哈基宁驾驶刚换好胎的迈凯伦赛车。

本页图：
1998年1月，威廉姆斯FW20赛车发布会。雅克·维伦纽夫不满于他搭载了槽纹轮胎的新车。

1998

槽纹轮胎再现

20世纪90年代，随着赛车过弯速度的提升，固特异和普利司通发生了一场惊动FIA的轮胎之争。

20世纪90年代，麦克斯·莫斯利担任FIA主席期间，人们逐渐对赛车的安全性产生担忧。罗兰·拉岑伯格和埃尔顿·塞纳在1994年伊莫拉赛道的事故中丧生，这是F1自1986年以来的首次车手死亡事件，也是1982年以来首次因赛道撞车造成车手身亡。FIA为此进行了一系列改变，包括降低发动机功率和增强车手座舱的保护结构。到1997年，赛车的速度再次提升——日本轮胎制造商普利司通重返F1。这家1976和1977年为日本大奖赛供应轮胎的厂商与现有轮胎供应商固特异开展了一场轮胎斗争。结果显而易见，双方进行大量测试，显著提升了赛车性能。

为了限制赛车速度以提升安全性，FIA在1998年引入了更窄的槽纹轮胎，前后轮分别开三条、四条凹槽（后来前轮也增加到四条），这样做可以减少轮胎与地面的接触面积，降低抓地力。卫冕冠军维伦纽夫显然不喜欢这样的改变，他在首次测试新轮胎后说："现在的F1不再像以前那样纯粹，使用新轮胎会完全毁掉比赛。"

虽然干胎加入了开槽，但它并不能代替雨胎。后者凹槽更深，而且仍需要轮胎厂商用特殊的橡胶颗粒生产。

维伦纽夫的末日预言并不准确。事实证明尽管赛车看起来确实没有以前那么优雅，但并非天差地别。使用普利司通轮胎的迈凯伦车队车手米卡·哈基宁和大卫·库特哈德在赛季初优势明显，但迈克尔·舒马赫带领法拉利车队和固特异轮胎后来居上，最终哈基宁在日本铃鹿的赛季收官战中夺得了冠军。

从1960年中期就开始为F1供应轮胎的固特异在1998赛季末退出了比赛，普利司通成为全场唯一的轮胎供应商。一年后，米其林的入局引发了另一场轮胎战争（2001—2006年）。槽纹轮胎一直沿用至2008年底的另一次激进的技术规则大改前。在这次规则调整中，为了减少下压力以降低跟车难度，提高比赛的观赏性，FIA施加了很多空气动力学限制。比如赛车中的许多小翼片被禁止使用，前翼可以加宽，但尾翼必须收窄增高，扩散器的规格限制也更加严格。

空气动力学限制增加的同时，轮胎要求却有所放宽，光头胎于2009年重新获准使用。FIA是否把这碗水端平了呢？看看这组数据吧：2008年澳大利亚大奖赛，汉密尔顿驾驶迈凯伦赛车，使用槽纹普利司通轮胎的杆位圈速是1分26.714秒；一年后，该赛道的杆位圈速是布朗-梅赛德斯车手巴顿的1分26.202秒。

可见，光头胎与创新工程设计的组合拳——尤其是某些车队对扩散器规则的解读——确实使赛车性能有所提升。

右页上图：
2019年，阿布扎比亚斯码头赛道，赛季后测试。肖恩·格拉尔驾驶安装了精密空气动力学测试装置的小红牛（Toro Rosso）赛车。

右页左下图：
加拿大站。维珍车队的蒂姆·格洛克驾驶VR01赛车。这款2010年发布的赛车由尼克·维尔斯设计，是第一款没有使用风洞，仅依靠CFD设计的赛车。

右页右下图：
2015年，赫雷兹赛道。尼科·罗斯伯格的银色梅赛德斯赛车。车身上喷涂了亮绿色的Flow-Viz荧光漆。

2010

从风洞到CFD

F1赛车曾依赖昂贵的风洞测试来验证空气动力学效率。但随着计算机处理性能的跃升，一种更便宜的替代方案出现了。

风洞测试的历史可以追溯到1950年世界锦标赛之前。在限制燃油消耗的赛车组别中，设计师们更追求空气动力学效率。他们对静止的赛车（或模型）吹气，并通过检查"流线"来研究气流。赛道测试中也有类似的方法，各车队使用Flow-Viz可视化涂料来标记空气在车身上的流向。

随着空气动力学设计逐渐成为影响赛车性能的主要因素，各支车队都意识到了风洞的重要性。20世纪30年代建成的泰丁顿国家物理实验室风洞就承接过赛车测试任务。帝国理工学院、克兰菲尔德大学和南安普敦大学等高校的风洞，以及努尼顿的汽车工业研究协会（MIRA）风洞也都曾用于测试赛车。风洞测试的问题在于必须提前预订，价格昂贵且受时间限制。

20世纪70年代初，约翰·巴纳德与戈登·科普克合作开发迈凯伦M23赛车时，进行了最早的全尺寸空气动力学测试。他们利用怀特岛（Isle of Wight）上的协和飞机测试风洞成功开发出了独特的单柱式尾翼。

早期风洞的问题在于它们的地板都是固定的，难以模拟赛车在赛道上高速行驶的效果。直到70年代中期，帝国理工学院才开发出"滚动路面"风洞。赛车放置在一条模拟路面的输送带上，其滚动速度与风速相匹配。这条输送带本身也会产生很大的摩擦力和相应的冷却需求。

正是在帝国理工学院这条风洞的测试，让彼得·赖特发现地面效应在赛车上有用武之地，直接引发了路特斯78"机翼车"（wing car）和后续路特斯79地面效应赛车的设计创新。

到了下一阶段，车队开始建造自己的风洞。布拉汉姆车队的戈登·穆雷于1981年设计并建造了首个F1专用风洞。此后，这类设施的复杂程度和建设成本快速上升。到21世纪初，一套典型的风洞建造成本超过了5 000万美元——以索伯车队位于瑞士基地的全尺寸风洞作为参考。各车队没日没夜地进行风洞测试，有时甚至会同时使用多套，或以每天超过三万英镑的价格租用其他机构的风洞。

除了风洞本身的使用成本外，一台60%比例的模型也需要花费多达100万美元，且需要不断随研发而更新。这还不包括同样昂贵的电费和员工工资、运营成本。

与此同时，计算机性能的提升使计算流体力学（CFD）成为一种可行的替代方案——这种方法能够可视化虚拟空气流动。CFD自20世纪90年代中期开始就开始与风洞和赛道测试结合使用，但随着计算准确性的逐步提升，CFD无需实体模型就能快速提供结果的便利性，使其吸引力有所增加。

风洞成本高昂且对环境不够友好，与F1到2030年实现碳中和并促进公平竞争的发展承诺相悖。因此，在加入成本控制的同时，FIA也对各车队的风洞测试次数和CFD小时数进行限制。限制初期每周可进行65次风洞运行，到2021年减少至40次。未来，风洞和CFD用量将根据赛车的实际性能进行浮动。

自2022赛季起，冠军车队的风洞使用次数会再减少30%，即每周28次；而排名末尾的车队则向上浮动15%，达到每周46次，以促进场上实力均衡。此外，考虑到风洞已经逐渐过时，10支车队中有8支已经支持从2030年起禁止使用风洞。

上图：
2020年，波尔蒂芒，葡萄牙大奖赛。这条新加入的赛道很受欢迎，但由于练习时间有限，提前通过模拟器详细了解赛道至关重要。

下图：
"模拟器之王"兰多·诺里斯在新冠疫情封锁期间参加了许多赛车电子竞技比赛。

右页图：
2019年，法拉利位于马拉内罗总部的模拟器。

2010

模拟器盛行

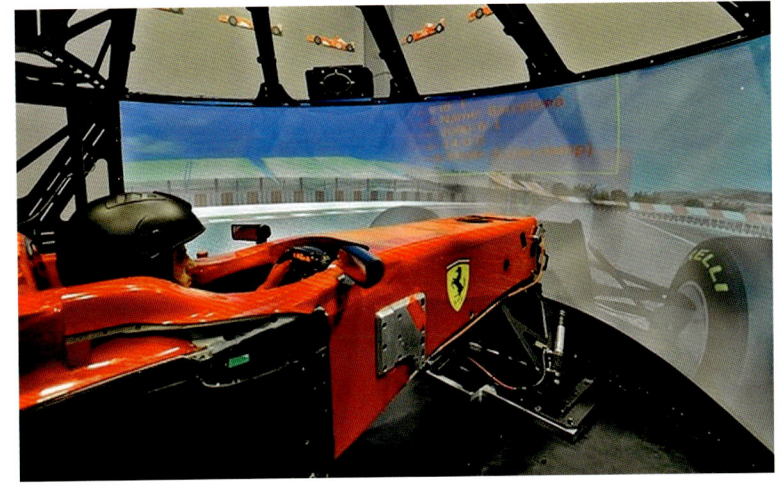

如同"自然界厌恶真空",F1也不喜欢空闲的状态。2010年,为了节省开支,赛季内实车测试遭到禁止,更先进的模拟器技术迅速上位。

F1赛车的模拟器已经从仅能让车手了解赛道布局的大投影仪发展成非常复杂的虚拟体验机器,造价超过100万美元。随着F1在2010年为了投入更多资源拓展赛历而禁止赛间测试,各车队对模拟器的依赖程度也随之增加。

现在,F1车队除了有专门的模拟器车手(团队)外,正式车手也会在"驾驶员在环模拟器"(driver-in-the-loop simulator)中进行训练。这种模拟器的驾驶舱几乎与真车完全相同,赛道建模也非常精细:激光成像技术可绘制出赛道的三维地图,连路肩、颠簸甚至沥青材质等细节都能得到真实的反映。

在熟悉的赛道上,车队已经有了强大的数据基础,但通常仍会在赛前专门进行为期两天的模拟。

车队们投入了大量时间和财力来模拟真实赛车,使模拟器的操控性与赛道上的真车完全一致。模拟器车手则须要有一致性、敏感度和提供简洁明了反馈的能力。

对于新赛道而言,例如2021赛季的赞德沃特赛道,就会另外安排两天时间进行模拟器练习,车手基本都会亲自参与这一流程。在受疫情影响的2020赛季中,模拟器体现出了前所未有的价值:当时赛历上几乎三分之一都是车手们不熟悉的赛道——穆杰罗、波尔蒂芒和萨基尔赛道外圈布局是全新的,而伊莫拉、伊斯坦布尔和纽博格林也都许久未承办过F1赛事。

提前用模拟器训练的目的在于,当车队抵达赛道时,赛车已经有了一个接近理想状态的基本设定,车手们从练习赛的第一圈起就可以全力推进。在练习赛过程中,模拟器团队持续收集实时数据并优化赛车设置,使赛车在整个周末都有提升。这样做的好处在2021赛季更加明显:周五练习赛从三小时缩减到两小时,省下了不少时间。

举例来说,如果车手报告了一个具体的赛车设置问题,而工程师能提出多个潜在的解决方案却没有足够的时间进行实地评估,那么车队就可以选择在两节比赛之间在基地的模拟器上进行测试,以便及时调整,在下一节就用上最优的赛车设定。

模拟器对于诸如扰流板角度等设置性变量有着极高的准确性,甚至还能测出风向变化等情况。但赛车平衡和抓地力预测则比较棘手,因为赛道表面变化(比如随着赛车磨耗的轮胎橡胶颗粒堆积在赛道上,抓地力会有所提升)和复杂的天气条件意味着只有驾驶实车才能获得真正准确的感知。

场上即时策略的制定除了要考虑赛车性能高低外,车队策略师还广泛使用能够处理多因素变化的计算机模型。进站损失、轮胎磨损和竞争对手的性能等因素都会被纳入模型中,得出多种情况下的最佳策略。这些数据在比赛期间实时变化,意味着现在F1车队的比赛策略是通过科学计算得出,而非在维修区拍脑袋作出的决定。当然,并不是场上所有情况都有时间进行全面评估,仍然经常会出现需要人为决策的情形,这些人为决策可能会出错,也确实很容易出错。

右页上图：
2021年，亨格罗宁赛道。米克·舒马赫的哈斯赛车加速驶入主直道。左右两幅图尾翼处分别是DRS打开和关闭时的形态。

右页中图：
寻找纪念品的法拉利车迷"铁佛寺"（Tifosi）拿走了赛道边的聚苯乙烯DRS标牌。

右页下图：
2010年，阿布扎比站。费尔南多·阿隆索的世界冠军征途止于维塔利·佩特罗夫身后。

2011

可调式尾翼系统

可调式尾翼系统（或称减阻系统，DRS）的引入源于2010年法拉利在阿布扎比大奖赛中的一次策略调整。

在那场赛季收官战中，红牛车队的马克·韦伯与维特尔、法拉利车队的阿隆索和迈凯伦车队的汉密尔顿这四位车手都有机会夺得世界冠军。第15圈，法拉利忽略了领跑的维特尔，转而跟随韦伯的策略，让阿隆索进站。就如韦伯所说："他们（法拉利）本想一石二鸟，但最终顾此失彼。"

与法拉利预期相反的是，阿隆索出站后受到慢车阻挡却无力超越，最终被挡在雷诺车手维塔利·佩特罗夫身后，只获得第七名。最终维特尔赢下了这场比赛的同时也收获了世界冠军，他在这场比赛中超越韦伯和阿隆索，登上了积分榜榜首。

"事后看来，我们显然犯了错误，"法拉利体育总监斯蒂法诺·多梅尼卡利说："但在当时，即使我们已经预料到出站后会卡在一些进过站的慢车后面，我们也想在轮胎变差之前进站，但没想到超越这些慢车如此困难。"

在F1比赛中，超车困难并不是什么新鲜事——亚斯码头赛道的布局本身也是一项重要因素——但是连世界冠军竞争者都无法超越排位赛时慢出一秒多的对手，让矛盾显得更加突出了。

FIA对此的解决方案就是引入由车手控制的DRS，帮助减少阻力并在直道上给赛车带来性能优势。排位赛中，车手可以在每次经过特定赛段（一般是长直道）时使用该系统，而正赛时还有另一项附加条件，即落后前车1秒以内[1]时才能开启。

这一做法引发了褒贬不一的评价。DRS无疑降低了超车难度，但有些人认为它使超车变得太容易了。FIA对此作出回应，调整了部分赛道DRS区域的长度，给领先车手更多空间进行防守。另外，很多赛车纯粹主义者对DRS这一人为干预因素不屑一顾，胡安·巴布罗·蒙托亚就是其中之一，这位哥伦比亚车手曾赢得六次大奖赛冠军，两次印地500赛事冠军，是赛车运动中最优秀的超车手之一。他认为"超车会让比赛更精彩，但它是一门艺术。车手需要深思熟虑，冒很大的风险。而有了DRS以后，超车就简单太多了，只要与前车足够近，就可以开启DRS轻松在下一个弯道超越对手。这就像把Photoshop（图片编辑软件）给了毕加索……"。

尽管这类批评声不断，但DRS推出十年后仍在使用，为许多场无聊的比赛增添了活力。但可调尾翼在蒙扎等使用低阻扰流板的赛道上的效果大大降低，所以在这些高速赛道上超车仍是一项挑战。

译者注
1   落后前车1秒以内：在允许DRS的赛段前，会有由传感器组成的DRS检测区。只有在两车经过该区域的时间差小于1秒时，后车车手才可以开启DRS。

ROLEX
ROLEX

ROLEX
ROLEX
URALKALI

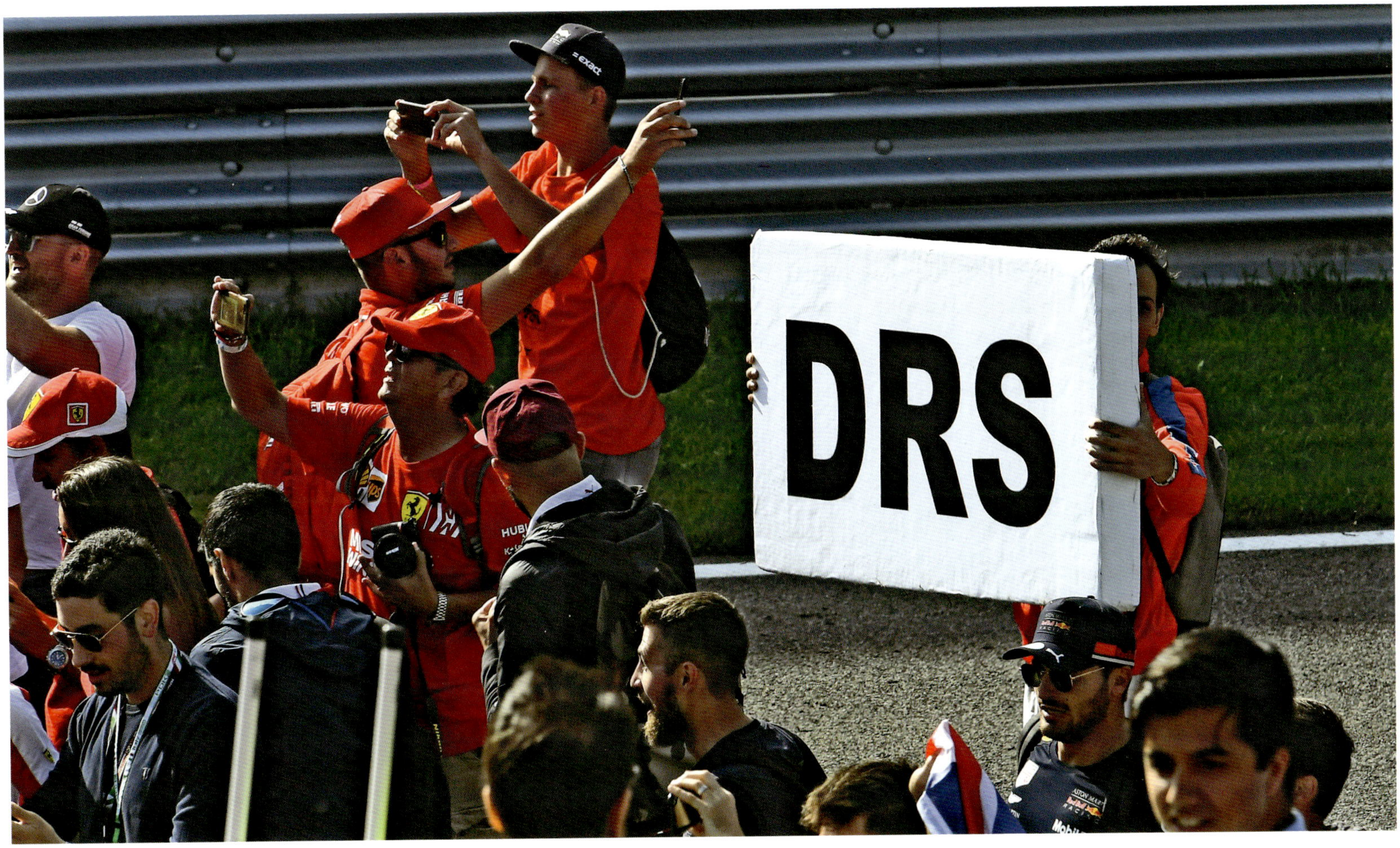
DRS

Santander
TOTAL
ENORAS
bank
RENAULT

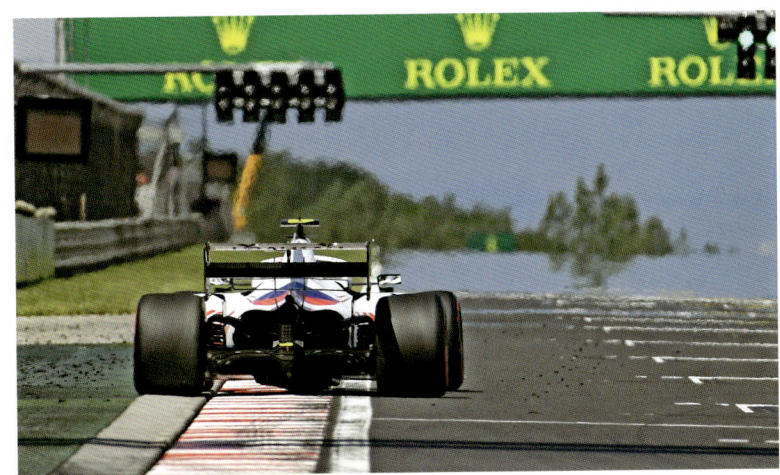

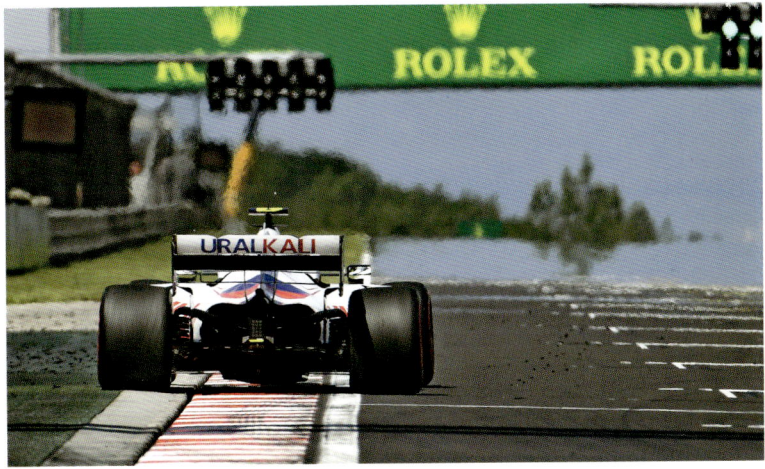

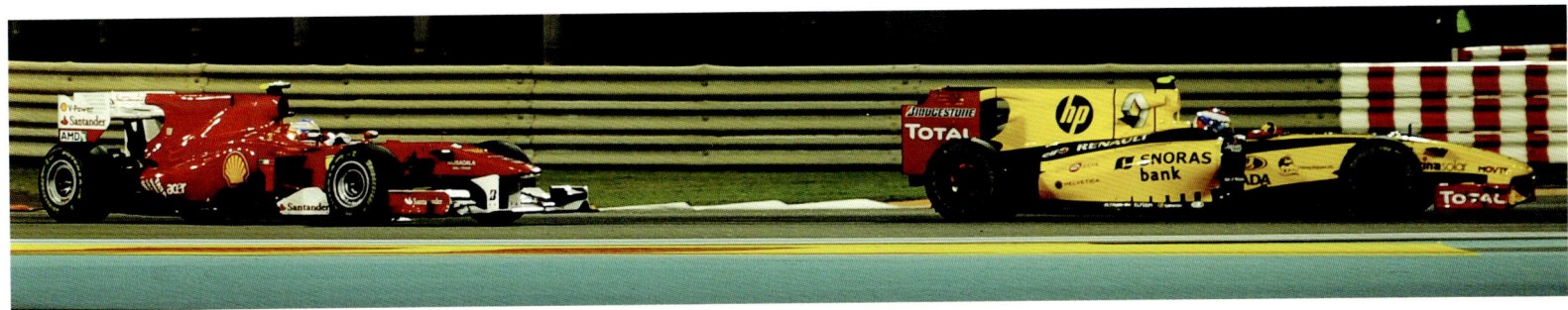

右页上图：
这起事故是不幸的预兆吗？季前测试中，埃德里安·苏蒂尔的索伯赛车发动机起火，他不得不驶入维修区停车。

右页左下图：
2014年，墨尔本。汉密尔顿的梅赛德斯赛车在第一节练习赛的第一圈就因技术故障而失去动力，如同混合动力时代的开端一样，并不顺利。

右页右下图：
2014年，墨尔本。尼科·罗斯伯格赢得澳大利亚大奖赛冠军，而杆位起步的队友汉密尔顿却在第二圈就因发动机故障退赛。

2014

混合动力时代

多年来，近距离观看F1赛车时都要佩戴降噪耳罩。但随着2014年混合动力发动机的引入，发动机的轰鸣声调发生了变化，噪声等级也显著降低。

2006年起，高转速的2.4升V8发动机被淘汰，取而代之的是复杂的1.5升V6混合动力发动机，其配备了能量回收系统和1988年之后首次重返赛场的涡轮增压器。

混合动力赛车是有史以来最快、最高效的F1赛车，也是第一批能让观众通过现场扩音设备听到解说、不用提高嗓门就能与其他观赛者进行对话的赛车。噪声的下降部分归功于转速降低：以前的V8发动机转速高达20 000转/分钟，而新规下的发动机极限转速为15 000转/分钟——因为新发动机的中低转速扭矩极强，超过12 000转/分钟意义不大。每小时100千克的燃油流量限制也意味着超过一定转速后，就没有更多燃料来产生额外动力了。

起初，车迷们对该举措表示反感，他们认为巨大的噪声造就了比赛无与伦比的观赏性。但随着人们逐渐适应F1的新模式，这种批评也逐渐平息。从2016年开始，排气规则的调整改变了赛车的声音：尽管声量不如以前，但声浪更加清晰悦耳。

新的发动机规则还为F1辞典引入了一些新名词：例如MGU-K（motor generator unit-kinetic），实际上就是之前的KERS（kinetic energy recovery system），即动能回收系统。MGU-H（motor generator unit-hybrid）则是指热能电机系统。这些新规下的产物充满技术美感，只是名字更难记一些。

在追求提升热效率与降低排放的道路上，汽车制造商们选择了摒弃传统内燃机。而F1从燃油到混合动力的重大转变就是为了与瞬息万变的民用车设计保持相关性，从而吸引更多厂商参与。但2014赛季，发动机供应商只有梅赛德斯、法拉利和雷诺，重返赛事的本田从一年后才加入。在2022年（原定于2021，但因疫情延期）规则大改之前，也不会再有其他发动机供应商加入，事实上，本田甚至宣布届时将退出F1。好在他们的发动机将继续服役，并转交给新成立的红牛动力系统公司（Red Bull Powertrains）进行后续研发和维护——该公司设于红牛米尔顿·凯恩斯总部。

规则调整后的第一场比赛就为混合动力时代定下了基调。在季前测试中，有若干车队遇到了可靠性问题，以至于批评者怀疑的不再是有多少车手会退赛，而是有多少人能完赛。最终，22位参赛车手中有14位坚持到比赛结束，红牛车手丹尼尔·里卡多还因违反燃油流量规定被取消了亚军的成绩。

不过最大的看点还是在于梅赛德斯发动机的性能优势。刘易斯·汉密尔顿夺得杆位，他的队友尼科·罗斯伯格赢得冠军，而使用梅赛德斯发动机的车队占据了前六名中的五位（除被取消资格的里卡多外）。

在此之前，梅赛德斯车队自2010年作为厂队重返赛事以来，仅取得过四次胜利。罗斯伯格在墨尔本的冠军开启了车队在此后7个赛季的统治：138战102胜。这位德国车手取得了一次车手世界冠军；他的队友汉密尔顿，则成了无人能及的六冠王（截至2023年，汉密尔顿已成为七届车手世界冠军——译者注）。混合动力时代的到来无疑是赛车技术和车队实力变化的转折点。

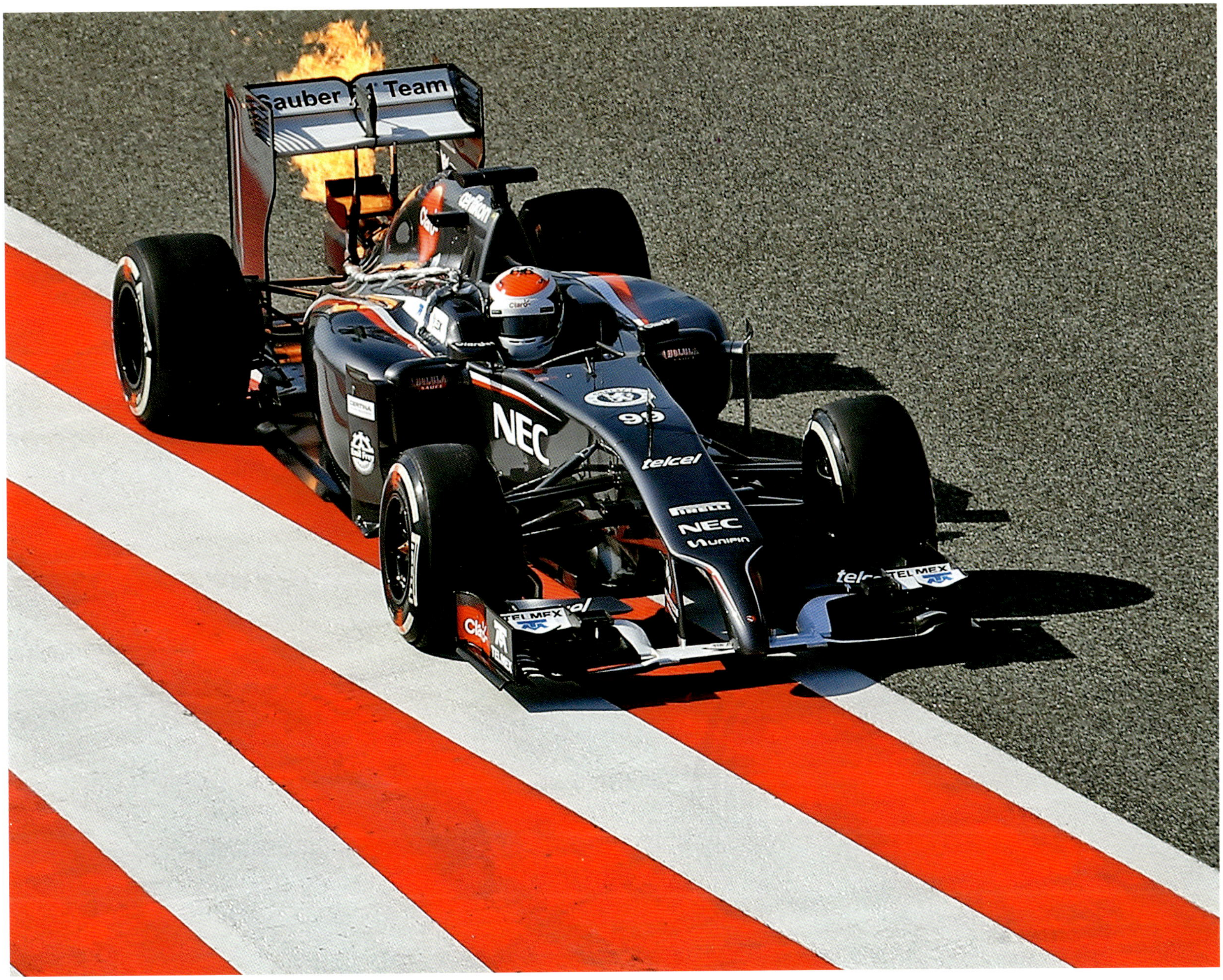
Team
NEC
telcel
NEC

PETRONAS

MELBOURNE
MELBOURNE
ROLEX

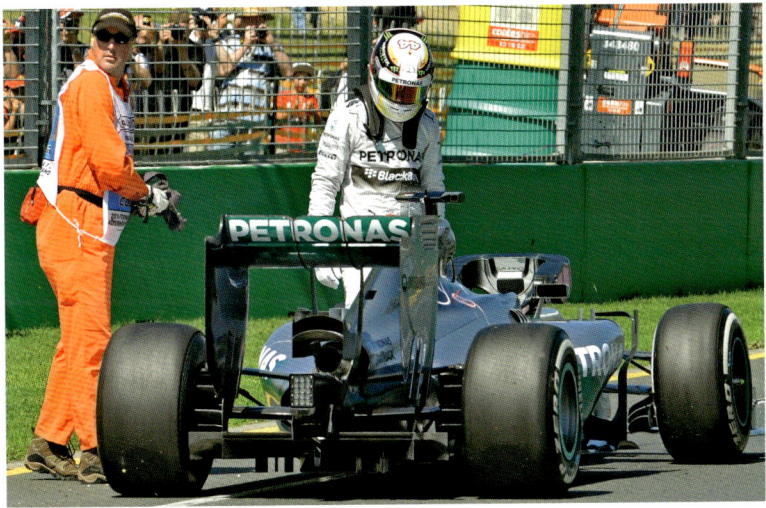

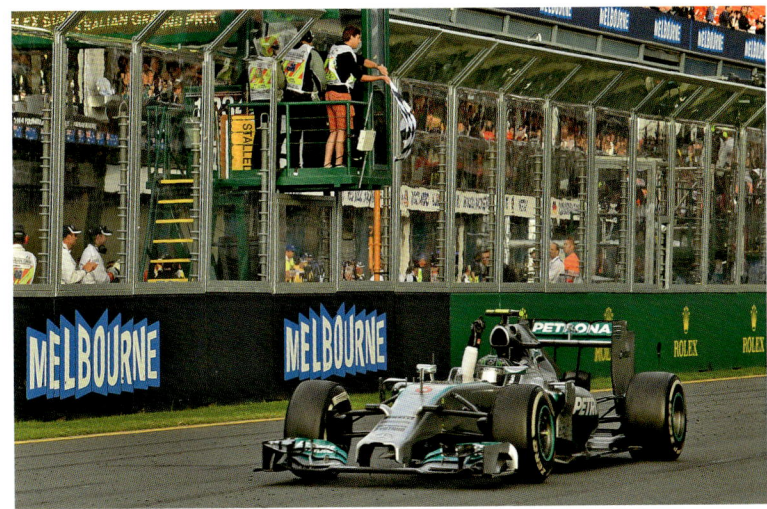

第四章：争端

左上图：
南非大奖赛一周后，皮罗尼（左）与身着制服的FIA主席巴勒斯特尔在一档法国电视节目上再次开始争论。

下图：
1982年，南非大奖赛。雷诺车手阿兰·普罗斯特在这场举办前几经波折的比赛中获胜，特奥·法比则未能通过排位赛。

右上图：
路特斯车手兼钢琴演奏家埃利奥·德·安吉利斯。

右页图：
赛前会议上，赛事干事通过南非汽车协会发给车手们的一封信，信中通知他们因违反体育精神而被正式停赛。

1982

车手罢赛事件

FIA颁发的超级驾照是每位F1车手上场比赛的先决条件。但在1982年,超级驾照增加了一些令车手感到恼火的新条款。

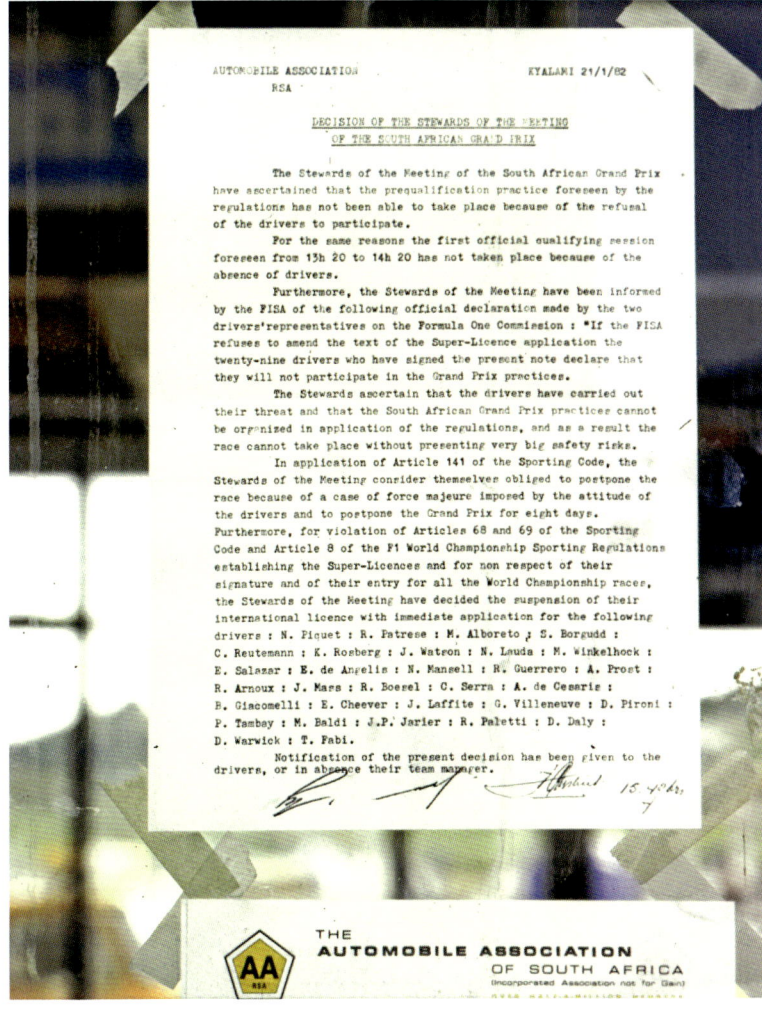

该赛季是尼基·劳达应迈凯伦车队老板罗恩·丹尼斯邀请复出的第一年。在揭幕战南非卡亚拉米大奖赛上,许久未摸过方向盘的他提议罢赛,劝说其他车手不要参加自由练习。

这位奥地利车手对超级驾照合同上的一些新内容感到不满,尤其反对合同中关于车手必须在一段时间内留在同一车队的条款。他说:"我能想象到转会费的出现。这会使车手失去自主权,成为车队间交易的筹码。就像足球界的转会一样,充满利益交换和合同买断。"

赛前到达南非后,他就携手时任大奖赛车手协会主席的法拉利知名车手迪迪埃·皮罗尼,与FIA主席巴勒斯特尔和代表车队利益的F1制造商协会主席伯尼对峙。原本经常发生争执的巴勒斯特尔和伯尼这次却团结一致,拒绝让步。周四上午,车手们抵达赛道参加第一次练习赛时,皮罗尼和劳达就劝他们登上一辆劳达租来的大巴,正式进行罢赛。在30位参赛的车手中,只有两人没有这样做:皮罗尼本人留在赛道进行后续谈判;另一位是因迟到而没赶上车的约亨·马斯。

车手们放弃了既定的练习安排,转而来到约翰内斯堡的阳光公园酒店,在泳池边度过了一天。劳达还预定了一间能住多人的豪华宴会套房,房间里的钢琴既是埃利奥·德·安吉利斯和吉尔斯·维伦纽夫两位车手的乐器,也是用来堵房门的工具……

皮罗尼结束谈判来到酒店,带来最后通牒——要么乖乖回去比赛,要么终身禁赛——但车手们仍坚定不移,除了特奥·法比。他以上厕所为借口跑出酒店,再也没回来。

皮罗尼在周五早上提前离开酒店,继续与FIA和F1制造商协会谈判。他打电话告诉车手们罢赛行动取得了成功,让所有人回到赛道。排位赛上,雷诺车队的勒内·阿尔努夺得了杆位,队友阿兰·普罗斯特在正赛中表现出色,遭遇爆胎后还成功追回了整整一圈的差距,赢得比赛。

比赛期间,赛事干事发表了一份声明,宣布来之不易的休战已经结束,所有参与罢赛的车手一旦冲线,就会被无限期停赛——FIA也发表了类似的决定。

车队能否找到30名合格的替代车手仍是未知数,但这很快就变得无关紧要了。"那条把车手与车队绑定的条款再也没出现过,"劳达说:"我们赢了。"

1994

贝纳通加油惨案

跨页图和右页图：
两张图展示了燃料泄漏后几秒之内的变化。右下角的小图清楚地展示了乔斯·维斯塔潘的赛车加油时由于阀门堵塞造成的燃油外溅，这些燃油一旦碰到高温的发动机表面，就立刻引燃了大图中的闪火（flash fire）。

1994年赛中加油的回归引发了争议。人们担心维修区可能因此发生灾难，而德国大奖赛上，加油差点真的引发一场灾难。

F1曾在1980年短暂地恢复了赛中加油，但又因安全原因被终止。这一次，赛事引入了一套由法国公司Intertechnique制造的标准化加油装置，燃料流速被限制在12.5升/秒。每辆赛车配一套，并由车队负责花高价运输到世界各地，以确保赛中加油安全可靠。

一切都很顺利，直到德国的霍根海姆大奖赛上，乔斯·维斯塔潘的贝纳通赛车进行加油进站时，加油软管拔出后仍在溢出燃料。

洒在赛车一侧的燃料迅速着火，巨大的火球瞬间吞没贝纳通车队的维修区，尽管泄漏燃料总量还不到三升。乔斯·维斯塔潘和几位换胎机械师在火焰中急切地挥动着双臂呼救。好在加油规则要求每个维修区放置充足的灭火剂，火势很快就被扑灭。乔斯和5位机械师被送往赛道医疗中心，随后前往医院治疗面部局部烧伤。第二天，一家英国报纸用"全烧焦的贝纳通[1]"标题来嘲讽他们的惨败。

Intertechnique公司对乔斯·维斯塔潘的加油设备进行了仔细检查，以FIA的名义发表了一份声明，表示"燃油滤清器被故意拆除造成异物入侵是导致阀门关闭延迟和燃料泄漏的主要原因。"

贝纳通声称，车队经理胡安·维拉德尔普拉特在排位赛之前的周四就得到了F1技术代表查理·怀廷允许拆除滤清器的答复，还称当时车队技术总监罗斯·布朗也在场——这一说法遭到FIA和怀廷本人的一致否认。拆除滤清器后加油效率可以提升12%，缩短停站时间。为了自证清白，贝纳通发布了一份独立报告，声称他们发现了FIA批准的加油设备存在严重缺陷。

于是该车队在十月份被传唤到世界汽车运动理事会，届时也将听取舒马赫对自己在比利时大奖赛中因车身底部的"木板[2]"过低而被取消成绩的上诉，贝纳通声称那是舒马赫压过路肩时意外造

译者注
1 全烧焦的贝纳通："The Ignited Colours of Benetton"。当时贝纳通的广告词以多元种族为主题，原文为"United Colors of Benetton"，意为"全色彩的贝纳通"。
2 木板：在1994年埃尔顿·塞纳的致命事故后，F1赛车的底板上就加入了一块限制地面效应和控制赛车高度的木板。所有赛车上的木板尺寸均相同，通常由木材纤维和酚醛树脂的复合材料制成。技术规则规定其磨损必须在一定范围之内。夜赛中赛车带出的火花也是来自这块木板。

成的。

事实上，整个1994年都充斥着围场政治斗争。埃尔顿·塞纳在伊莫拉站去世之前，一直坚信舒马赫的贝纳通赛车仍在使用上赛季结束时被禁用的驾驶辅助系统（弹射起步和牵引力控制系统），且调查发现车队软件仍然保留相关选项——车队声称保留原有软件而非重写比赛程序是出于成本控制的做法——但FIA并没有找到其运行辅助功能的具体证据。

拆除燃油滤清器则是铁证如山，而且这种行为的后果显然更加严重。可笑的是，贝纳通车队最终没有因此受到处罚。减轻情节的理由是，滤清器是由一名初级队员在没有请示车队主管的情况下私自拆除的，车队也没有试图隐瞒这一情况。

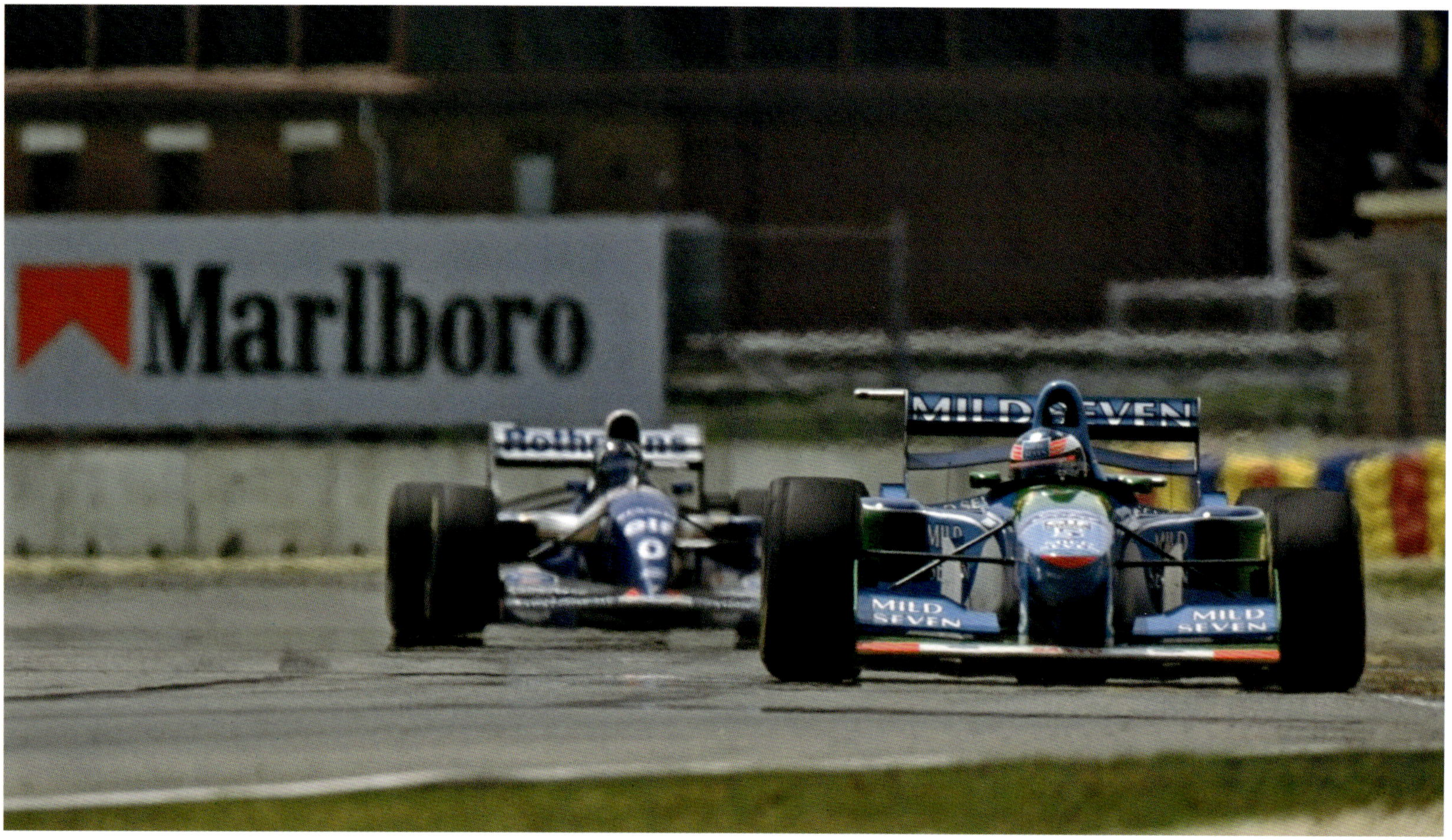
Marlboro
MILD SEVEN
MILD SEVEN
MILD SEVEN

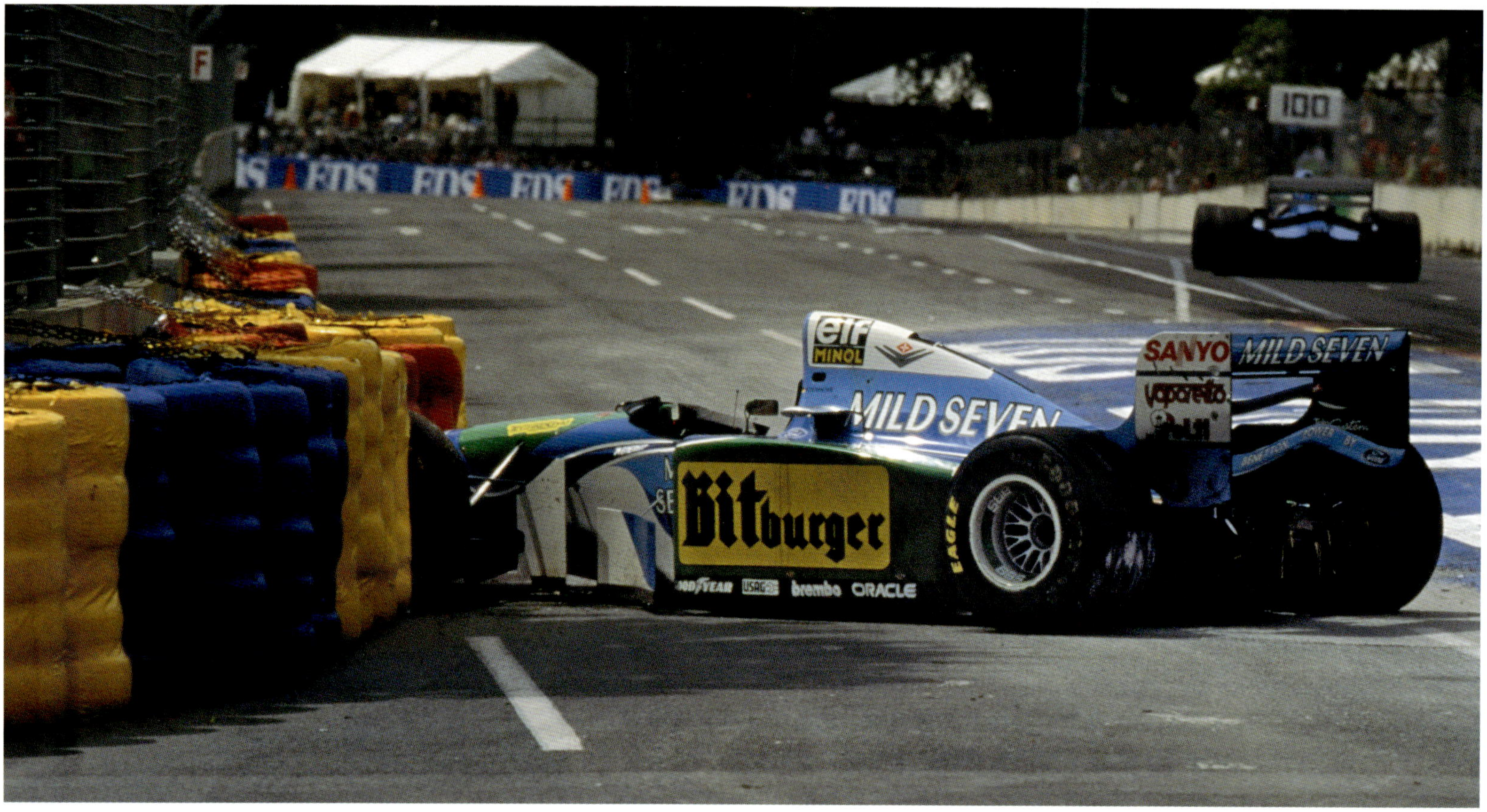
100
elf
MINOL
SANYO
MILD SEVEN
MILD SEVEN
Bitburger
brembo
ORACLE

左页上图：
舒马赫紧盯后视镜中达蒙·希尔的威廉姆斯赛车。

左页下图：
舒马赫与达蒙·希尔相撞后，他的贝纳通B194赛车被遗弃在赛道上。希尔的威廉姆斯赛车悬架受损，也无法继续比赛。

本页图：
1997年，舒马赫故意试图在赫雷兹赛道与雅克·威廉姆斯发生撞车，却弄巧成拙，自己栽进了沙砾缓冲区中。前队友马丁·布伦德尔在ITV进行解说时批评道："朋友，你撞错地方了！"

1994、1997

舒马赫：阿德莱德与赫雷兹

迈克尔·舒马赫是一位令人难以置信的天才车手，他曾赢得91场大奖赛的分站冠军。然而，他也被指责残忍无情，且在发生赛道事故后，面对压力时过于脆弱。

在1994年阿德莱德和1997年赫雷兹的冠军争夺战中，舒马赫分别与试图超越他的对手达蒙·希尔和雅克·维伦纽夫发生决定胜负的撞车——第一次为他送来了世界冠军，第二次却未能如愿。对于他的老车迷来说，阿德莱德的事故应该似曾相识，极像他1990年在澳门F3首秀时与身后米卡·哈基宁的碰撞。

1994赛季，舒马赫开局一帆风顺，以两场全胜的成绩向伊莫拉进军。在塞纳的不幸事故后，比赛重启，舒马赫夺下伊莫拉冠军。加上接下来的摩纳哥，舒马赫一举取得四连冠。但威廉姆斯很快就解决了赛季初FW16的平衡性问题，并帮助达蒙·希尔在第五场的西班牙大奖赛取得冠军。

到了英国大奖赛，舒马赫身上的问题就更多了。他在暖胎圈故意超过杆位起步的希尔——也有人说是后者被车队要求在暖胎圈开慢一些，因为舒马赫的发动机容易过热。不论如何，这看起来像是比赛技巧之间的博弈。

为此，赛事干事对舒马赫处以5秒罚时，但车队对于该处罚的有效性和执行方式存在质疑，原因在于它是在比赛开始后27分钟时才发出的，超过了监管方本应注意到事故的25分钟时限。车队无视黑旗[1]进行抗议，但舒马赫最终还是被取消了第二名的正赛成绩，并被额外禁赛一场——与五年前奈杰尔·曼塞尔无视黑旗警告的处罚一致。

下一场比赛在德国霍根海姆举办。舒米的德国赞助商不想看到他缺席主场，因此他们告知车队，如果提出上诉，舒马赫将可以在听证会之前继续参加德国站比赛，上诉结果也将对车队有利。尽管那时贝纳通还在接受FIA对加油泄漏事件的调查，他们还是照做了。然而结果并不理想，舒马赫的判罚反而增加了一场，错失意大利和葡萄牙大奖赛。这两场比赛的冠军均由希尔获得。

舒马赫在收官战阿德莱德站赛前以一分的优势领跑积分榜。在他看来，他本赛季缺席四分之一的比赛就是赛会人为操纵判罚把冠军悬念延续到最后的。他开始表现出紧张的情绪：在周五的排位赛中，迈克尔在Senna减速弯失去控制，赛车左侧前后两端撞墙并引发红旗。

赛事总监查理·怀廷在发车前向两位车手明确表示，他不希望在这个已经充满起伏的赛季末尾再出现"1990年塞纳对普罗斯特"式的结局。舒马赫在比赛中一直占据领先，直到半程结束前，他在一个左弯处冲出赛道上墙。希尔没有看到这起事故，只看见舒马赫重新回到了赛道上，于是向弯心冲去。进弯时，两车距离很近，舒马赫的右后轮与希尔发生接触，二人双双退赛。于是迈克尔以一分的优势成为德国第一位F1世界冠军。

转眼三年过去了，1997年赫雷兹赛道的收官战中，舒马赫即将被竞争对手雅克·维伦纽夫超越。当时距离终点还有20圈，他故意危险转向来逼近后者的威廉姆斯赛车，试图复刻三年前阿德莱德站的结局。只可惜这一次，维伦纽夫顺利躲开，夺得了世界冠军，舒马赫则被取消全年的成绩，丢掉了年度亚军。

他后来在一次采访中承认："在我的职业生涯中，如果有哪件事是可以挽回的，那我希望一定是这次。"

译者注
1 黑旗：赛事干事对车手最严厉的处罚，受罚车手必须立即停止比赛并返回维修区。

上图：
1964年，德国大奖赛。法拉利车手约翰·苏蒂斯（中）和洛伦佐·班迪尼（右）站在领奖台上。

下图：
米卡·哈基宁在1995年阿德莱德事故中的伤势之一是听力受损。在1998年澳大利亚大奖赛期间，他以为他被叫进了维修区，但发现机械师们正挥手示意他不要停站。

跨页图：
鲁本斯·巴里切罗在终点线前的减速让迈克尔·舒马赫赢得了2002年奥地利大奖赛，观众们对此感到失望。

右页图：
因巴里切罗的减速让车而内疚的迈克尔·舒马赫在比赛结束后把他的队友推上了领奖台的最高台阶，法拉利因此受到了重罚。

2002

车队指令

尽管FIA在2002年底曾试图禁止车队指令，但几乎自赛车运动诞生以来，这项"传统"就一直沿用至今。

该禁令源于奥地利大奖赛期间发生的一起事件。当时法拉利车队向鲁本斯·巴里切罗发出无线电指令，要求他把一直保持的领先位置让给队友舒马赫。这位巴西车手服从了指令，在终点线前明显放慢速度，拱手将冠军送给了队友。两位车手在观众的嘘声中登上领奖台，舒马赫当然拒绝站上冠军位置，并把巴里切罗推了上去。

尽管这场比赛令观众嘘声四起，但在历史上并不乏让车先例。早在1937年摩纳哥大奖赛上，梅赛德斯车队运动经理阿尔弗雷德·纽鲍尔就通过维修站信号的形式命令车手曼弗雷德·冯·布劳希奇把领先位置让给队友鲁道夫·卡拉乔拉——虽然遭到了车手的拒绝。在整个20世纪50年代，如果有的车手因机械劣势而无法取得大局的胜利，车队就会要求他让车，这样的情况司空见惯。1964年的墨西哥站，法拉利要求洛伦佐·班迪尼为队友约翰·苏蒂斯让出第二名，让这位英国车手获得世界冠军。1997年在赫雷兹举行的欧洲大奖赛上，威廉姆斯车手雅克·维伦纽夫在夺冠大局已定的情况下，在比赛最后阶段为迈凯伦的米卡·哈基宁和大卫·库特哈德让出了位置；后来得知，两支车队间达成了协定，互相不做出可能发生碰撞的举动。在下一赛季的揭幕战中，迈凯伦遭遇无线电混乱，领先的米卡·哈基宁误以为被叫进维修站。他出站后，因此获利的队友库特哈德接到指令让哈基宁重回领先位置。

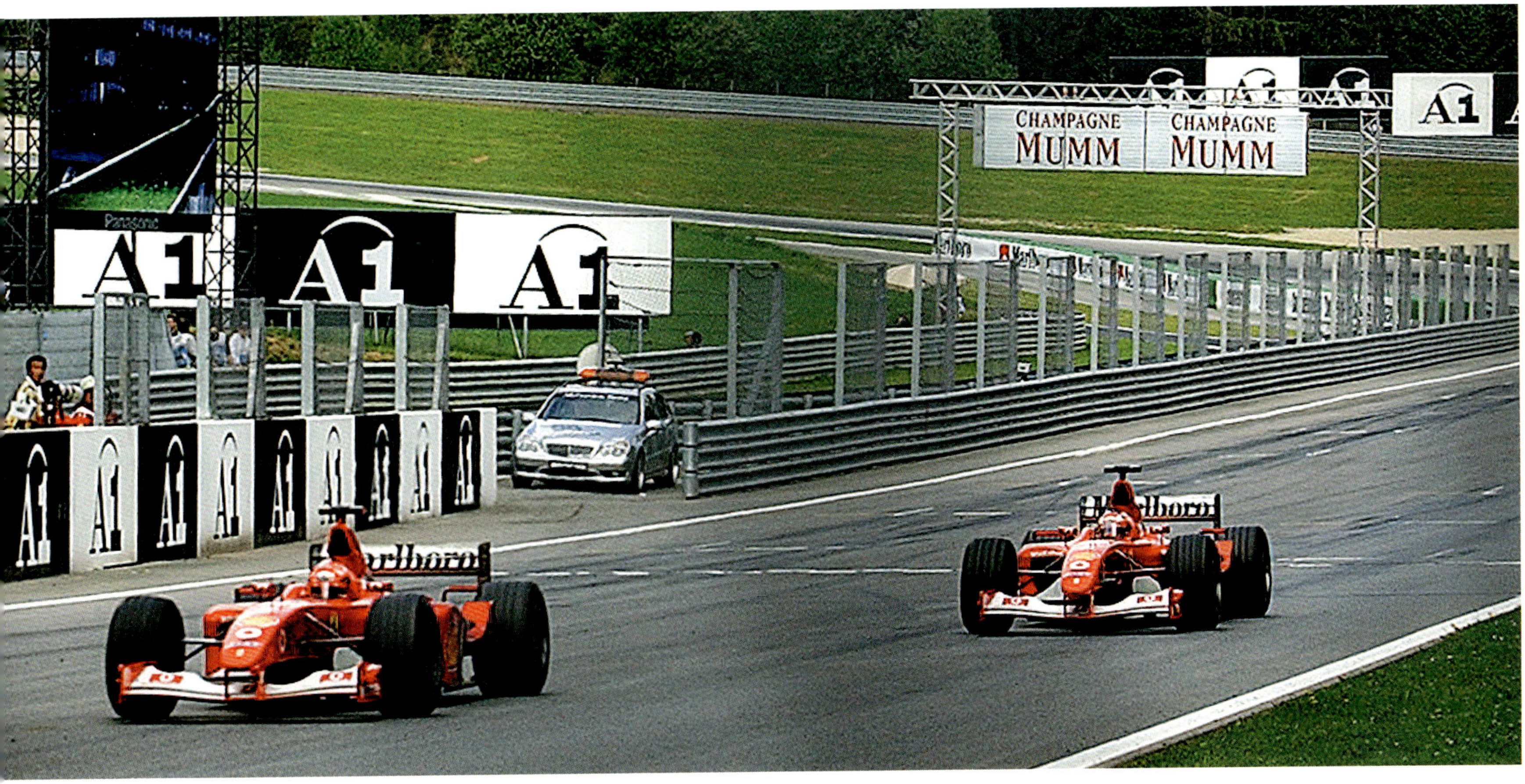
CHAMPAGNE MUMM
CHAMPAGNE MUMM
A1
A1
A1
A1

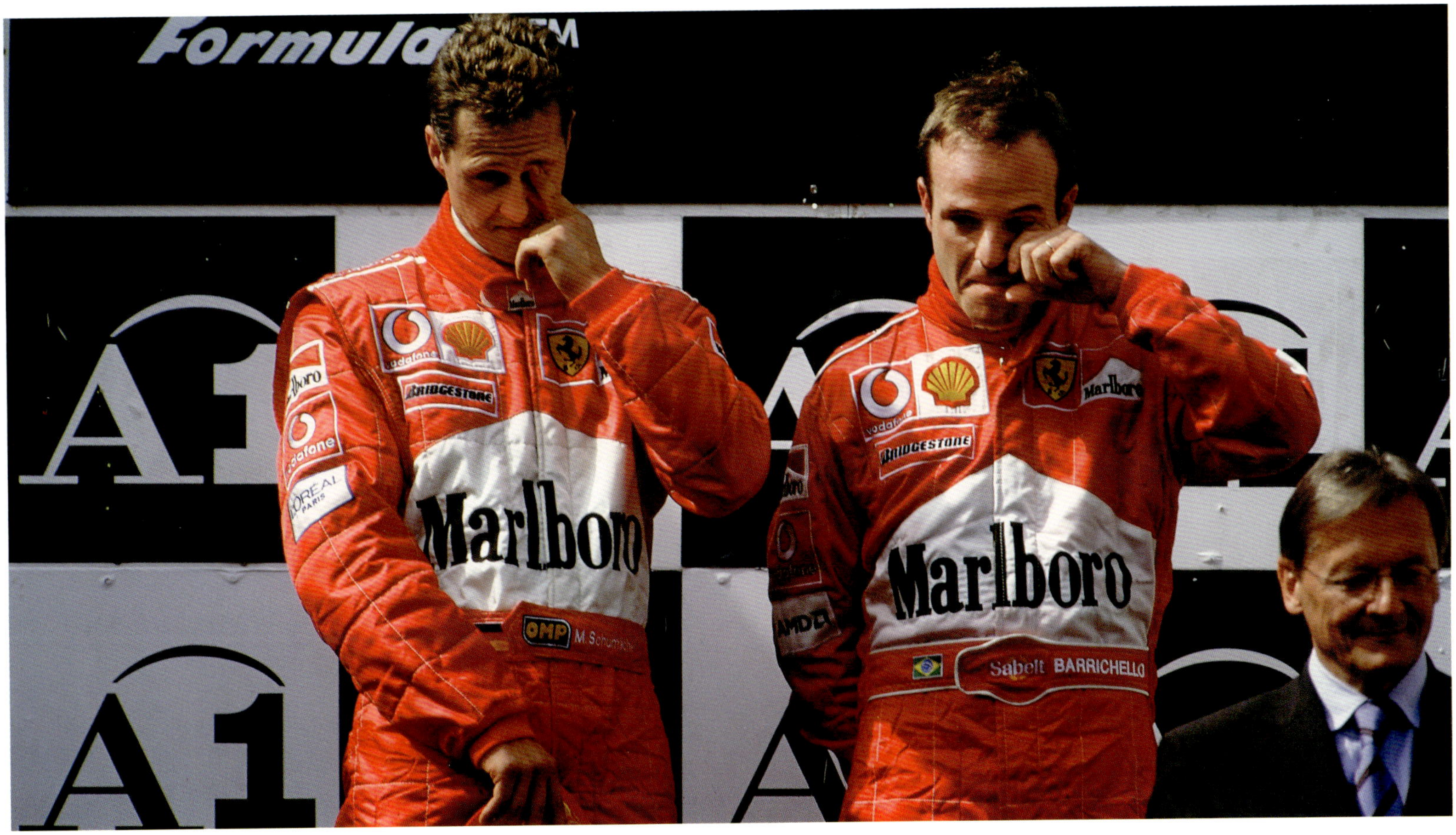
Formula
A1
Marlboro
Marlboro
BRIDGESTONE
Sabelt BARRICHELLO

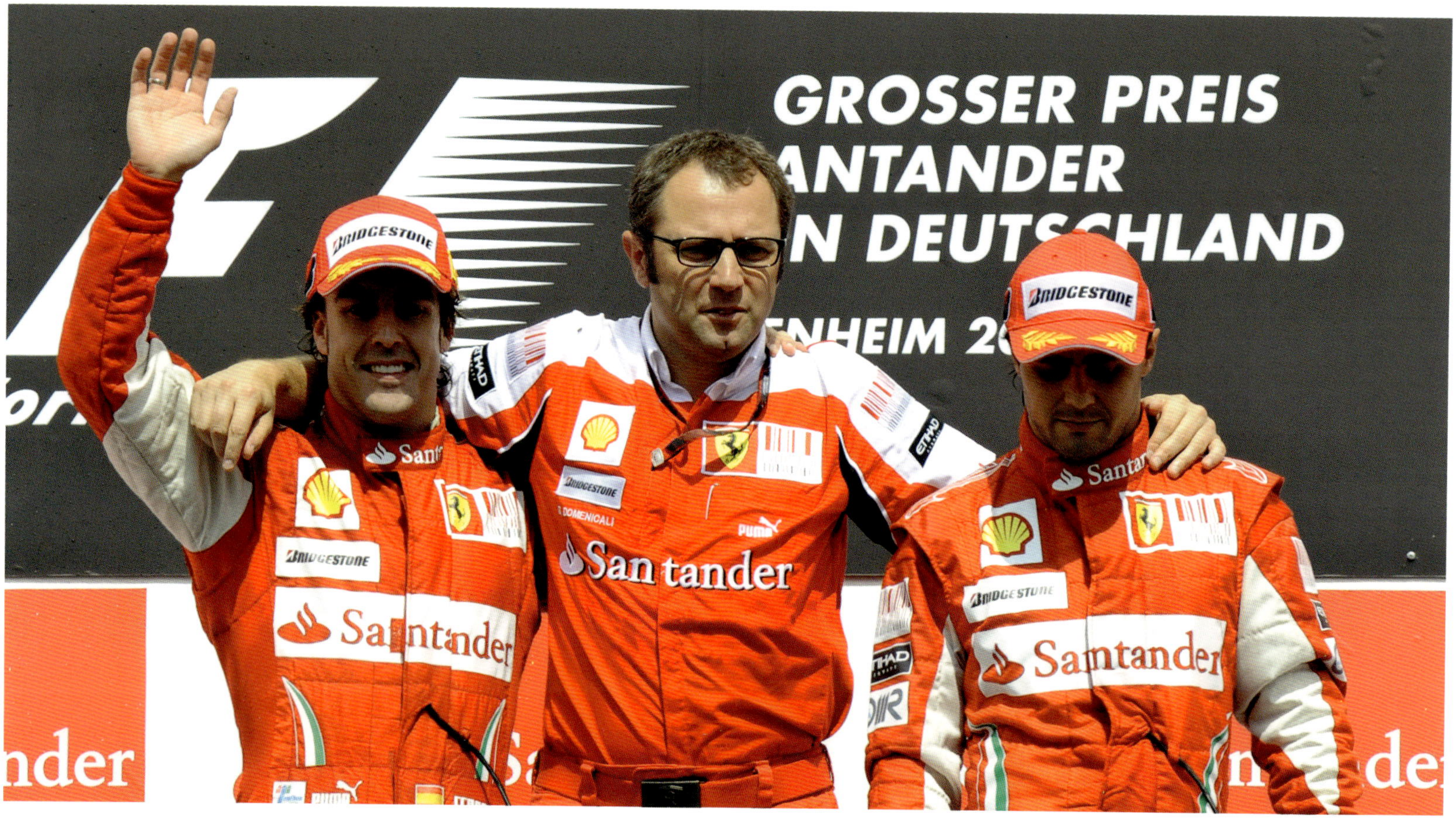
GROSSER PREIS
Santander

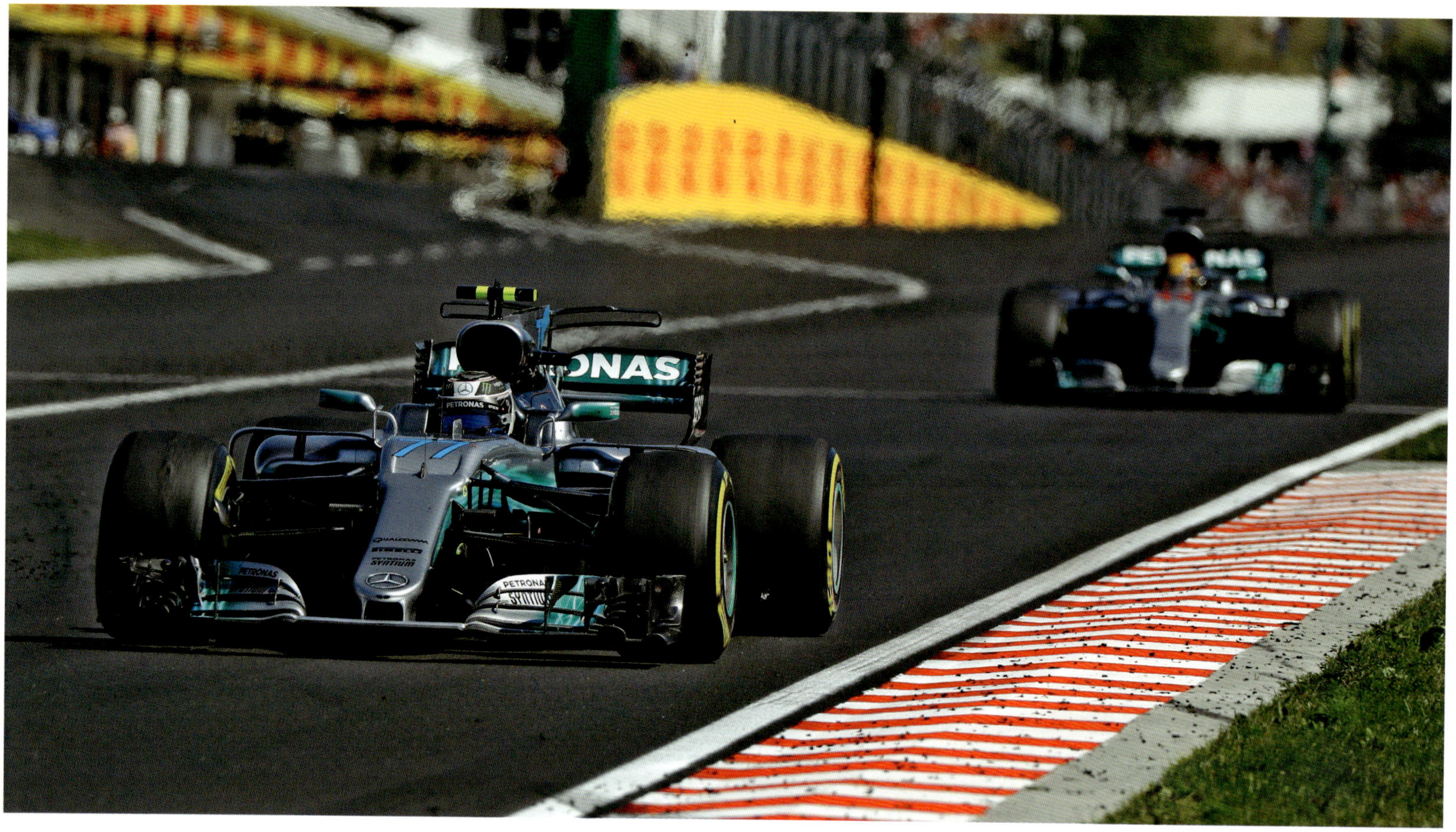

左页上图：
2010年，霍根海姆，德国大奖赛。不难看出车手们的情绪。斯蒂法诺·多梅尼卡利在车手费尔南多·阿隆索和菲利普·马萨中间，后者被证明比前者慢了一些。

左页下图：
2017年，匈牙利大奖赛。梅赛德斯要求博塔斯为汉密尔顿让车，好让后者挑战莱科宁的第二名位置。汉密尔顿没能追上，又把位置让回博塔斯。

本页图：
两张来自2013年马来西亚大奖赛的照片，这场比赛对红牛而言非常艰难。这一赛季，车队指令已经恢复合规，但车队使用它们时仍保持谨慎。进站后，马克·韦伯领先队友维特尔，两位车手都被告知"Multi 21"，即保持二号车手（韦伯）在前直到比赛结束。但维特尔选择无视指令，超过队友并获得冠军，导致了一场激烈的赛后对峙。

回到2002年。奥地利站闹剧过后，法拉利被传唤参加听证会。FIA认为问题并不在于车队指令本身，而在于它执行的方式和引起的负面效应——尤其是在赛季初期，车手本应自由竞争。结果是法拉利因其车手未能遵守登上领奖台的正确程序而被罚款100万美元。FIA随后也禁止了"可能影响比赛结果"的车队指令，该禁令于2003年生效。

事实上，车队对车手进行"洗牌"的艺术从未消失过，它们或是通过使用无线电暗号，或是通过精心谋划的策略来执行。例如，在2007年巴西大奖赛上，菲利普·马萨在法拉利车队中占据领先，但他欣然接受了一次很慢的进站，使队友基米·莱科宁领先并最终夺得世界冠军。这并非狭义上"来自车队的命令"，却起到了同样的效果。

这项禁令一直有效，直到2010年末，FIA才承认无法对车队指令进行有效监管。该赛季的霍根海姆站又发生了一起争议事件——法拉利仍是争议的焦点。这一次，马萨领先争夺世界冠军的队友阿隆索，他的工程师罗伯·斯梅德利通过无线电告诉他："菲利普，费尔南多比你快，你能确认你听懂了吗？"巴西人遂识相地让出了位置。法拉利因违规被罚款十万美元，但在后来的听证会上没有采取进一步行动。法拉利在辩护理由中说，这条无线电只传递了信息，并没有做出指令。

2011赛季开始时，规则中禁止车队指令的内容已被删除。

上图：
1994年巴塞罗那举行的西班牙大奖赛上，赛事组织者临时改造的减速弯，显然在美国大奖赛事件中被忽视了。

下图：
拉尔夫·舒马赫的丰田赛车在周五的撞车中损毁于发车直道侧墙上。

右页图：
使用米其林轮胎的赛车返回维修站，而普利司通客户车队法拉利则在仅剩六辆车的发车格上就位。

2005

美国大奖赛风波

这一年的美国站在印第安纳波利斯赛道举行。由于大多数车队没有正确的轮胎数据，以至于练习赛上就发生了两起爆胎事故，组织者必须找到一个妥善的解决方案。

自1980年在沃特金斯·格伦赛道举办最后一场比赛之后，美国大奖赛一直难以找到固定的场地。印第安纳波利斯赛道有着悠久的赛车历史，为新千年的首场美国站设计一个将常规赛道和其著名椭圆形高速环道（逆时针方向）结合起来的新布局似乎是明智的选择。2000年，这里成功举办F1比赛，吸引了很多观众。

然而五年过后，重铺完沥青的赛道表面增加了通过最后一个斜坡弯道（13号弯）时的轮胎负荷。最早出现问题的是周五练习赛中的里卡多·宗塔和拉尔夫·舒马赫。他们的左后胎出现异常，后者还在13号弯发生了严重撞车。

当时轮胎供应商竞争还非常激烈。包括丰田在内的七支车队使用米其林轮胎，其他三支车队的轮胎则由普利司通提供。由于车队无法在印第安纳波利斯赛道进行实地测试，米其林只能依靠模拟来评估新路面。与此同时，普利司通设法从美国本土赛事中获得了一些实测数据——印地500的轮胎供应商凡士通就是普利司通的子公司。

负责米其林赛车部门的英国人尼克·肖洛克开始调查轮胎是否存在内部缺陷。他说："我们从法国运来了不同规格的橡胶颗粒，连夜进行测试来找出可行的替代品。合作伙伴给予了我们很大帮助——罗恩·丹尼斯（迈凯伦老板）允许我们用他的飞机将工程师送到美国的测试实验室。"

最后，所有实验室分析都指向一个事实：米其林轮胎可能无法承受长距离比赛的考验。该公司在周日上午向车队通报了分析结果，并提出各种建议，以期使比赛成为可能。车队提议在第13号弯道上设置一个减速弯，但FIA回应说，他们不能批准任何赛道改动（尽管此前已有先例——1994年西班牙大奖赛在练习开始前对巴塞罗那赛道进行了改动，以回应此前车手们提出的放慢赛道某段速度的要求）。

FIA表示，一旦改变赛道布局，他们将撤回所有工作人员。对此，各车队的回应是，他们在评估以非锦标赛模式自行办赛的可行性，这样也能为成千上万的车迷提供一场像样的比赛。FIA则指出，这可能会对其在北美批准的所有赛事产生负面影响……

周日下午，20辆赛车全部完成了赛前暖胎圈……然后14位米其林车手直接进站罢赛，发车区只剩下法拉利、乔丹和米纳尔迪三支普利司通车队。

比赛并没有中止，愤怒的观众开始向赛道上扔东西，甚至惊动了州警。迈克尔·舒马赫和鲁本斯·巴里切罗分别为法拉利收获该站的冠亚军，领先乔丹车队一圈、米纳尔迪车队两圈。

这也是普利司通轮胎在本赛季取得的唯一一场胜利。

米其林在2006赛季末退出了围场，他们对FIA引入单一轮胎供应商来结束轮胎竞争的计划感到非常失望——这有违F1的竞技精神。

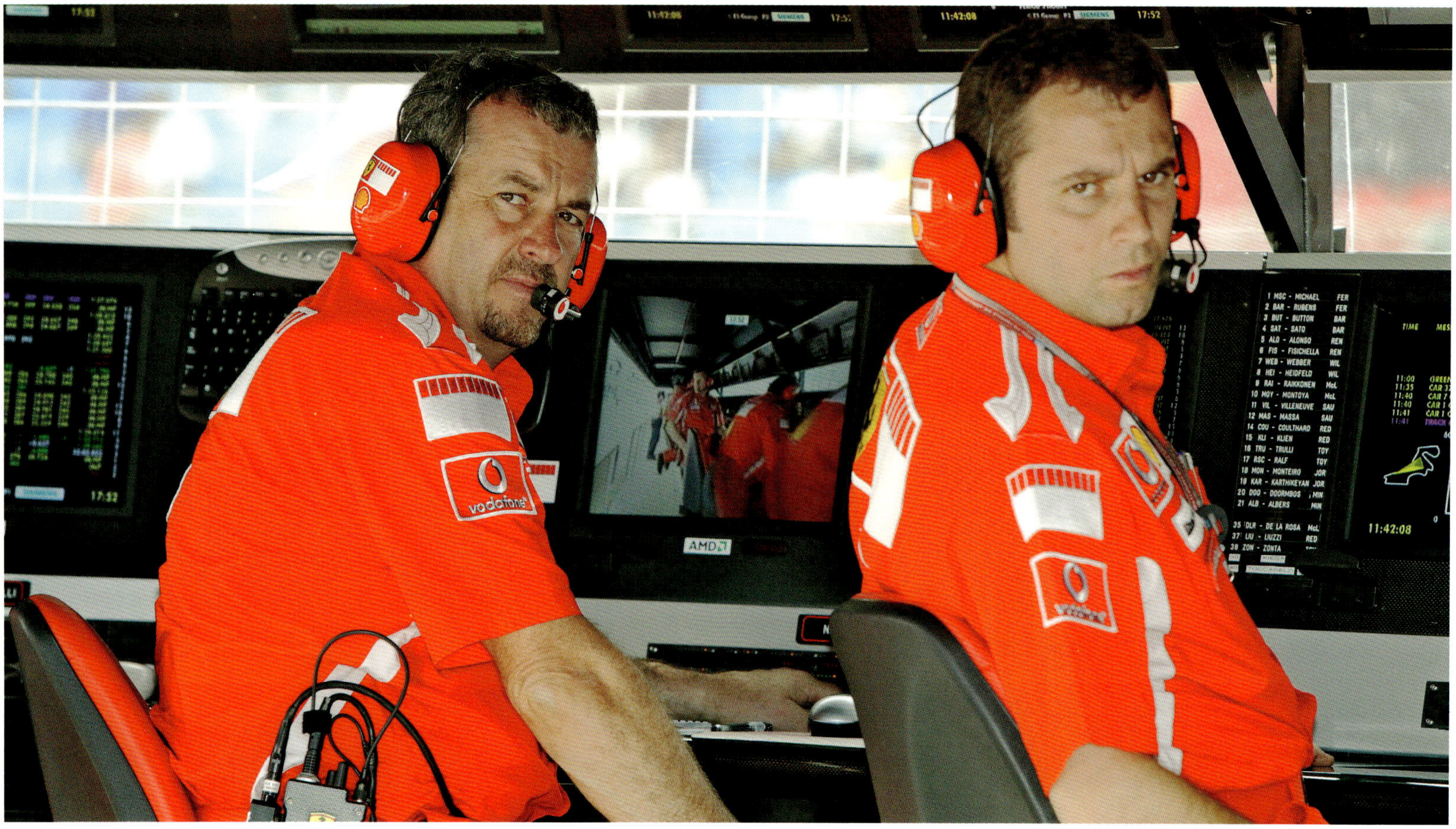
11:42:08
vodafone
AMD
11:42:08

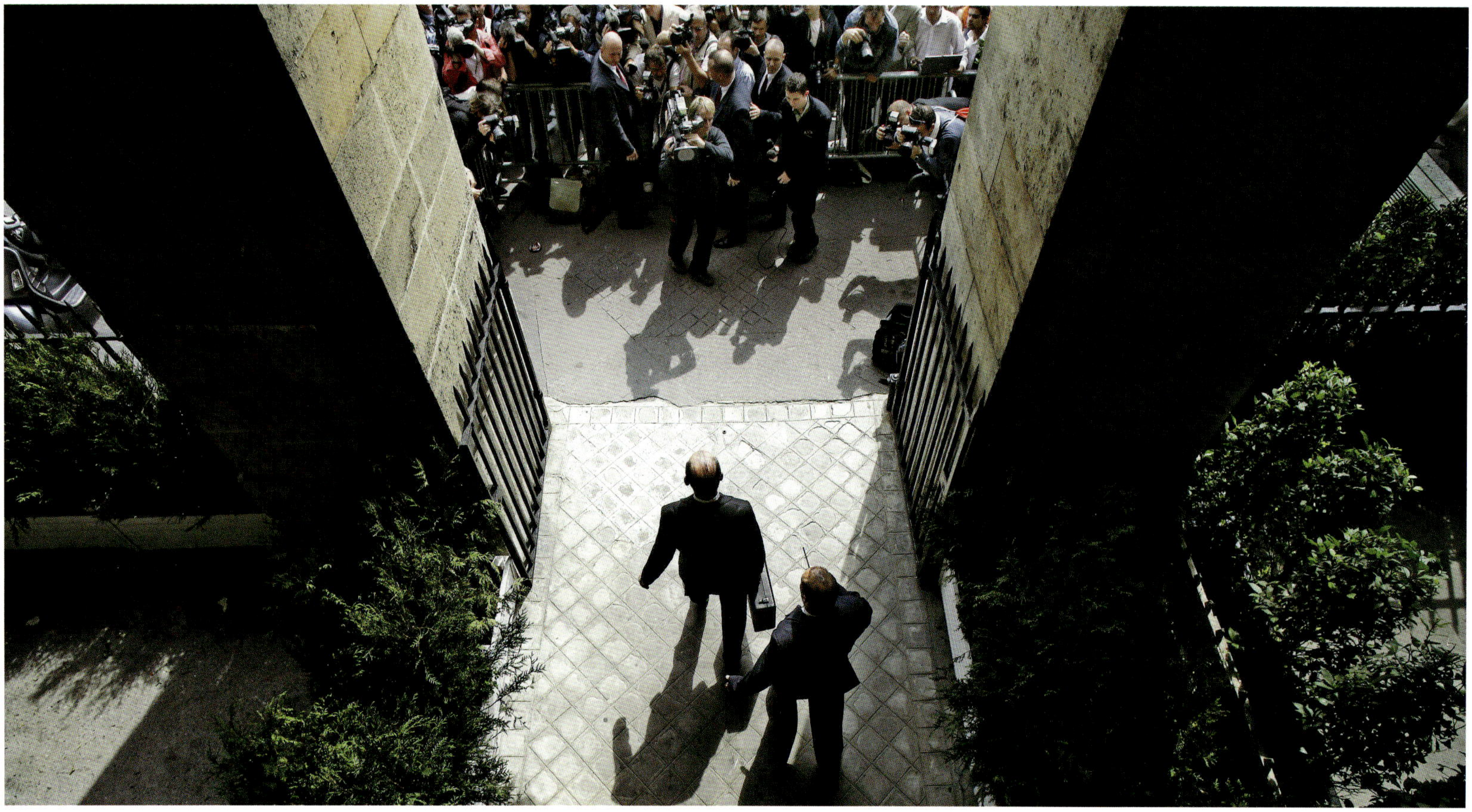

左页上图：
2005年，法拉利赛事主管尼格尔·斯特普尼与多梅尼卡利在维修区。

左页下图：
罗恩·丹尼斯离开位于巴黎的FIA总部，受到媒体围堵。

本页图：
匈牙利排位赛结束后，两位迈凯伦车手强颜欢笑。但在幕后，阿隆索即将发出最后通牒……

2007

间谍门事件

一位心怀不满的员工将法拉利车队的设计机密转让给迈凯伦。为了让迈凯伦继续比赛，罗恩·丹尼斯被迫缴纳了一亿美元的巨额罚款。

2007年的F1赛季充满了错综复杂的剧情。部分原因是激烈的冠军争夺战以三名车手分别以一分之差告终……但主要原因还是在赛道之外，围绕迈凯伦非法获取法拉利技术文件的争议。

一切问题始于2007年6月，法拉利宣布对尼格尔·斯特普尼采取法律行动——他是迈克尔·舒马赫王朝时期的车队首席机械师。两周后，法拉利证实他们解雇了斯特普尼，同时以涉嫌"盗窃技术信息"为由，对一位不具名迈凯伦工程师（即首席设计师迈克·考夫兰）采取行动。后来在考夫兰家中发现了由斯特普尼提供的多达780页法拉利技术文件，这些文件是由考夫兰的妻子在英国沃金（Woking）一家复印店复印后带回家中的。而法拉利之所以得到机密泄露的消息，竟是因为复印店员工发觉异常，电话提醒了他们。

FIA对此进行了调查，认为迈凯伦持有法拉利的机密信息，违反了运动规则。但并没有证据显示这些信息被使用过，所以迈凯伦没有接受处罚。

然而，事情还远没有结束。

赛季中，两位迈凯伦车手刘易斯·汉密尔顿和费尔南多·阿隆索之间的竞争愈演愈烈。在匈牙利站的排位赛上，西班牙车手故意在进站时堵住汉密尔顿，让他错失最后一个飞行圈——作为比赛开始时汉密尔顿没有按约定让他先出发的报复。第二天一早，阿隆索就与车队老板罗恩·丹尼斯发生了争执。当时有人认为（几年后被BBC首席记者安德鲁·本森证实）他是在以向FIA上交泄密信息被迈凯伦使用的证据来威胁车队，要求车队在比赛中不给汉密尔顿加足够的油，让他输掉比赛。

丹尼斯和他的得力助手马丁·惠特马什最初考虑取消阿隆索本场的参赛资格，但在与FIA主席麦克斯·莫斯利谈话后改变了主意——他们将勒索威胁一事告诉了莫斯利。人们起初认为是这次谈话导致了FIA对泄密事件的第二次调查，但莫斯利后来告诉本森事实并非如此。他在此前就知道这些证据存在，因为阿隆索将此事告知了他的经纪人弗拉维奥·布里亚托利，之后小道消息就传开了。

阿隆索、汉密尔顿和迈凯伦储备车手佩德罗·德拉罗萨被要求将相关电子邮件转发给FIA。作为交换，他们个人将不会受到任何影响。9月，迈凯伦车队因持有和使用法拉利数据获利而被罚款1亿美元，车队积分也被清零，不参与当年车队排名。此后，雷诺也因持有迈凯伦的数据而被认定犯有类似的违规行为，但未受到任何处罚。

法拉利车手菲利普·马萨在巴西站中保持领先，但让队友莱科宁超过并以一分之差击败迈凯伦车手获得世界冠军。尽管阿隆索与迈凯伦车队还有多年合同，但赛季结束后他仍选择离开（后又在2015年重新归队）。罗恩·丹尼斯则留任车队首席执行官。2009年，他把车队控制权交给了惠特马什，不久后便离开了。

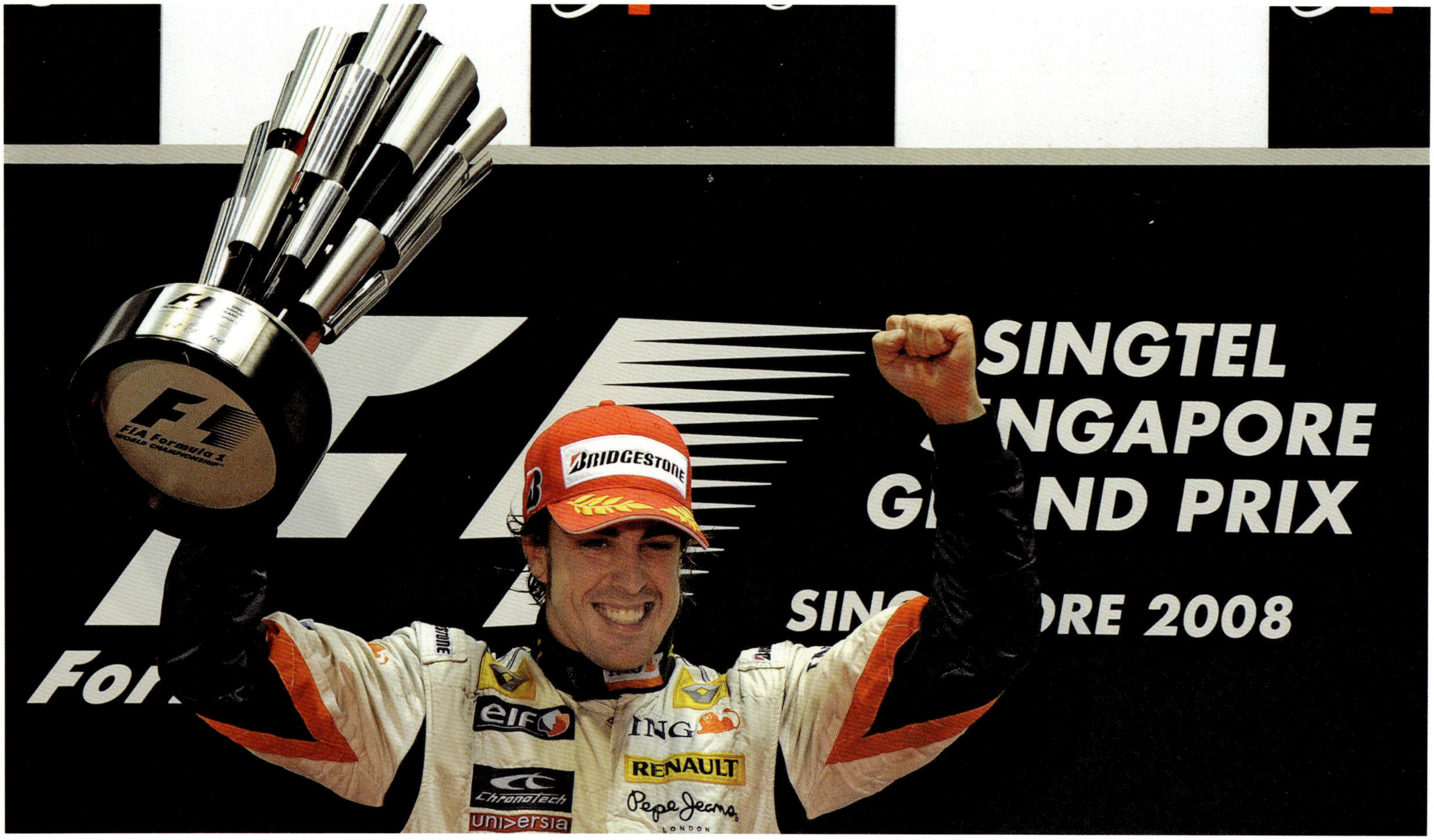
SINGTEL
PRIX
2008
BRIDGESTONE
RENAULT
ING
Pepe Jeans
universia

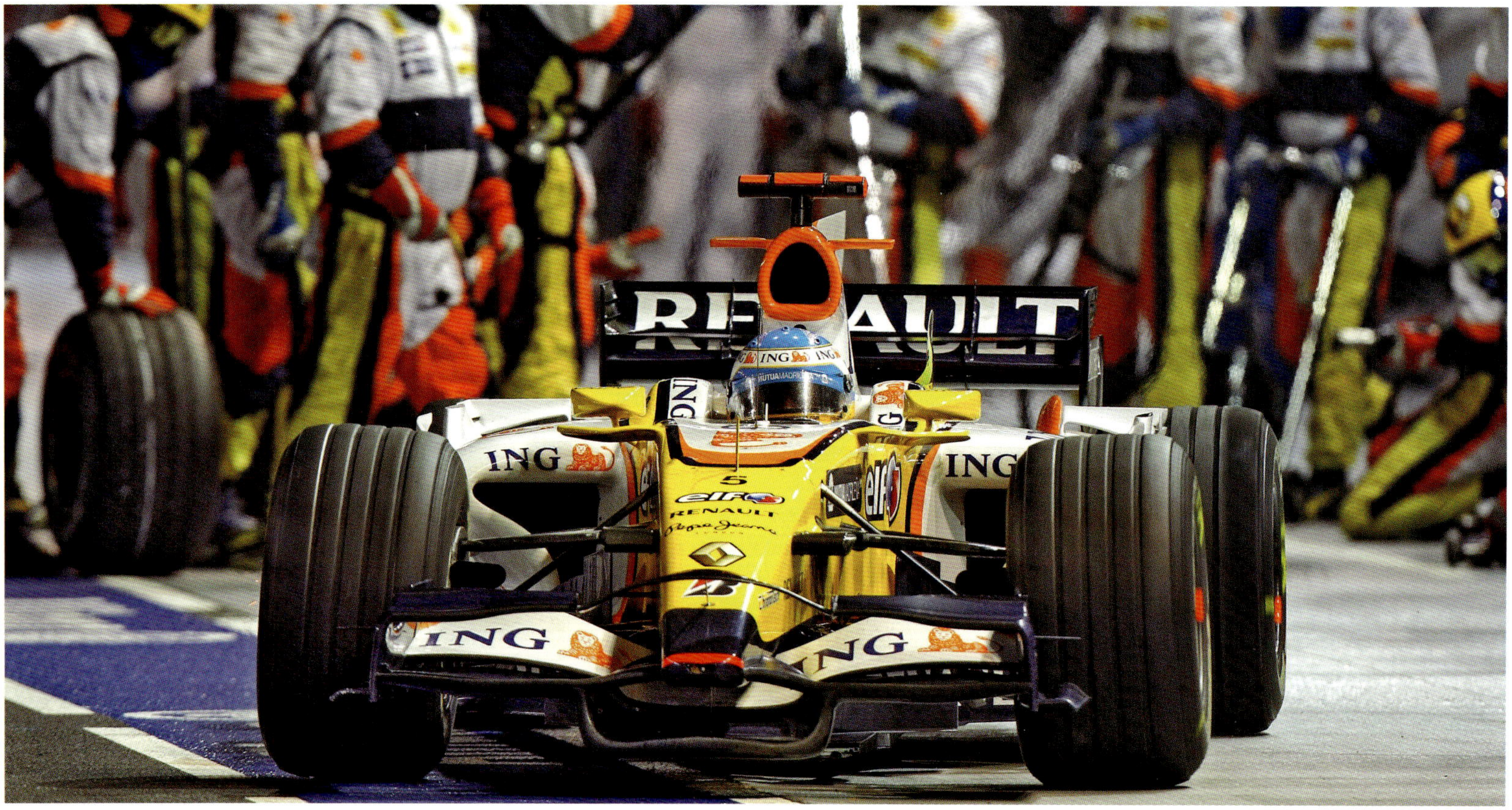
RENAULT
ING

左页上图：
从第15位起步获得冠军，对于阿隆索来说，这无疑是一场梦幻般的比赛。

左页下图：
阿隆索驶出维修区通道。滨海湾赛道这混乱的一晚充斥着意外、不安全释放和违规驶入维修区罚时。

本页图：
ING赞助的雷诺车队2008年首发仪式。阿隆索和小皮奎特站在前排，储备车手迪·格拉西和罗曼·格罗斯让在后排。2009年撞车门丑闻曝光后，ING公司撤回了赞助。

2008

撞车门事件

F1的第一场夜间比赛——新加坡站颇具戏剧性，雷诺车队取得了令人瞩目的成绩。一年之后，这场比赛将以一种更戏剧的方式在人们眼前上演。

从整个职业生涯的角度来看，费尔南多·阿隆索的2008赛季平平无奇。2007年末突然离开迈凯伦后，这位西班牙车手回到了曾两次带领他夺得世界冠军的雷诺。虽然取得了几场比赛第四名的成绩，但他拿下分站冠军的希望并不大。

情况在新加坡站迎来转机：雷诺的R28赛车似乎更适应颠簸的滨海湾赛道。这本让他看到在本周末登上领奖台的希望，但排位赛中的燃油系统故障导致的动力中断让他仅撑过Q1，排第15位发车。他在正赛发车后上升了几个位置，但早在第12圈就进站加油。过早进站的他掉到了最后一名，落后第一名（法拉利车队的马萨）将近85秒。这个策略在当时看来似乎很难理解，但随后的事情却让这次加油变得合理起来。

阿隆索的队友小皮奎特整个周末都表现平平——除了在暖胎圈打滑。当时没有人多想，但这似乎是对后续事故的一次练习。正赛第14圈，他以几乎同样的动作在17号弯撞墙，引发安全车。虽然当时的规则禁止安全车状态下进站，但仍有一两名车手为避免燃油耗尽而不得不驶入维修区，并接受罚时。到所有赛车完成一停、所有罚时执行完毕后，阿隆索已然跑到了最前面——他在第33圈结束时取得领先。

可怜的马萨遭遇进站失误后退出竞争，法拉利在加油管还未拔出的情况下就放其出站。清理现场和对不安全释放的处罚导致他损失大量时间；仅剩的竞争对手，红牛车手马克·韦伯也在最后的关键时刻遭遇变速箱故障，把冠军亲手交给阿隆索。阿隆索赛后表示："实话说，排位赛发生了那样的事，我以为自己没有机会了。但这恰恰说明F1是多么难以预测，周六运气不好不代表今天也是如此。"

这场比赛最初并没有引发太大波澜，直到将近一年后小皮奎特被解雇时道出了真相：车队要求他故意撞车以增加队友获胜的机会。FIA对此展开调查，指控雷诺车队操纵比赛。9月21日，雷诺车队被处以两年观察期，在此期间若是再犯将永久禁赛，领队弗拉维奥·布里亚托利被无限期禁止参与任何FIA批准的赛事，而首席工程师帕特·西蒙斯则被禁赛五年。上述处罚随后在法庭上被推翻，但他们均与FIA达成一致，在一定期间内不参加比赛。西蒙斯于2011年重返围场，担任马鲁西亚-维珍车队顾问。

新加坡的风波之后，阿隆索还赢得了在富士赛道举办的日本站——他在这场混乱的比赛中表现出色，稳稳地拿下冠军。小皮奎特则再也没有参加过F1，而在2015年赢得了首届电动方程式（Formula E）的世界冠军。

如果新加坡大奖赛没有被这次"意外"打断，法拉利本可以在维修区车更少的时候进行第一次进站，那么该赛季始终占据领先地位的马萨很有可能会赢下本站，之后在年底夺得世界冠军。

右页左图：
2021年，保罗·里卡德，法国大奖赛。排位赛后，麦克斯和刘易斯友善地握手。

右页右图：
蒙扎赛道，Rettifilo减速弯。尽管维斯塔潘的红牛赛车已经骑在了梅赛德斯赛车上，汉密尔顿仍试图倒出碎石缓冲区，继续比赛。

跨页图：
英国大奖赛。汉密尔顿从第二位发车，进入1号弯时已经与维斯塔潘并排。好在银石赛道的1号弯足够宽，允许车手选择不同线路的同时仍保持较小差距。

2021

汉密尔顿与维斯塔潘的对决

在梅赛德斯车队和刘易斯·汉密尔顿连续长达七个赛季的统治之后，真正有实力的竞争者麦克斯·维斯塔潘以非常强硬的姿态出现了。

他们之间的竞争可能是史无前例的。塞纳与普罗斯特的故事已经广为人知，但其实阿兰·普罗斯特的成就应该部分归功于塞纳的赛车稳定性差。在1988年二人作为队友的32场比赛中，塞纳夺得27个杆位。而普罗斯特只有4个——其余28场排位赛中，他都落后于塞纳，全年排位赛平均圈速差距高达0.67秒，难以与其匹敌。

但绝对速度只是成就世界冠军的一个方面，赛车"智慧"（savvy）则是另一方面。汉密尔顿拥有与生俱来的车手本能，很少犯错；而维斯塔潘通常被认为更具侵略性。考虑到梅赛德斯和红牛在2021赛季的技术水平非常接近，这很明显将是维斯塔潘崭露头角以来，两人第一次纯粹的驾驶技术比拼。

从巴林的揭幕战开始，两人就冲突不断。维斯塔潘在4号弯以超出赛道限制为代价超过汉密尔顿，随后被判交回位置；第二站伊莫拉的比赛中，汉密尔顿试图在Tamburello弯走外线超越维斯塔潘，但红牛赛车不出所料地占住了赛车线；巴塞罗那站发车，维斯塔潘强插杆位起步的汉密尔顿内线，迫使他要么让出位置，要么撞车。

两人的第一次争议性撞车事件发生在银石赛道。汉密尔顿在排位赛中表现更胜一筹，但他的优势在F1首场冲刺排位赛中被维斯塔潘逆转——后者取得了正赛发车的杆位。两人都知道正赛的第一圈至关重要。维斯塔潘在起步阶段持续占先。到老维修站直道，汉密尔顿在被维斯塔潘挤到护墙边的状态下进入全油门的Corpse弯。在前几次与麦克斯的接触中，刘易斯尽量保持克制，但这次他选择从内线赌一把。维斯塔潘仍正常入弯，他的右后轮与汉密尔顿的左前轮发生了碰撞，红牛赛车的右后部被顶起，瞬间失去控制。维斯塔潘飞出赛道撞向轮胎墙——这次高速撞击瞬间产生的加速度高达51倍重力加速度。

红旗过后，赛事干事判定汉密尔顿对此事故负主要责任，处他以10秒罚时，但这并不影响汉密尔顿赢得比赛，也没有影响他在同一弯道再次做出两次超车动作。

红牛领队克里斯蒂安·霍纳和梅赛德斯领队托托·沃尔夫之间立刻爆发了一场口水战。红牛认为赛会对汉密尔顿的处罚过轻而提

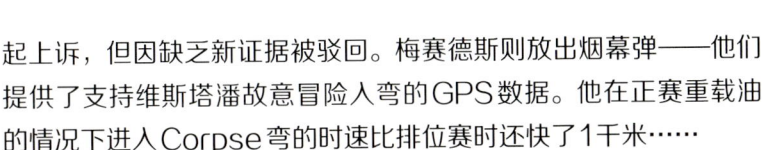

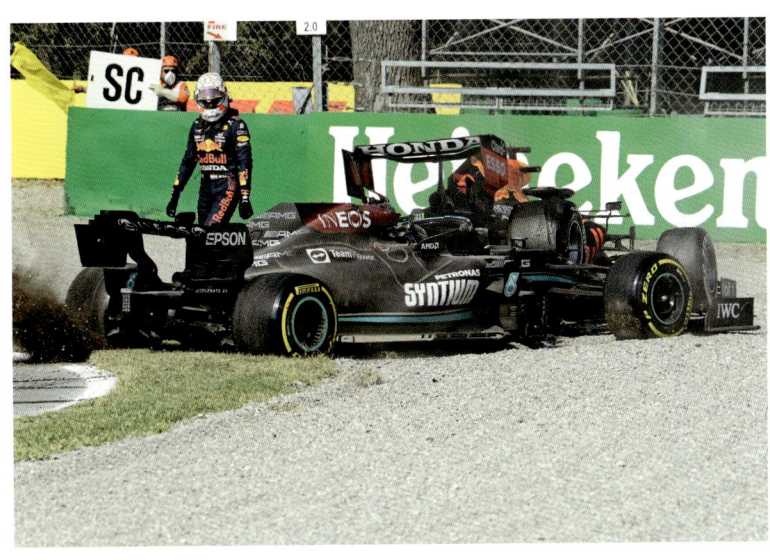

起上诉,但因缺乏新证据被驳回。梅赛德斯则放出烟幕弹——他们提供了支持维斯塔潘故意冒险入弯的GPS数据。他在正赛重载油的情况下进入Corpse弯的时速比排位赛时还快了1千米……

到了蒙扎赛道,情况则相反。红牛一次出人意料的换胎失误耽误了维斯塔潘的时间,使他落后于汉密尔顿。他们在维修区出口相遇,尽管红牛的轮胎尚未到达工作温度,维斯塔潘仍选择冒险走外线进入第一个减速组合弯,但被2号弯的香肠路肩顶飞,直接落到了汉密尔顿的赛车顶上,维斯塔潘为此在下一场比赛中受到罚退三位起步的处罚。在后来的沙特大奖赛中,他们又发生了颇具争议的撞车。

5

第五章：安全

本页图：
1961年，沉思中的斯特林·莫斯。

右页上图：
圣马力诺大奖赛。好友巴里切罗周五发生撞车，而一天后罗兰·拉岑伯格又遭遇致命车祸，这让埃尔顿·塞纳深受影响。

右页下图：
2013年，银石赛道，英国大奖赛。倍耐力轮胎缺陷在这一站突然爆发。图中刘易斯·汉密尔顿的左后胎发生爆胎。为此，车手协会对轮胎制造商施加压力，促使他们增强轮胎的耐久性。

1961

车手发声渠道
——大奖赛车手协会

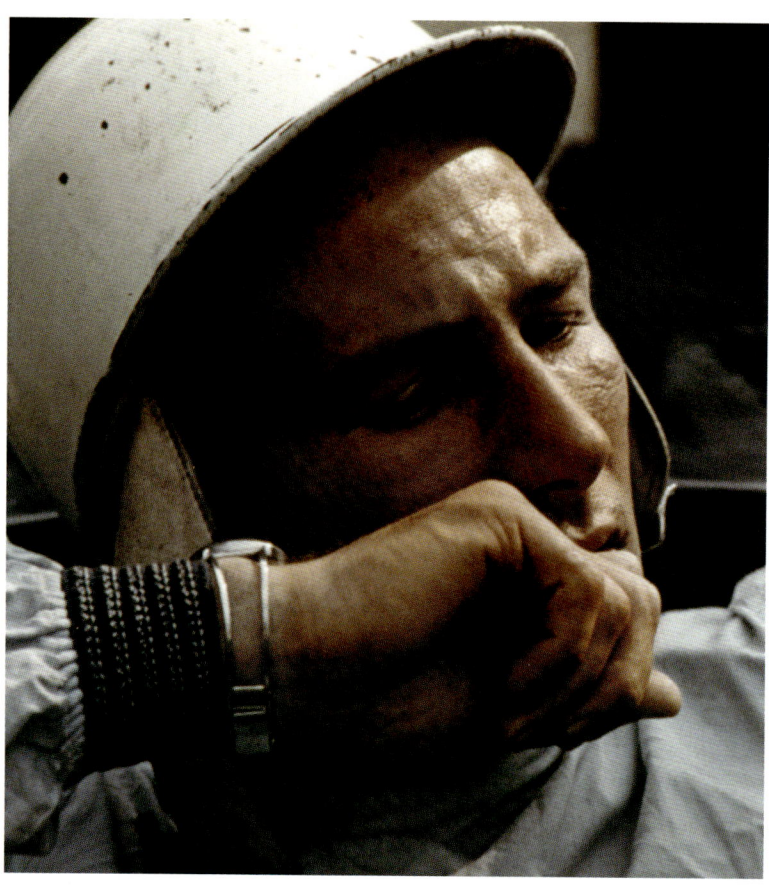

大奖赛车手协会（GPDA）成立于1961年，它代表全体车手的利益。首任主席由为人直率的斯特林·莫斯担任。

在赛车运动非常危险的早期时代，赛道和赛事组织者对安全问题不够重视。该组织的初衷就是为了对管理机构施加压力。

那时的赛道均未安装安全围栏，存在隐患。其中最危险的莫过于地处比利时阿登山区的斯帕赛道，那里的气候多变，当时的赛道布局又过长。

1966年，杰基·斯图尔特在这里遭遇了他职业生涯中唯一一次严重事故。他在全油门的Masta Kink弯道上发生打滑飞出赛道，撞毁了一座农村小屋后掉进两米深的梯田。斯图尔特被困在变形的单体壳里，皮肤被泄漏的燃油灼伤。因另一场事故而中止比赛的队友格拉汉姆·希尔和美国车手鲍勃·邦杜兰特从观众的工具箱里借来扳手，拆下方向盘，才把斯图尔特救了出来。

受伤的斯图尔特先是被抬上面包车，之后又是躺在担架上且在赛事控制台附近耽搁了很久才被送上前往列日（Liege）的救护车。更糟糕的是，救护车与带路的警车失去了联系，找不到去列日的路……

"如果我们的赛事保障只有这种水平，那问题显然很严重，"斯图尔特批评道："从赛道、赛车，到医疗团队、消防团队和应急团队都做得不够。赛道旁的草坡像是发射台，树木也没有防撞保护，这类问题太多……简直不可理喻。"

斯图尔特决心冒着风险通过车手协会做出改变。他们于1969和1970年分别要求斯帕和纽博格林赛道设置安全护栏，否则将抵制这两场比赛。在医疗方面，伯尼任命锡德·沃特金斯教授为F1医疗代表后，情况开始有所改善：练习赛必须在医疗直升机具备升空条件的前提下进行。

后来乔迪·谢克特和迪迪埃·皮罗尼接替斯图尔特担任大奖赛车手协会主席，但该组织在20世纪80年代初受FISA与FOCA斗争的波及而解散了一段时间。

1994年伊莫拉站，周五巴里切罗的严重事故和周六罗兰·拉岑伯格的致命车祸再次引发了重组大奖赛车手协会的讨论。周日上午，埃尔顿·塞纳在与宿敌阿兰·普罗斯特会面后同意担任主席——但他本人在当天下午就因撞车而不幸去世了……

两星期后的摩纳哥站，迈克尔·舒马赫、格哈德·伯格、克里斯蒂安·菲蒂帕尔迪和尼基·劳达接过塞纳的未竟之事，继续讨论筹建车手协会的事宜。1996年，该组织终于在英国重新成立，并在摩纳哥设立永久办事处。

在2005年美国大奖赛仅有六辆车参赛的米其林轮胎闹剧上，大奖赛车手协会对赛事监管者提出了批评；2013年银石站倍耐力轮胎频繁出现爆胎事故后，他们也要求当局迅速解决问题，否则将抵制后续的德国大奖赛。

虽然到了现在，这项运动的安全性已经显著提高，但车手们仍然渴望对这项运动的发展方向提出意见——即使FIA前主席麦克斯·莫斯利指责他们不愿意无偿工作。2017年，F1全体车手均已成为该组织会员。

在撰写本书时，大奖赛车手协会的四位董事分别是2010年起任职的赛巴斯蒂安·维特尔，另外还有乔治·拉塞尔、法律顾问阿纳斯塔西娅·福尔和前贝纳通车手亚历山大·沃尔茨，他同时担任协会主席。

上图：
1967年，斯帕赛道。克里斯·阿蒙的法拉利驶过防护简陋的Eau Rouge弯，弯内侧只有一条Armco护栏，外侧易燃的干草围栏后面就是石质高墙。赛道外的比利时乡村风光从20世纪30年代开始就几乎没有改变。

右下图：
1975年，蒙特惠奇公园赛道。维修区代表（左起）麦克斯·莫斯利、维托里奥·布兰比拉、科林·查普曼和罗尼·彼得森检查撞毁的护栏后返回。

左下图：
1979年，佐尔德赛道。埃利奥·德·安吉利斯的暗影-福特赛车撞向拦截护网。

右页图：
2015年，索契，俄罗斯大奖赛。最后一节练习赛期间，卡洛斯·塞恩斯的小红牛（Toro Rosso）赛车钻进了TecPro护墙底部。

1967

永久性护栏

在20世纪60年代中期，赛车一旦在赛道上失去控制，就会直接冲上草坡或撞上各种障碍物，比如电线杆、树木和干草包护栏，继而带来火灾风险。

防撞护栏是一系列新安全措施中的关键部分。它能约束失控车辆的方向，减少事故对车手、赛道工作人员和观众的危险。

1967年，洛伦佐·班迪尼在摩纳哥因撞车引发的火灾中身亡，证明尽管干草包能提供一些基本保护，但这种早期防撞措施往往会导致赛车发生侧翻或旋转，而且极易燃烧。

后来，赛道开始安装Armco护栏。这种护栏采用波纹状截面设计，主体和立柱部分都允许弯曲以分散撞击产生的能量。与任何工程系统一样，护栏的维护工作至关重要。但不幸的是，往往只有在严重的事故之后这项工作才能受到重视。最惨烈的案例之一是1974年的沃特金斯·格伦赛道事故——奥地利车手海尔穆特·科尼格的苏蒂斯赛车在弯道失控后插进了分割路面的护栏。他的头部直接被护栏切断，不幸离世。

大约46年后的另一场事故中，罗曼·格罗斯让的赛车也遭遇特殊情况，以类似的角度撞穿护栏。幸运的是，这一次，2018年强制安装在赛车上的"Halo"座舱保护装置救了这位法国-瑞士籍车手。

1975年，举办巴塞罗那站的蒙特惠奇公园赛道的护栏缺少螺栓，年久失修。大奖赛车手协会专门为此反对比赛继续进行，并在练习赛组织罢赛，但未受到重视。正赛中果然发生了悲剧。罗尔夫·斯托梅伦的赛车冲破护栏，撞死了四名观众。

20世纪70年代初，为了使赛车撞上护栏前减慢速度，赛道开始安装拦截护网（catch fencing），但这种护网经常承受不住冲击，发生折叠并将车手困住，其木质支撑杆也很容易对人产生伤害。相比之下，看似简陋的轮胎墙则能非常有效地吸收撞击产生的冲击力。根据赛道上不同地点所需要的刚度，可将轮胎固定在一起，形成两到六排不等的缓冲区。轮胎墙外部的塑料板围护及内部的塑料插入件可以维持其遭受撞击时的整体性。

为了找到更好的高速护栏解决方案，FIA与法国公司联合研发的TecPro护栏应运而生，在2006年的日本铃鹿赛道S弯路段首次投入应用。这种护栏是中空结构，与赛车接触的外表面由聚乙烯制成，核心则由柔软的泡沫材质和一块防止赛车穿透的薄钢板组成。TecPro护栏只需要用双层尼龙护板固定，即可任意弯折以贴合各类弯角的形状。

尽管2015年塞恩斯在索契的撞车暴露了TecPro护栏容易被F1低矮的车头顶起而降低防撞性能的缺陷，但它总体上实现了高适应性、低成本、可持续性和易于修理的设计目标。

美国制的SAFER（Steel and Foam Energy Reduction，其缩写"SAFER"意为"更安全"——译者注）护栏于2002年在印第安纳波利斯赛道首次应用，后来也被引入F1。

SAFER护栏能减小碰撞角度并将能量沿护栏方向分散，特别适用于有横向空间限制的高速路段，或因后车威胁而存在侧面撞击风险的情况。该护栏系统首次应用于F1是在2010年的英特拉格斯赛道14号弯外侧，最近又在加拿大的吉尔斯·维伦纽夫赛道和巴库街道赛道使用。

跨页图：
1963年，纽博格林北环赛道，德国大奖赛。约翰·苏蒂斯的法拉利156赛车领先吉姆·克拉克的路特斯25赛车并以该顺序完赛。当时的纽博格林赛道几乎没有向安全性妥协。F1赛车像拉力赛车一样，随时可能消失在森林中。

右页上图：
尼基·劳达的"Klippan"安全带在纽博格林事故的救援中成了大麻烦。

右页中图：
1968年，斯帕，比利时大奖赛。马特拉车队的杰基·斯图尔特系起了安全带。

右页左下图：
1982年，佐尔德赛道。法拉利技术主管莫罗·福吉里在维修区内与吉尔斯·维伦纽夫对话。他在这场比赛中经历了严重事故，以至于安全带的固定点从车架上扯了下来。

右页右下图：
1967年，摩纳哥大奖赛，练习赛前。格拉汉姆·希尔的路特斯49赛车上似乎找不到安全带。

1972

安全带

直到20世纪60年代末以前，F1车手们都不愿意系安全带，他们宁可冒险被抛出车外。

主要原因是在那时，对F1车手而言最致命的危险是火灾，人们普遍认为冒着被甩出车外的风险也好于被困火海之中。

在1966年的斯帕赛道事故后，杰基·斯图尔特开始认真考虑安全问题。他对被抛出车外的危险性进行了详细的研究，得出了留在车里更安全的结论。1967年，他成为第一位佩戴安全带的F1车手。

两年后，格拉汉姆·希尔在美国大奖赛中打滑冲出赛道，他下车检查悬架系统后决定把赛车推回赛道并跳入座舱继续比赛，但没有系上安全带。没过多久，他在时速225千米时遭遇爆胎，路特斯赛车立刻失去控制，弹出赛道。希尔被甩出车外，双腿严重骨折。他的事故进一步证明了安全带的必要性。

1970年，希尔的队友，唯一一位死后被加冕世界冠军的车手，约亨·林特在蒙扎赛道的Parabolica弯发生撞车。他被甩到自己的路特斯72赛车底下，颈部被肩带严重割伤，不久后离世。事故的原因与这位奥地利车手不喜欢系裆带或他的安全带扣断裂有关，但目前尚无定论。

六年后，尼基·劳达在纽博格林遭遇火灾事故。奥地利车手失去控制撞上土质护坡，他的法拉利燃起大火，与紧随其后的布雷特·伦格和哈拉尔·埃特尔相撞。盖·爱德华兹和他们一起奋力将劳达从燃烧的赛车中拉出。阿图罗·梅尔扎里奥加入营救时，劳达已经失去了意识。"尼基在安全带的束缚下拼命挣扎，试图挣脱火海，"梅尔扎里奥说："感谢上帝，他最终失去了知觉。因为只有他放松下来，我才能解开安全带扣。"

法拉利当时使用的"Klippan"安全带在火焰中难以识别，所幸梅尔扎里奥是前法拉利车手，很熟悉这款安全带，才能顺利在翻涌的热浪和重重的烟雾中将劳达救出。好在随着时间的推移，赛车的火灾风险逐渐降低。空气动力学进步使车手承受的加速度成倍增加，推动了多点式安全带的普及。

现代F1车手使用的六点式安全带与头颈支撑装置（head and neck support, HANS）相结合。这套坐姿约束系统足够强大，能有效防止车手在撞击中被甩出；同时也具备足够的韧性，以保证安全带本身不存在隐患。

安全带的有效性取决于它们的固定点，这些固定点的最低载荷要求也在一次次事故后逐渐趋于严格。1982年，吉尔斯·维伦纽夫在佐尔德赛道发生的致命事故中，他的法拉利从另一辆赛车后面腾空，车头朝下摔到地面上。不幸的维伦纽夫受到巨大的冲击力，足以将安全带的固定点从车架上扯下来，他连着自己的赛车座椅一起被甩出车外，造成颈部骨折。

此次事故后一年法拉利便推出了碳纤维单体壳。但1990年，马丁·唐纳利在赫雷兹赛道发生的事故证明即使是强大的碳纤维也无法承受所有冲击。这场事故终结了他的职业生涯。在挽救了马丁的生命后，F1医疗和安全代表锡德·沃特金斯强烈要求当局加固座椅、加宽安全带。

上图：
看到罗曼·格罗斯让颤颤巍巍地走上救护车，维修区里车手和工作人员们紧绷的神经才放松下来。

下图：
事故发生一周后，格罗斯让与救助他的医疗代表伊恩·罗伯茨博士和医疗车驾驶员阿兰·范德梅讨论这场营救。

右页上图：
1978年意大利大奖赛起步时的撞车使罗尼·彼得森不幸丧生。

右页下图：
几十年未见的大火吞没格罗斯让的哈斯赛车。这场发生于2020年巴林站的事故再次提醒世人，F1是一项极其危险的运动。

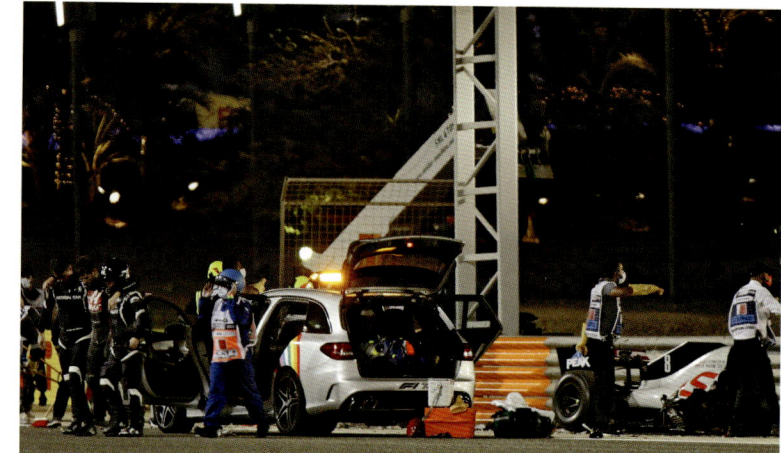

1970

防火措施

Nomax防火赛车服和袋式燃料箱提高了赛车发生火灾时的安全性。但2020年巴林大奖赛及时提醒了所有人，赛车始终是一项高风险运动。

早期的赛车设计中，车手座舱通常位于两个脆弱且易于穿透的铝制燃料箱中间，车手开的仿佛是一个移动燃烧弹。

许多20世纪60、70年代的车手死于燃料泄漏引发的火灾。1967年洛伦佐·班迪尼之死就是典型例证。他在Harbour弯道撞上干草防护带时划破了燃料箱。当工作人员把他从倾覆的法拉利赛车中解救出来时，他的伤势已经无法挽救。

在20世纪60年代末的一次赛事中，来自美国的工程系学生彼得·雷格那驾驶的奥斯汀-希立跑车也发生了类似的侧翻，泄漏的燃油点燃了整辆赛车和他的赛车服。为了找到事故发生时控制住燃料流动的办法，他创建了航空技术实验室（Aero Tec Laboratories, ATL）。该实验室如今已成为汽车运动和国防工业领域最成熟的安全燃料容器供应商，并为所有F1车队提供服务。

捷豹C型和D型勒芒赛车的铝制油箱中早已加装了橡胶袋式油箱，但其构造相对简单。早期F1的类似部件也是如此，它们的首要目的是在给定的空间内尽可能灌入更多燃料，并不追求防刺穿和防泄漏性能。

ATL的进步则主要体现在安全性能上，它的创新设计能实现在输油管道破裂后防止燃料从油箱中漏出。在发生重大撞击时，燃料管路的组件可以在特定部位断裂、分段锁闭，将燃料箱完全密封。

新规则强制要求将燃料袋放置在单体壳结构中央，显著降低了其受到重大冲击的概率。燃料袋本身的耐用性和韧性也取得了巨大的进步：现在的袋体由聚氨酯和凯夫拉纤维编织而成，即使在2015年墨尔本站阿隆索与埃斯特班·古铁雷斯的严重事故中都能保持完好无损。

高速事故造成的连环碰撞曾经几乎不可避免地引起火灾，而得益于这些技术进步，如今赛车遭受剧烈撞击或多次翻滚时也不会起火——例如罗伯特·库比卡在2007年加拿大站的那次严重事故，他能从赛车中安然无恙地逃脱出来。

但F1赛车在安全问题上永远不能自满。2020年巴林站，罗曼·格罗斯让还是发生了30年未见的重大火灾事故。

他的赛车径直插入Armco护墙，被撕成两半。得益于"Halo"座舱保护装置，格罗斯让免受砍头之灾，医疗车也迅速抵达现场开展救治。FIA的调查显示赛车底盘左侧的油箱检查孔被撞开、发动机供油管道开裂，为油箱中贮存的燃料泄漏提供了通道。

汽车运动永远无法实现绝对的安全，但训练有素的救援队和赛车服防火性能的进步保护了格罗斯让。他能从炼狱般的座舱中逃脱出来，仅手部受二级烧伤，并且现在仍在一些赛事中活动，无疑是F1致力于提升防火安全保护措施的明证。

157

上图：
1999年，欧洲大奖赛。佩德罗·迪尼兹的索伯赛车发生事故以后，锡德与医师盖瑞·哈尔滕施泰因很快赶到现场。虽然赛车防滚架发生断裂，但他只受到一些擦伤，并无大碍。

左下图：
2015年，索契站。卡洛斯·塞恩斯的小红牛发生碰撞时，医疗直升机迅速出动。医疗直升机必须在每节比赛都处在待命状态。

右下图：
1994年，伊莫拉赛道。埃尔顿·塞纳正与锡德讨论周五和周六的事故。

右页图：
伯尼·埃克莱斯顿不太喜欢接受建议，但图中这位医生成功说服了他。

1978

锡德·沃特金斯
——F1赛事安全与医疗代表

知名神经外科医生锡德·沃特金斯为F1安全的进步做出了巨大贡献,医疗车的引入归功于他。

1978年意大利大奖赛起步发生的撞车事故中,罗尼·彼得森不幸死于医疗并发症。他的离世促使伯尼·埃克莱斯顿聘请了F1首位永久医疗代表——锡德·沃特金斯。在他的倡议下,赛事增设医疗追击车和随时待命的医疗直升机。他还推进了全球赛场的医疗服务标准化。

沃特金斯到2004年才结束F1医疗代表的职务。时年76岁的他继续从事相关工作,担任FIA汽车运动安全协会主席。他始终将F1的医疗保障事务与他在伦敦白教堂医院(London Whitechapel Hospital)的全职工作紧密结合。

沃特金斯热爱赛车运动,他和他治疗过的许多车手都成了朋友。其中最亲密的就是埃尔顿·塞纳。在塞纳撞车死于伊莫拉Tamburello弯的前一天,这位伟大的巴西车手还在医疗中心倚靠着沃特金斯的肩膀哭泣,缅怀在排位赛中不幸丧生的车手罗兰·拉岑贝格。沃特金斯担心塞纳的精神状态,建议他放下心事,一起去钓鱼,这是他们两人共同喜欢的活动。但塞纳说他没有选择,必须继续比赛……

沃特金斯的及时干预保住了许多车手的性命:1989年伊莫拉赛道火灾事故中的格哈德·伯格——与格罗斯让经历的情况类似;1990年赫雷兹赛道撞车事故中的马丁·唐纳利;以及鲁本斯·巴里切罗,他在1994年伊莫拉赛道那个灾难般的周末发生了撞车。

锡德是一位性格直率,而总是面带微笑、积极乐观的医生。他喜欢威士忌和雪茄,有种看淡一切的幽默感。充满悲剧的1982赛季被他写进了自传中:他记述了两次以失败告终的救援尝试,分别是佐尔德赛道的吉尔斯·维伦纽夫和蒙特利尔赛道的意大利新秀里卡多·帕莱蒂,后者在发车时撞上了迪迪埃·皮罗尼尚未启动的法拉利赛车。

几周后,皮罗尼也在霍根海姆遭遇了终结职业生涯的事故。他的双腿受到重创,以至于需要先进行麻醉才能把他从赛车里拖出来——赛道上的倾盆大雨使这一切变得更加漫长。沃特金斯向他保证尽一切努力挽救他的双腿。

在与海德堡大学医院的首席顾问外科医生会诊后,皮罗尼的双腿保住了。沃特金斯回忆说,他在离开德国前两天去看了皮罗尼,但对方的话却让他大跌眼镜。皮罗尼高谈阔论:"有一位称职的外科医生待命固然是好,但终究还是我的运气救了我。""我精心准备的后备方案竟换来这番评价……"锡德回答。戏剧性的是,皮罗尼在五年后的一次摩托艇事故中丧生。最终,他的"运气"没能救下他,也没能让他再次重返F1赛场。

沃特金斯不会被任何人吓倒。曾与他共事安全工作的1979年世界冠军乔迪·谢克特评价道:"让我印象深刻的是,他反赛车政治之道而行,只为给车手们创造一个更安全的环境,这需要很大的勇气。"

跨页图：
2021年，大雨中的比利时大奖赛。安全车带领维斯塔潘驶向 Les Combes 弯。

本页图：
1970年，哈拉马赛道。杰基·斯图尔特驶过火灾现场。这场比赛中杰基·奥利弗与伊克斯相撞，但显然在那时，燃料起火都不足以中断比赛。

1993

安全车

如果赛道上出现临时性安全威胁，F1赛事总监会通过安全车或者虚拟安全车介入比赛。但这一做法并非传统……

安全车（pace car——此为美国称法）从1911年的首届印地500赛事开始就在美国为人所接受；而大洋彼岸的欧洲，赛车爱好者们对这种彩票性质的做法似乎并不买账——如果差距有被人为缩小的风险，为什么最初还要费力气拉开领先优势呢？

美国人则认为，只要领先车手仍排在第一位，那么暂时抹平差距也无所谓。而且这更有助于"节目效果"——在美国人眼中，赛车更像一种娱乐活动。欧洲人则认为赛车是一项绅士运动，即使出现致命事故，比赛也很少停下来。最糟糕的例子是1973年的荷兰大奖赛，可怜的罗杰·威廉姆森被困在倾覆的马奇赛车中，大卫·珀利徒劳地试图扶正赛车救他出来——这并没能中断比赛，除了他的生命，比赛的一切都在继续。

讽刺的是，同年的加拿大站见证了安全车（safety car）在F1中的首秀，可能也是有史以来最令人困惑的一次。80圈的比赛在湿地条件下起步，到32圈赛道刚刚开始变干时，乔迪·谢克特与弗朗索瓦·塞韦尔的事故引发了安全车的出动：前加拿大赛车手埃皮·维茨斯驾驶黄色的保时捷914跑车出场带领排名第一的赛车。而他错误地接在了并非领跑的豪登·甘利前面，导致包括最终冠军彼得·雷沃森在内的许多车手多跑了一圈。

又过了20年，F1才正式使用安全车——1993年的巴西大奖赛，当时的安全车是一辆菲亚特 Tempra。随着时代的变迁，赛事方变得更加负责，比赛中也开始出现红旗暂停的情况，比赛的最终结果由红旗前后的总时间差来确定。这样做虽然更公平，但领跑的

车手不一定真正意义上领先，容易让观众感到困惑。20世纪80年代初，F1开始全球转播时，这个问题尤为明显。

起初，提供安全车是各赛事主办方的责任。但随着空气动力学的发展和车身高度进一步降低，人们开始担心标准的公路车作为安全车速度太慢。1994年，塞纳在伊莫拉发生致命撞车的那天早上，他就曾对该场的安全车——欧宝 Vectra 高性能版的性能表示怀疑。

塞纳的担忧在于安全车期间速度太慢会降低胎温和胎压，导致

本页图：
2021年起，阿斯顿·马丁开始与梅赛德斯-AMG共同提供赛事安全车。搭载4.0升V8发动机的阿斯顿·马丁Vantage安全车由布兰德·梅兰德驾驶，医疗车是一辆542马力的阿斯顿·马丁DBX。

车身高度过低，大大增加重启第一圈的安全隐患。而事实上，这完全有可能是造成他在Tamburello弯失控的因素之一。该赛季初的威廉姆斯FW16很容易出现扩散器空气动力学失速，导致海豚跳。

F1使用过各种各样的车型作为安全车，直到1997年与梅赛德斯签订供车合同，F1安全车才成为梅赛德斯专属的高性能运动赛车展示平台。安全车驾驶员布兰德·梅兰德在其F1职业生涯中带领赛车跑了700多圈。现在，他有时也驾驶阿斯顿·马丁Vantage在部分比赛中亮相。

2015年，赛事引入了"虚拟安全车"（virtual safety car, VSC）机制，通常用于出现双黄旗但不至于出动实体安全车的情况。在虚拟安全车期间，车手需要以慢30%的圈速驾驶，实际圈速与该圈速的时间"差值"（delta）会显示在方向盘屏幕上。车手会在虚拟安全车结束前一段时间收到通知，他们需要保证恢复绿旗的时刻，赛车处在正差值（即所有车手都在"虚拟安全车"的后面——译者注）。该机制可以在不减少赛车时距的情况下降低赛道速度，使得车手们努力拉开的差距能得到保留。

跨页图：
2018年，比利时大奖赛。起步阶段，尼科·霍肯伯格进入La Source弯时误判刹车点，引发了一场重大事故。他的雷诺赛车顶飞的一辆迈凯伦赛车落在勒克莱尔的索伯赛车上。

右页左图：
2016年，摩纳哥雨战。乔利恩·帕尔默的事故中，车轮系绳发挥了作用，保证轮胎没有飞出伤人。

右页右图：
2012年德·薇罗塔测试玛鲁西亚赛车时，撞上了一辆卡车的尾门，造成头部受伤和右眼失明。如果当时有"Halo"，她就能免遭痛苦。

2018

"Halo"座舱保护装置

尽管车手们最初对视野的减少怨声载道，但事实证明这款最新的F1安全装置是一项毫无争议的成功，它已成为不少车手的"护体光环"（"Halo"的含义是"光环"——译者注）。

"Halo"座舱保护装置是一种用于保护车手头部的防撞结构。它的诞生由来已久，早在1980年，人们就曾对此进行过讨论。当年23岁的奥地利F2车手马库斯·霍廷格在霍根海姆赛道的比赛中被英国车手德里克·沃里克托勒曼赛车甩出的车轮击中，不幸身亡；三个月后，另一名F2车手汉斯-格奥尔格·布尔格的头部在赞德沃特遭护栏击中身亡。这两起事件引起了人们对引入座舱头部保护装置的思考，但考虑到开放式座舱是F1的基因和最明显特征之一，这些想法很快就石沉大海。

考虑到比赛的危险性，后来没有发生更多霍廷格式的事故简直是个奇迹。1998年F1增加车轮系带后，轮胎飞出伤人的风险略有降低，2009年，关于头部保护装置的讨论又一次进入了人们的视线。那一年，约翰·苏蒂斯之子亨利在布兰兹哈奇的F2比赛中被砸身亡；一周后，菲利普·马萨在亨格罗宁赛道被巴里切罗的赛车掉落的弹簧击伤头部。

FIA从此开始认真检讨头部保护问题。朱尔斯·比安奇在铃鹿赛道与救援车辆相撞离世后的2015年，大奖赛车手协会也开始坚定地支持这项工作。

在梅赛德斯的帮助下，FIA推出了"Halo"座舱保护装置。"Halo"的原型是一根由碳纤维包裹的钢质构架，与赛车有三处连接点。经过赛道测试后，"Halo"略微加宽了弧度以保证车手视野，材质也变更为钛金属。

各方对该装置的评价褒贬不一。最初，反对"Halo"的理由有很多，包括限制视野、增加翻车时的救援难度、与开放式赛车的基因背道而驰，以及最纯粹的原因——不好看。

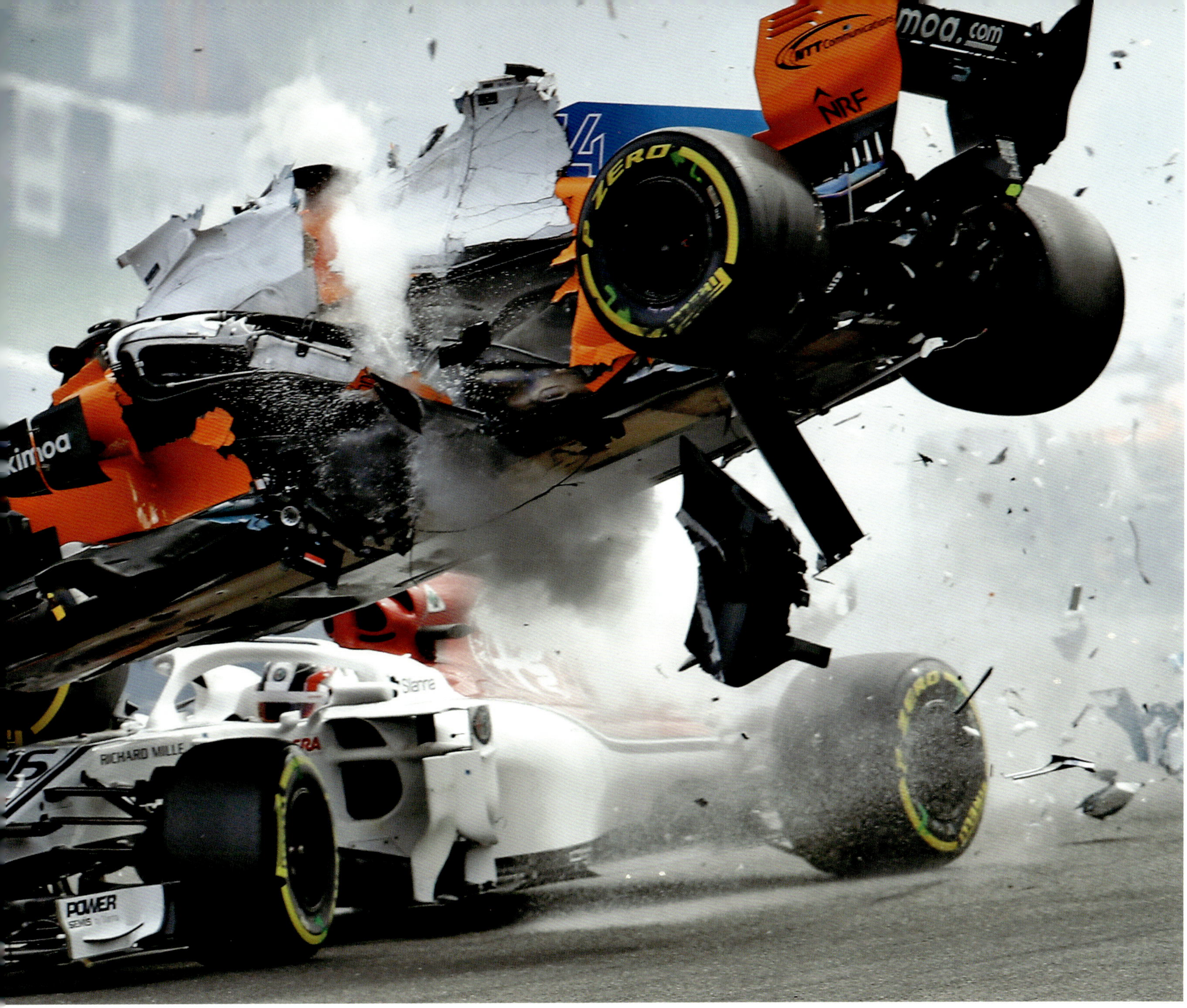
moa.com
NRF
P ZERO
kimoa
RICHARD MILLE
POWER

Computacenter
RENAULT
JOHNNIE WALKER

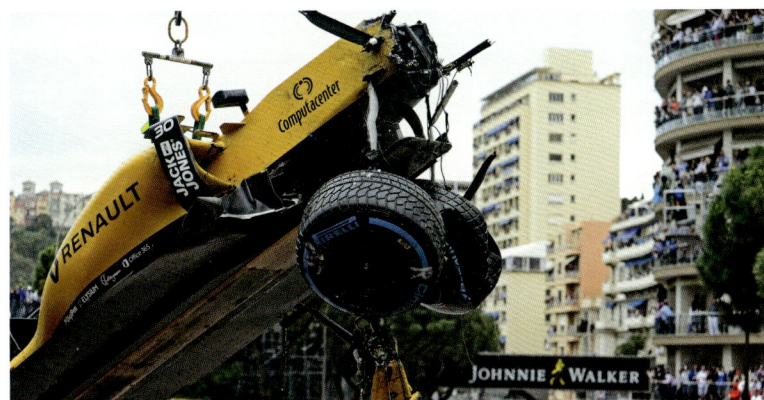

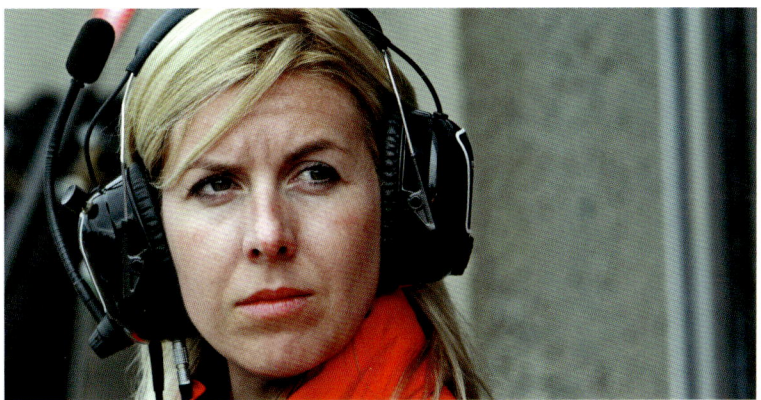

汉密尔顿将其称为"F1历史上最丑的改进",尽管事故生还率提升17%的技术数据能说服他接受变化;维斯塔潘认为这践踏了F1的精神,他说现在开赛车"比在城市里骑自行车还安全";勒克莱尔和霍肯博格也非常不喜欢该装置;而格罗斯让则"厌恶"这项改变。

颇为讽刺的是,许多曾经质疑"Halo"的车手后来都被它救过一命。2018年,即引入"Halo"首年的比利时站起步时,阿隆索的迈凯伦赛车被身后霍肯博格的赛车顶飞,前轮重重地撞在勒克莱尔索伯赛车的"Halo"上……

更不必说2020年格罗斯让在巴林的撞车,即使不考虑当时的火情,假如他的哈斯赛车在没有"Halo"保护的情况下刺穿护栏,后果也不堪设想——1974年,沃特金斯·格伦赛道也发生过赛车穿透护栏的类似事故,奥地利新秀海尔穆特·科尼格惨遭斩首。

"几年之前我并不支持'Halo',"格罗斯让在接受采访时承

认:"但我现在认为这是F1所做出的最伟大的改进。如果没有它,我现在就不会在这里与你对话了。"

"Halo"在低速事故中亦能发挥作用。2021年蒙扎赛道上,汉密尔顿与维斯塔潘的相逢就是生动的一课。维斯塔潘的红牛赛车被2号弯的香肠路肩顶飞,右后轮压在了汉密尔顿的头盔上。得益于"Halo"的保护,这位梅赛德斯车手才得以脱险,仅受颈部和背部肌肉拉伤。

左页上图:
车手朱尔斯·比安奇在2014年在银石赛道接受媒体采访。这是他在玛鲁西亚车队的第二个赛季。

左页下图:
2014年,铃鹿,日本大奖赛。比安奇在博塔斯前面起跑。比安奇在双黄旗的情况下撞上了一辆正在移走苏蒂尔印度力量赛车的拖车。

跨页图:
"Halo"的保护作用在这次事故中体现得淋漓尽致。麦克斯·维斯塔潘后轮的一部分压在装置边缘上,减轻了汉密尔顿的头部负载。最终这位卫冕世界冠军车手只受到颈部拉伤,并无大碍。

6

第六章：人物

1948

恩佐·法拉利

没有任何一支F1车队能拥有法拉利那般悠久的历史和辉煌的成绩。这一切都要追溯到20世纪20年代,一位富有进取心的车手组建了自己的车队。

自19世纪90年代以来,汽车运动培养了许多传奇人物,但没有一人的影响力和声誉能与恩佐·法拉利相提并论。无论在世界何处观看大奖赛,无论当地车迷有多偏袒主场车手,你都能看到成群结队的法拉利车迷——"铁佛寺[1]"(Tifosi)。尽管车队有起有落,但它是唯一一支1950年以来每个赛季都参加过F1世界锦标赛的车队,车队的起源也远早于此。

恩佐·法拉利1898年2月出生于摩德纳(Modena)。他的赛车生涯开始于20世纪10年代末期,代表CMN车队参赛;1920年,恩佐转投阿尔法·罗密欧厂队,并于1924年赢得了第一届Coppa Acerbo[2]比赛,后来这赛道于1957年承办了F1大奖赛并保持着F1赛事中距离最长的赛道纪录。1923年和1924年,他也在拉文纳的Circuito de Savio赛道连续夺冠。

20世纪20年代末期,恩佐逐渐减少赛车活动,开始关注车队管理。1929年,他创立了法拉利车队,最初负责运营阿尔法·罗密欧的赛车并取得了成功。30年代,随着强大的德国车队梅赛德斯-奔驰和汽车联盟的加入,阿尔法赛车逐渐落后。他们决定将所有赛车活动的管理权收归内部,最初仍雇佣法拉利来管理这个部门。他于1939年离开阿尔法,开始独立经营赛车零部件供应业务Auto-Avio Costruzioni。他试图以该公司名义为1940年的Mille Miglia赛事制造两辆赛车,但都没有完成。

1947年起,恩佐开始制造"法拉利"牌赛车。第一款是125S,这款跑车在1947年5月11日亮相皮亚琴察赛道(Circuito di Piacenza),由弗兰科·科尔特斯驾驶,未能完赛。但仅仅两周后,在罗马卡拉卡拉赛道上,他就为法拉利赢得了史上第一场胜利。

法拉利的第一辆F1赛车,125 F1,与前者使用相同的发动机,在1948年首次亮相。这款赛车在当年和之后的1949年都赢得了几场比赛。到1950年,阿尔贝托·阿斯卡里驾驶这款赛车获得了摩纳哥大奖赛的第二名——这也是法拉利参加的第一个F1世界锦标赛分站。赛季后期,法拉利推出了新的375底盘——这款赛车为法拉利带来了突破性的进步。1951年,何塞·弗罗兰·冈萨雷斯在英国银石站取得分站冠军。法拉利在这一年赢得3场大奖赛,略逊于阿尔法·罗密欧的4场,但后者在赛季末离开了F1。于是法拉利横扫全场,阿斯卡里凭借500 F2赛车连续赢得两届世界冠军。

译者注
1 铁佛寺:意大利语的Tifosi,中文音译为铁佛寺。原指疯狂的足球迷,后因法拉利在意大利掀起的热潮而特指法拉利车迷。
2 Coppa Acerbo:在意大利举行的汽车比赛。Coppa Acerbo比赛在一条长24~26千米的赛道上进行,起点和终点都在亚得里亚海沿岸的佩斯卡拉。Coppa Acerbo赛道布局保持了举办F1世界锦标赛活动的最长赛道纪录,纽博格林北环赛道以约23千米的长度排名第二。

法拉利在赢得世界冠军后也会经历低谷期，但它总是能很快恢复正常水平。该品牌悠久的参赛历史也确保了它的分站冠军和世界冠军数比任何其他车队都多。

恩佐·法拉利是一位很少离开祖国的神秘人物。1956年，恩佐24岁的儿子阿尔弗雷多·"迪诺"·法拉利因肌肉萎缩症去世。这令他深受打击，因为他当时还在培养阿尔弗雷多成为家族企业的接班人。恩佐后来也一直以"阿尔弗雷多"称呼法拉利公司的领导，直到他于1988年去世，享年90岁。不到一个月后，格哈德·伯杰和米歇尔·阿尔博雷托的法拉利赛车在意大利大奖赛中打破迈凯伦统治，分获冠亚军。蒙扎也是迈凯伦车队在该赛季中唯一一条未能取胜的赛道。

左页图：
20世纪20年代，恩佐·法拉利曾是阿尔法·罗密欧车队的赛车手。但1932年其子阿尔弗雷多出生后，他便放弃了赛车手的职业。

上图：
1998年，意大利大奖赛。米歇尔·阿尔博雷托（Michele Alboreto）在Parabolica弯道。这场比赛中，队友格哈德·伯格与他意外收获冠亚军。2021年，该弯道更名为Alboreto弯。

下图：
1961年，法拉利尽锐出战测试新款156赛车。里奇·金瑟坐在车里，"指挥官"恩佐和领队菲尔·希尔（也是未来的世界冠军）倚在老板的250GT上。

上图：
方吉奥与阿尔贝托·阿斯卡里（左）、朱塞佩·法里纳（右）的合影。这三位是F1世界锦标赛早期最出色的车手。

下图：
1956年，德国大奖赛起步。方吉奥和左侧的队友彼得·柯林斯同排起步。柯林斯后面的是法拉利车手欧金尼奥·卡斯泰洛蒂。

右页图：
1956年4月，锡拉丘兹大奖赛。方吉奥驾驶法拉利-蓝旗亚D50赛车取得胜利。

1951

胡安·曼努埃尔·方吉奥

方吉奥一直被誉为历史上最伟大的赛车手之一，他的战绩令人印象深刻。这位阿根廷车手生涯共参赛51场，获胜24场，曾为四支不同的车队获得世界冠军。

F1世界锦标赛开始的那一年，方吉奥已经39岁了。我们已无法得知如果这位五届世界冠军的人生经历稍有不同，他能取得多伟大的成就。他出生于意大利的一个贫穷家庭，11岁就开始做汽车修理工作补贴家用。方吉奥的赛车生涯始于20世纪30年代，专精于赛程较长、耗费体力、危险性高的耐力赛。这些比赛通常在南美的公共道路上举行，赛道既包括悬崖峭壁间的寒冷山路，又有烈日炙烤下的沙漠公路，伤亡率很高。方吉奥在其中脱颖而出，成为耐力赛的领军人物之一。

1948年，方吉奥的职业生涯迈上了全新的台阶。当时，一些著名欧洲车手前来参加阿根廷的系列比赛。方吉奥在赛场上表现出色，于是国家汽车俱乐部为他安排了一次欧洲之旅。他驾驶一辆西姆卡-戈尔迪尼（Simca-Gordini）参加了法国大奖赛。一年后，他再次回到欧洲，驾驶玛莎拉蒂4CLT赛车在圣雷莫、佩皮尼昂、波城、马赛、阿尔比和蒙扎等大奖赛上屡获佳绩。

这两年的傲人成绩使他在1950年受邀加入阿尔法·罗密欧。他与队友尼诺·法里纳并驾齐驱，各赢得了三场分站冠军。但方吉奥没有在其他比赛中得分，总成绩不及队友，最终屈居亚军。1951年，方吉奥如愿获得世界冠军，但在一年后的蒙扎非大奖赛中摔断了颈部，缺席大部分比赛。1953年，他的玛莎拉蒂赛车性能不敌法拉利500，但随后的几年，方吉奥在三支不同的厂队中连续夺得四届世界冠军：梅赛德斯-奔驰（1954、1955年）、法拉利（1956年）和玛莎拉蒂（1957年）。

左页上图：
1957年，纽博格林，德国大奖赛。赛前，方吉奥与玛莎拉蒂车队技师交谈。

左页下图：
1955年，摩纳哥大奖赛起步。方吉奥的梅赛德斯W196（左）从杆位起步，阿斯卡里的蓝旗亚D50（中）和斯特林·莫斯的第二辆W196争抢头排。

上图：
1957年，鲁昂，法国大奖赛。方吉奥上场进行练习前补充水分。2021年，博塔斯赢得墨西哥大奖赛后，主办方送给他一只方吉奥头盔的复制品。

下图：
1957年，摩纳哥站，方吉奥驾驶玛莎拉蒂250F飞速通过Tabac弯（即"烟草店"弯——译者注）。在当年的摩纳哥海岸线上，可能真的还有烟草店存在。

方吉奥自认为表现最出色的比赛是1957年的纽博格林站——他24场夺得分站冠军比赛中的最后一场。玛莎拉蒂250F的轮胎磨损非常严重，所以他明白最好的选择是中途进站换胎。玛莎拉蒂的团队经过练习，能将换胎用时缩短到30秒以内，这在当时已经很有竞争力了。然而在比赛中，他们却出了差错，导致方吉奥损失了远超预期的时间。出站后比赛还剩10圈，但他已经落后领先的法拉利车手迈克尔·霍索恩与彼得·柯林斯51秒。正如他1989年对《汽车运动》杂志所说："我从来不是一个引人注目的车手，但那次我做了前所未有的事情，尽全力用最高转速冲刺。那是我人生中第一次冒险。"

在该赛季末，仍处于巅峰状态的方吉奥宣布退役。那年，他刚以46岁的"高龄"第五次夺得世界冠军。

1952

科林·查普曼

作为这项运动最伟大的先驱之一,科林·查普曼的工程背景帮他创建了举世闻名的F1车队和跑车品牌。

有的工程师仅靠某一次灵光乍现而举世闻名,路特斯创始人科林·查普曼则有许多工程创举。最为人所知的,可能就是他对地面效应的追求——让赛车像倒置的机翼一样,紧紧地压在赛道上。这项工程创举所引发的设计理念从20世纪70年代末开始一直延续至今。

查普曼在1948年亲手制造了自己的第一辆车——改装的奥斯汀7型(即路特斯Mk1)并完成了实车测试。得益于未来妻子海泽尔提供的25英镑贷款,他在1952年将路特斯工程公司注册为企业。该公司很快就有了足够的客户,他得以辞去在英国铝业公司的全职工作,专注于汽车设计和研发。

20世纪50年代,路特斯生产的一系列运动赛车取得了成功。查普曼的第一款单座赛车——F2规格的路特斯12赛车于1957年面世。该车配备了创新的后悬架系统,人称"查普曼支柱"(Chapman Strut)。1958年,路特斯在摩纳哥首次参加F1世界锦标赛时也使用了该款赛车,由格拉汉姆·希尔和克里夫·埃里森驾驶。

虽然此时F1的中置发动机革命已经如火如荼,但查普曼直到1960年才跟进。这一年,斯特林·莫斯代表罗伯·沃克的私人车队参赛,在摩纳哥用路特斯18赛车带来了该品牌的首场分站冠军。

查普曼热衷于赛车减重,但有时过度减重也会导致故障。埃里森在1958赛季结束后离开车队,后来他坦言道:"他当时制造的很多车都太脆弱了,我转投法拉利是因为觉得迟早会有重要的东西从路特斯赛车上掉下来……"

查普曼的长期副手彼得·沃尔也表示:"以前他的赛车每次比赛后都要彻底重造一遍,而这正是他的想法。他说,比赛只需要跑400千米,如果我们的车跑到420千米左右坏了,那我们就做对了。然而事实是它们往往没跑到400千米就坏了。"

尽管如此,他们还是进步飞快。路特斯25于1962年问世,采用F1首款全承载式单体壳底盘。当年,驾驶该车的吉姆·克拉克因漏油问题与世界冠军失之交臂,但次年,就以10战7胜的成绩锁定世界冠军。四年后,查普曼的路特斯49是第一辆由考斯沃斯DFV

发动机驱动的F1赛车,它开创性地将发动机也作为车架承重结构的一部分以减轻车重。查普曼还用该车测试过高扰流板,但由于容易酿成事故,高扰流板很快被禁止了。

后续推出的路特斯72采用了颇具创新的楔形外形设计。这款车在1970年和1972年夺得世界冠军,1974年仍屡获佳绩。但其后继车型路特斯76(配备双层尾翼)则是一款失败之作。

查普曼的下一个重大突破是地面效应赛车路特斯78。该车采

用"倒置机翼"设计理念来创造下压力。1977年,马里奥·安德雷蒂驾驶这款赛车赢得了四个分站冠军,比当年世界冠军得主尼基·劳达还多一次。次年他驾驶改良的路特斯79赛车夺下世界冠军。

查普曼对空气动力学的运用奠定了未来F1的发展趋势。可惜的是,他没能亲眼见证空气动力学设计带来的巨大提升。1982年12月,年仅54岁的查普曼突发心脏病去世……

左页上图:
1965年,克莱蒙费朗,法国大奖赛。赛前,路特斯车队后勤车辆与路特斯25赛车的合影——这款赛车后来成了Corgi模型的经典产品。科林·查普曼和吉姆·克拉克在车前交谈。

左页下图:
1970年,布兰兹哈奇,英国大奖赛。查普曼和约亨·林特的合影。

本页图:
1978年,蒙扎。查普曼站在马里奥·安德雷蒂身边,审视着战无不胜的路特斯79赛车。安德雷蒂在这场比赛夺得杆位,但因正赛起步时抢跑被赛事干事处以1分钟的罚时。

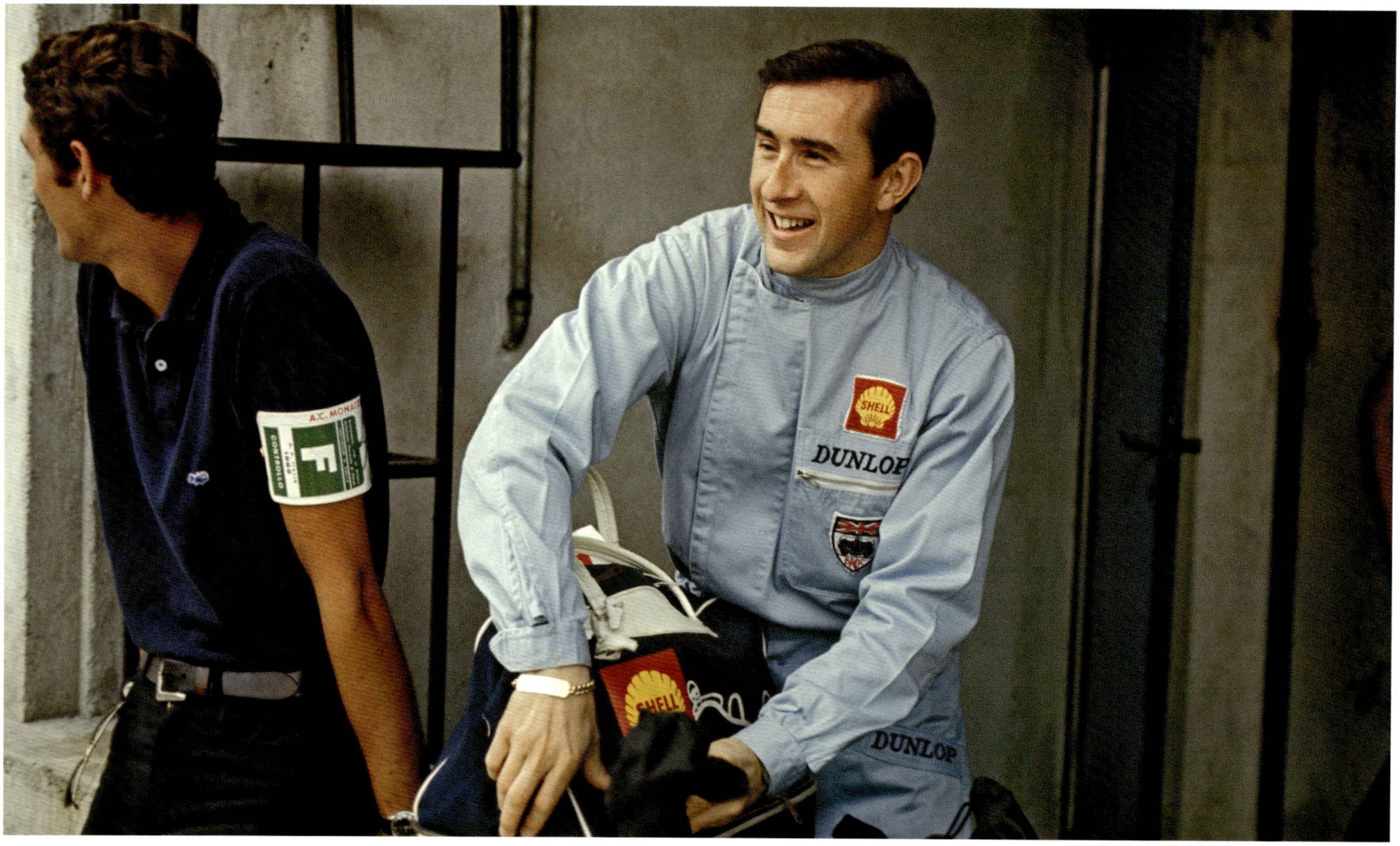
SHELL
DUNLOP
SHELL
DUNLOP

GOODYEAR
Ford
J. STEWART
FORD
GOODYEAR
elf
Tyrrell
11
Autolite

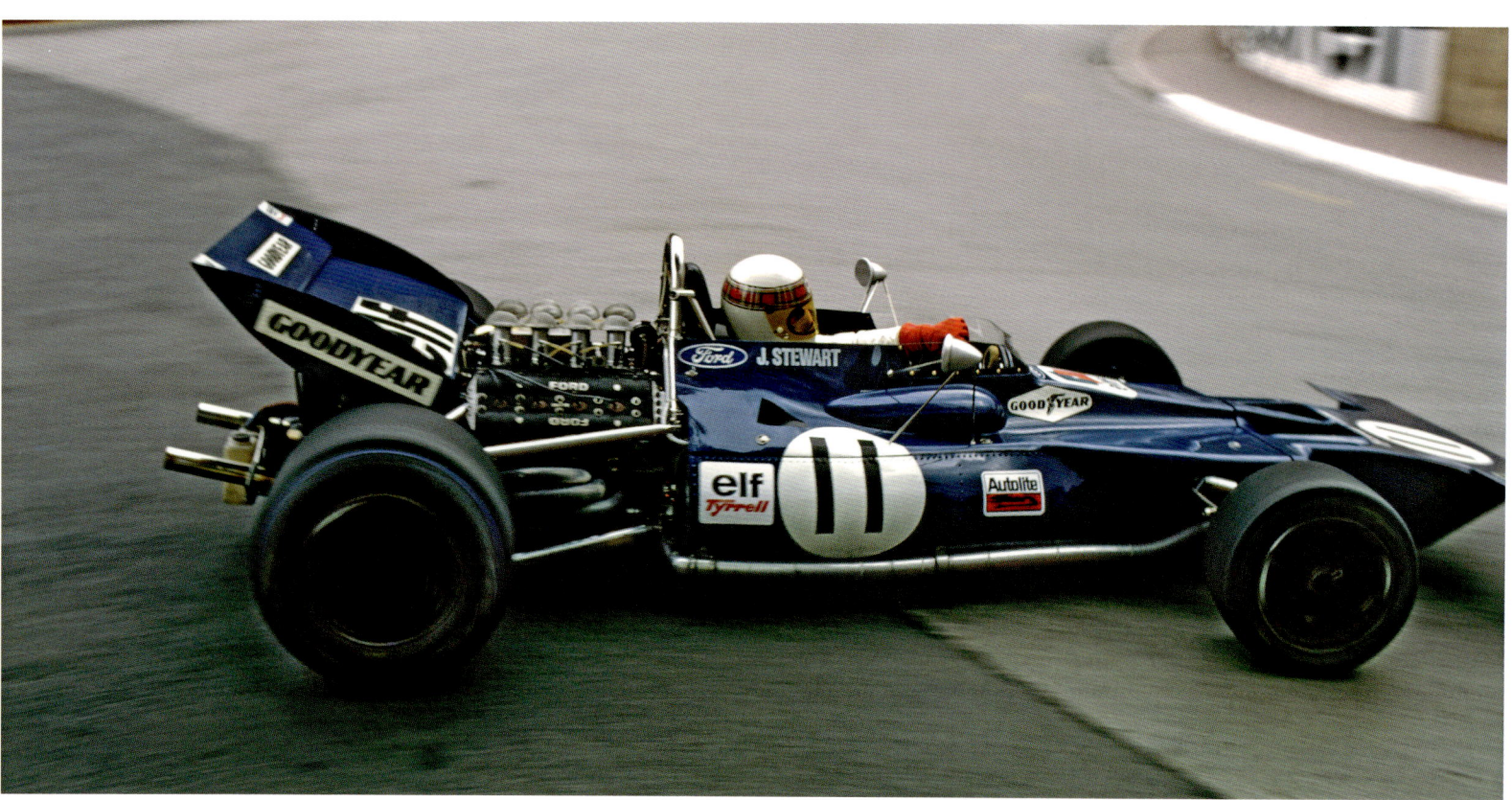

1966

杰基·斯图尔特

在比利时赛场上与死神擦肩而过的斯图尔特深刻意识到赛车手所面临的风险，从此决心致力于提高赛车运动的安全性。

1966年斯帕站的正赛只有十五辆赛车参加，其中八辆没能跑完第一圈——两辆发动机爆缸，其余六辆发生事故。车手们起步的发车区地面是干燥的，而赛道的另一侧正下着倾盆大雨……

杰基·斯图尔特也在这条14千米长赛道的降雨路段发生打滑，造成肋骨和肩部受伤。更令人担忧的是，他最初被困在变形的赛车底盘中，油箱破裂，周围又没有工作人员。这位苏格兰车手的队友格拉汉姆·希尔和BRM私人车手鲍勃·邦杜兰特都在附近发生撞车事故，才注意到他的情况并过来营救。救援过程花了漫长的25分钟，期间二人不得不向观众借用工具以拆除方向盘。

这次事故之后，斯图尔特比赛时总是会在座舱内绑上一两个扳手，以防万一。也正是从此之后，斯图尔特开始为提升F1的安全性而奋斗。这项工作——用他自己的话说——让他"非常不受欢迎"。

但在斯图尔特看来，改变绝对是必要的。他和妻子海伦曾计算过自己从事赛车运动以来失去的朋友数目：57人——之后他们不忍心再数下去了。后来，他成为将纽博格林北环赛道和斯帕公路赛道（1970年）永久移出F1赛历的主要推动者之一。

他还为车手们争取到更多的赛道缓冲区、更好的防护设施和更先进的医疗设备，部分赛道上还增加了工作人员以及时发现险情。斯图尔特在斯帕赛道发生事故时的医疗救援服务非常糟糕：救护车迟迟未能赶到现场并且设施条件不佳，还在前往医院的途中走错路，耽误治疗。

尽管他曾付出艰苦的努力，斯图尔特的职业生涯还是以悲痛情绪收尾。那是1973年美国大奖赛，本将是苏格兰人的第100场，也是退役前最后一场大奖赛。他的好友，兼队友弗朗索瓦·塞韦尔在练习赛中发生事故丧生……泰瑞尔车队退出正赛以表尊重。虽然当时的安全保护措施还远远不够完善，但斯图尔特为推动这项运动进步所做出的巨大贡献值得被世人铭记。

他最激烈的对手之一是《汽车运动》杂志的知名记者丹尼

左页上图：
1965年，蒙扎，意大利大奖赛。斯图尔特正在准备比赛。这场比赛是他代表BRM车队出战F1的首个赛季的第一场胜利。

左页下图：
1971年，摩纳哥。斯图尔特驾驶泰瑞尔-福特赛车通过Sainte-Dévote教堂门前的1号弯。

本页图：
1967年，斯帕。斯图尔特正在等待颁奖仪式开始。他落后丹·格尼，以第二名完赛。

左页图：
1973年，莫斯波特（Mosport），加拿大大奖赛。斯图尔特在雨中进行自由练习。由于泰瑞尔车队因弗朗索瓦·塞韦尔的去世而退出美国站，加拿大站成了他职业生涯的最后一场比赛。

上图：
1972年，莫斯波特赛道。坐在泰瑞尔赛车里的斯图尔特等待出场。尽管他在本赛季赢得了在莫斯波特和沃特金斯·格伦举行的最后两场比赛，但总成绩落后埃默森·菲蒂帕尔迪，屈居第二。

下图：
1973年，纽博格林，德国大奖赛。一周前罗杰·威廉姆森在荷兰站的离世让杰基和妻子海伦无心庆祝他的第三个德国站分站冠军。

斯·詹金森，他多次批评苏格兰人的立场。在1972年的一次交锋中，斯图尔特回信写道："你总能在别人的行为中挑出毛病，但他们至少在努力做些什么。而詹金森先生所做的一切似乎只是在哀叹过去和那些遭遇过事故的车手。然而，他们中很少有人能活着读到他的文章。"

尽管斯图尔特1966年在斯帕赛道突发意外，第二年他仍回到了那里，以第二名的成绩完赛，仅次于丹·格尼。在他创纪录的27个分站冠军中，有3个是在令人生畏的纽博格林北环赛道上获得的。他于1969、1971和1973年三次夺得世界冠军。斯图尔特还参加过印地500赛事。1966年，他在印第安纳波利斯赛道一路领先，但在比赛剩余十圈时发生燃料供应系统故障。他极力倡导赛事安全，但在比赛时，他却绝不畏缩。

1968

吉姆·克拉克

吉姆·克拉克的去世让F1失去了当时最伟大的天才车手——与二十多年后埃尔顿·塞纳离开时一样令人震惊。

1968年1月1日,吉姆·克拉克在南非卡亚拉米的揭幕战上获胜。这是他打破世界纪录的第25个分站冠军,但也是他最后一次胜利。四个月后,该赛季第二场大奖赛在西班牙举行,但那时克拉克已经离开了。他在霍根海姆的一场因赛车爆胎失控引发的F2事故中丧生。正如竞争对手克里斯·阿蒙所说:"如果吉米(吉姆·克拉克)都能碰到这种事情,我们其他人又有多少机会呢?"

克拉克生涯中共获得过两次世界冠军——1963年和1965年——但这只是他人生故事的一小部分。他的墓志铭首先将他列为农民,其次才是F1世界冠军。克拉克在苏格兰边境的一个农场长大,从20世纪50年代末开始在本地赛事中崭露头角并引起了边境掠夺者队(Border Reivers)的注意,他们将克拉克收入麾下。从此他开始进入国家级比赛,最初驾驶捷豹D-Type赛车,随后是Lister赛车。1959年的复活节周一,克拉克在陌生的马洛里公园赛道下午的比赛中取得了四场胜利,其中三场是驾驶Lister赛车获胜,另一场则是路特斯Elite赛车。

1958年节礼日,他驾驶Elite赛车与科林·查普曼在布兰兹哈奇赛道上第一次交手,成功引起了后者的注意。1960年,当青少年方程式正式引入英国时,克拉克获得了路特斯车队的席位,并一举赢下古德伍德的揭幕战。同年6月,他就在F1荷兰大奖赛上首次亮相,代表路特斯车队参赛,并于不久之后的8月14日在葡萄牙站首次登上领奖台。

1961赛季,尽管克拉克在几场大奖赛中名列前三,路特斯车队的实力还是难敌法拉利车队。一年后,使用单体壳技术的路特斯25赛车扭转了这一局面,克拉克得以加入冠军争夺行列。在比利时赢下首场分站冠军后,他赢下整个赛季基本已成定局,但燃油泄漏迫使他不得不在收官战南非大奖赛的最后阶段退赛;1964赛季,克拉克在墨西哥站也遭遇了类似的情况——这一次,整个赛季仅剩最后一圈……

这一年,克拉克已凭借高超的三轮车技术驾驶路特斯Cortina赛车提前锁定英国房车锦标赛(BRSCC)的年度总冠军。F1的这场意外也使他错失成为唯一一位同年赢得英国房车锦标赛和F1世界锦标赛冠军车手的机会。

这就是克拉克的能力所在。他可以在任何一天跳进任意一辆汽车,在任何条件下快速驾驶它——很像之前的斯特林·莫斯。除了在F1取得的成就,克拉克在房车和跑车领域也颇有建树。1966年英国规模最大的拉力赛RAC上,他充分展现了自己的综合素质——驾驶Cortina与世界上最好的拉力赛车竞争,甚至还在退赛之前跑出过几个最快赛段成绩。

路特斯糟糕的赛车可靠性让他无法在1967年重回世界冠军。一年后,性能强劲的路特斯-考斯沃斯49赛车让他再次成为夺冠热门——就像揭幕战胜利所预示的那样。可悲的是,命运让人们没有机会看到他本还能取得多大的成就……

左上图：
克拉克和指导他的科林·查普曼。吉姆在F1生涯中仅为路特斯一支车队工作，1968年是他在该队的第九个赛季。

左页图：
1965年，印地500赛事。克拉克驾驶路特斯38即将取胜。他是唯一一位同年赢得F1世界冠军和印地赛事冠军的车手。

右上图：
霍根海姆。一位德国警察正在守卫吉姆·克拉克的F2赛车残骸。

下图：
1967年，斯帕，比利时大奖赛。杰克·布拉汉姆、约亨·林特、格拉汉姆·希尔和吉姆·克拉克正在听取赛事总监的赛前简报。

181

上图：
1970年，英国大奖赛。赛前，伯尼与路特斯车手约亨·林特交谈。

左下图：
伯尼与老友克里斯蒂安·霍纳。后者曾在2012年受邀参加伯尼与F1巴西站营销主管法比亚纳·弗洛西的婚礼。

右下图：
伯尼正登上他在赛道的私人办公室，这间灰色的活动房车被人们冠以"克林姆林宫"的爱称。他始终关心比赛周末的动态。

右页图：
2010年，韩国灵岩赛道。伯尼与世界冠军争夺者们的合影。

1971

伯尼·埃克莱斯顿

伯尼自20世纪50年代起就对赛车感兴趣,但他从1971年收购布拉汉姆车队后,才开始走上成为"F1指挥家"(F1's ringmaster)的道路。

位于肯特郡贝克斯利斯的Compton & Ecclestone公司是一家成功的摩托车经销商,也是这位20世纪最具活力企业家创业之路的开端。正是在战后的英国,伯纳德·查尔斯·"伯尼"·埃克莱斯顿在销售行业的喧嚣中磨炼出了他优秀的技能。

1949年,伯尼在500cc的F3级单座赛车中首次亮相,该赛事是当时培养车手的主要途径。他在比赛中小有成绩,尤其是在主场布兰兹哈奇。但在一次事故中被甩出赛车受伤后,他决定退出这项运动。

到了20世纪50年代中期,埃克莱斯顿已经将他的业务利益扩展到了汽车销售、房地产投资和车手管理。他成为前康诺特(Connaught)车队车手斯图尔特·刘易斯-埃文斯的经纪人。1958年,他从解散的康诺特车队那里购得两辆大奖赛赛车。埃克莱斯顿甚至在摩纳哥大奖赛的练习赛中驾驶其中一辆亲自上场,但未能成功晋级。他的名字也在银石赛道的英国大奖赛的参赛名单上出现过,但实际上并没有出场。

刘易斯-埃文斯在摩洛哥大奖赛中受到烧伤而去世。受此刺激,伯尼在赛季结束时离开了赛车运动。但在20世纪60年代,他以约亨·林特经纪人的身份重新出现在围场中。1971年收购布拉汉姆车队后,埃克莱斯顿的权力不断增长。他是1974年成立的F1制造商协会(FOCA)的主要推动者,并从1978年开始担任其首席执行官。该组织代表独立车队的利益。他代表制造商协会,成功为车队们争取到参与电视转播权谈判的权利,为F1赛事的广泛传播做出了贡献。

埃克莱斯顿的布拉汉姆车队负责人职务持续到1987赛季末。此后他专注于自己更擅长的F1的商业经营。在埃克莱斯顿的影响下,F1从一项杂乱无章的、车队可以随意来去的运动,变成一种更有规律、更可预测、结构性更强的赛事——车队必须约定参加每一场比赛。全球电视观众数量也不断增加:据估计,2020年,每场大奖赛的平均全球观看人数为8 740万左右。相比之下,20世纪70年代初,F1几乎没有被电视转播过。

在他掌舵期间,埃克莱斯顿曾将赛事控制权出售给不同主体,但他本人始终积极参与具体事务。然而,在2016年,美国自由媒体集团收购了F1,并在次年1月宣布,埃克莱斯顿将卸任F1的首席执行官。此后,他继续担任名誉主席的角色,为期三年。

在五十年的时间里,他一直是围场中最有权势的人物——当然,也经常引起分歧或争议。但不可否认的是,他的远见使F1发生了令人难以想象的变化——甚至远超他自己在1971年花费10万英镑成为车队老板时的想象。

1971

罗恩·丹尼斯

从年轻的学徒到赛车界领军人物，罗恩·丹尼斯的成就令人瞩目，他的故事也成为大奖赛历史上最精彩的篇章之一。

20世纪60年代初，丹尼斯的赛车生涯开始于库珀汽车公司的装配线上。1966年，时年十几岁的他进入库珀F1车队，担任未来世界冠军约亨·林特的机械师。1968年，林特加入布拉汉姆车队时，也带着丹尼斯一起——不过奥地利人后来再次转会到路特斯车队时，罗恩没有选择离开。

在布拉汉姆工作期间，丹尼斯承担了越来越多的行政职责，他逐渐意识到自己已经具备独立经营车队的能力，这也成为他的一个明确目标。1971年初，他与另一位布拉汉姆车队机械师尼尔·特伦多自立门户，创办了朗德尔车队（Rondel Racing）参加F2比赛。这支车队在首秀中就取得了佳绩，格拉汉姆·希尔在霍根海姆的预赛中夺冠。

1972年，丹尼斯得到了法国Motul石油公司的巨额赞助，却也在同年遭遇了一场交通事故——他因为工作过度劳累，开车时打瞌睡而发生车祸，身受重伤。伤愈后，他决定从此专心于管理工作，不再亲自参与赛事。

这支车队在1973年自己制造了F2赛车，以其主要赞助商命名——Motul M1。他们还计划踏足F1，并已委托外部公司设计了赛车。然而，这成了朗德尔的最后一个赛季。受到全球石油危机的影响，Motul撤回了赞助，车队陷入绝境。他们的F1项目也被收购，更名为Token Racing车队出现在F1赛场上。

下一个赛季中，丹尼斯成功得到万宝路（Marlboro）的赞助，支持两名厄瓜多尔车手参赛。到1975年，丹尼斯成立了另一支F2和F3新车队——三号计划（Project Three），翌年更名四号计划（Project Four）。1979年和1980年，奇科·塞拉和斯特

凡·约翰森为丹尼斯赢得了英国F3锦标赛的冠军。尼基·劳达也于1979年在该车队赢得了首届宝马Procar锦标赛的冠军。

此时，丹尼斯已经与烟草赞助商万宝路建立了牢固的关系，而后者赞助的F1车队迈凯伦正处于低谷。1980年末，万宝路促成了迈凯伦与四号计划车队的合并，丹尼斯于次年开始进入F1。在车手约翰·沃森的带领下，迈凯伦赢得了那年夏天的英国大奖赛，这是该车队自1977年以来的首次胜利。不久后的1984年，迈凯伦重回世界冠军宝座。

丹尼斯曾于2009—2013年短暂卸任首席执行官职位，但2017

年，他因与其他股东发生分歧而永久离开车队。他为迈凯伦带来了辉煌的成就：在他的领导下，五位迈凯伦车手——尼基·劳达、阿兰·普罗斯特、埃尔顿·塞纳、米卡·哈基宁和刘易斯·汉密尔顿——累计获得了10次世界冠军，车队也7次荣登制造商冠军宝座。

迈凯伦的前设计师史蒂夫·尼科尔斯在2018年5月接受《汽车运动》杂志采访时说："我认为丹尼斯将F1带到了新的高度，他是一位富有远见的领导者。我曾惊叹于他拉赞助时配有视频、幻灯片和音乐的演说，当时还几乎没有人用这些东西。他的竞争性格不仅体现在比赛本身，还扩展到任何他认为能巩固我们地位的事情上。"

左页上图：
2010年，斯帕，比利时大奖赛。罗恩正在庆祝汉密尔顿的胜利。他在汉密尔顿早期职业生涯中发挥了重要作用。

左页下图：
1992年，阿德莱德，澳大利亚大奖赛。罗恩与埃尔顿·塞纳在维修区车队指挥席上交谈。他和塞纳的年度合同谈判就像打扑克游戏，埃尔顿总是拖到最后一刻才决定是否签约。

本页图：
罗恩·丹尼斯对赛车运动知根知底。1968年，他曾在杰克·布拉汉姆的车队担任机械师。图中，他正在沃特金斯·格伦赛道为布拉汉姆赛车称重。

上图：
1972年，哈拉马赛道。尼基驾驶马奇721X赛车。尼基在他的自传《地狱之行》（*To Hell and Back*）中尖锐地批评了该赛车的操控性……

左页图：
1976年，哈拉马，西班牙大奖赛。尼基放松地坐在法拉利312T2赛车中。

下图：
1976年，德国大奖赛。赛前，法拉利机械师们将尼基的赛车推上维修区通道。

1972

尼基·劳达

尼基·劳达四十多年来一直是围场中的重要人物——他的传奇故事始于一笔为他开启赛车生涯的银行贷款。

尼基·劳达出生于维也纳一个富裕家庭，他对机械的痴迷始于小时候在祖父的工厂帮忙时驾驶拖拉机的经历。还没到可以考取驾照的年龄，他就已经可以在公路上驾驶公司的卡车了——不过必须在夜幕的掩护下进行，否则警察很容易发现他。

然而正是劳达的祖父以银行董事的身份驳回了他所需要的贷款，导致他没能在1972年获得马奇车队的F1正式车手席位。劳达凭借在房车比赛和F2中的优秀表现，获得了晋升至这项顶级赛事的机会。向祖父贷款失败之后，这位奥地利车手设法从竞争对手银行获得一笔为期五年的无息贷款。1972年的比赛并不成功，劳达只好通过夸大赞助商实力蒙混过关，获得了1973赛季BRM车队的正式车手席位。

摩纳哥大奖赛结束后，劳达本应支付第一笔赞助金。尽管因变速箱故障退赛，他在摩纳哥大奖赛中仍表现出色，一度占据第三位。BRM老板路易斯·斯坦利备受鼓舞，表示只要劳达愿意续约至1974年，他今年就无需再向车队支付费用。然而，与BRM的合同刚落地，劳达就接到了来自法拉利的橄榄枝。恩佐·法拉利亲自出面替他解决了与BRM的合同纠纷，劳达正式加盟法拉利。他在西班牙的哈拉马（Jarama）赢得了自己的首个分站冠军，第二年就收获了世界冠军。

1976年夏天，劳达经历了一场惊心动魄的冠军之争，使他成为赛车界永远的传奇。在与竞争对手，迈凯伦车手詹姆斯·亨特激

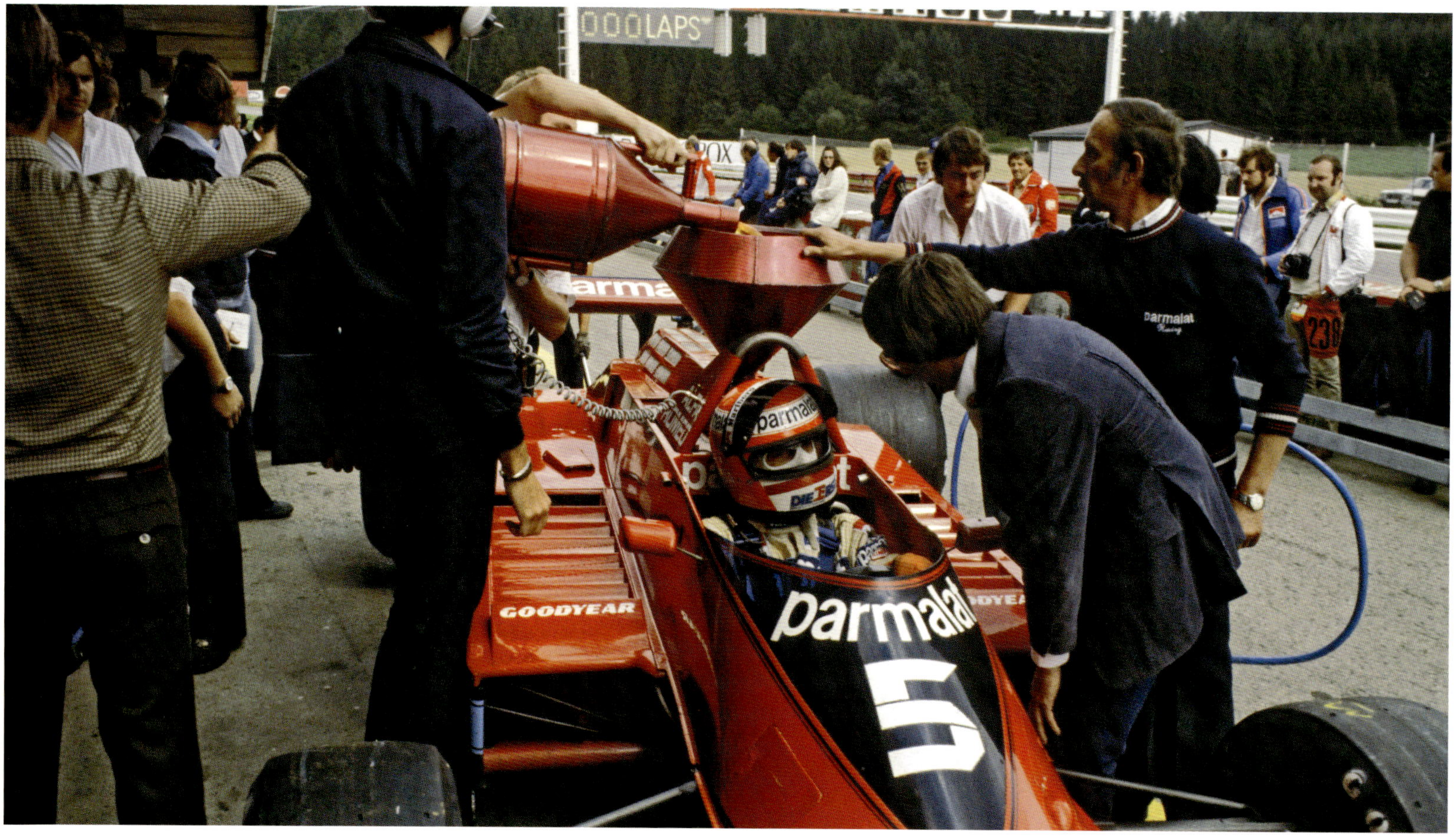
000LAPS
parmalat
GOODYEAR
parmalat
5

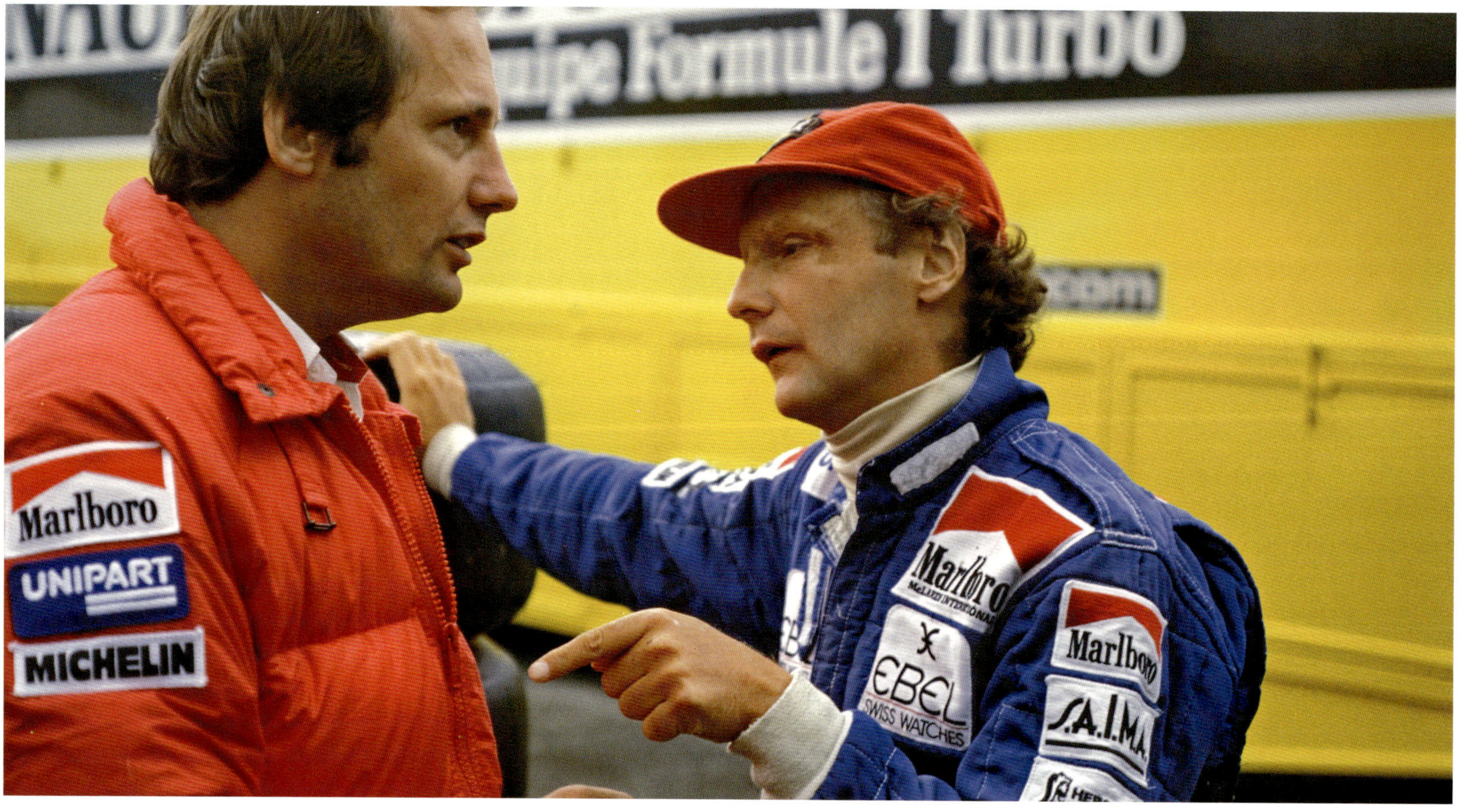
Formule 1 Turbo
Marlboro
UNIPART
MICHELIN
Marlboro
EBEL
SWISS WATCHES
Marlboro
S.A.I.M.A.

烈的冠军争夺战期间，劳达在德国大奖赛上遭遇了惨烈的车祸，被其他车手从燃烧的赛车残骸中救出。虽然没有骨折，但他遭受严重烧伤并吸入浓烟，伤情十分危急，以至于他在医院接受了临终祷告……不过仅六周后，他便重返赛场，在蒙扎赛道上勇夺第四名。

劳达以一分之差输给了亨特，因为他认为决赛时湿地条件下的日本站太危险而退出了比赛，但他在一年后成功夺冠。劳达之后又转投布拉汉姆车队，但在1979年加拿大大奖赛的练习中，他突然对驾驶赛车感到厌倦，遂决定退出这项运动。

他转而专注于发展航空业务，但迈凯伦的新老板罗恩·丹尼斯不断向他示好，成功说服他于1982年复出。劳达赢得了复出后的第三场比赛——长滩站。两年后，他以半分的优势击败队友阿兰·普罗斯特，再添一个世界冠军头衔，这也是史上最小的世界冠军获胜分差。他于1985年底开始不再担任车手，但仍留在围场内，成了最心直口快的赛事转播分析师，还在法拉利和捷豹等多家车队从事管理工作。

2019年5月，70岁的尼基·劳达逝世时，还在担任梅赛德斯-AMG F1车队非执行主席。几年前，正是劳达说服刘易斯·汉密尔顿加入梅赛德斯——当时维修站的分析师们认为刘易斯一定是疯了才会离开迈凯伦，但事实证明刘易斯加盟梅赛德斯是F1历史上最成功的一次合作。

左页上图：
1979年，奥地利大奖赛。尼基·劳达与布拉汉姆车队老板伯尼·埃克莱斯顿交谈。在该赛季的前十场比赛中，劳达已经退赛了九场……

左页下图：
罗恩·丹尼斯成功说服尼基于1982年复出。他赢得了复出后的第三场比赛——在长滩举行的美国西部大奖赛。

上图：
1985年，摩纳哥大奖赛。劳达驾驶迈凯伦-泰格 MP4/2B赛车。

下图：
2014年，阿布扎比。劳达与汉密尔顿共同庆祝后者的第二冠，也是他在梅赛德斯车队的第一个世界冠军。

1977

麦克斯·莫斯利

麦克斯·莫斯利决定出售马奇车队的股份,开启他的赛车政治生涯——始于对"保守派人士"(Blazer Brigade)掌控赛事的尖锐批评。

对外界而言,莫斯利是一个充满争议的人物。在长达40年的时间里,他在赛车运动中的地位举足轻重。但事实上,麦克斯最初只是一个赛车爱好者,他用自己敏捷的头脑和敏锐的政治洞察力,推动了这项运动的变革。

莫斯利的人生起点并不平凡。他的父亲奥斯瓦尔德爵士曾是保守党和工党的政治家,后来成立了自己的政党——英国法西斯主义者联盟(British Union of Fascists),该身份导致他在1940年因涉嫌支持纳粹而被拘留。莫斯利的母亲戴安娜不久后也受到牵连,直到莫斯利三岁时才获释。

一家人随后在欧洲定居。莫斯利辗转法、德、英三地求学,最终在牛津大学获得物理学学位,后来又取得了辩护律师资格。

在牛津大学学习期间,一次参观银石赛道的经历激起了他对赛车的兴趣。他开始利用课余时间参加比赛,于20世纪60年代中期在"草根"级的Clubman组别比赛中取得了多次胜利。1968年,他还参加了四场欧洲F2锦标赛。

赛季结束后,他决定结束车手生涯,转而与四位同事共同创建了马奇工程公司。该公司后来成长为世界上最成功的量产赛车制造商之一。他们的首款F1赛车——701赛车首次参加比赛就获得了杆位,并在第二站西班牙大奖赛时凭借泰瑞尔车手杰基·斯图尔特的

出色表现夺得冠军,这也是私人参赛的客户赛车最后一次在大奖赛中夺冠。然而,尽管有了如此充满希望的开端,马奇公司在F1赛事中仅获得了两次大奖赛冠军,他们的出色能力更多体现在其他赛事中。

1977年,莫斯利决定出售他在马奇的股份,转投伯尼·埃克莱斯顿的FOCA,担任法律顾问。80年代初,两人与FISA主席让-马里·巴勒斯特尔争夺F1的电视转播和商业控制权。在莫斯利的提议下,双方结束争执并签署《协和协议》(Concorde Agreement),这份文件指导了此后四十年F1的赛事运营和商业利益分配。

1991年,莫斯利在FISA选举中击败了独断专行的巴勒斯特尔,当选主席,扩大了自己的权力基础。两年后,他又当选FIA主席,并将FISA并入FIA。1994年,受罗兰·拉岑伯格和埃尔顿·塞纳在伊莫拉撞车身亡的影响,莫斯利开始了一场安全运动,旨在降低平均单圈速度和增加赛车结构安全性。在他的推动下,赛事引入了HANS头颈支撑装置,挽救了许多车手的性命。

莫斯利经常和车队负责人发生争执。最激烈的一次冲突发生在

上图：
1976年，保罗·里卡德赛道。麦克斯站在汉斯·斯塔克（Hans Stuck）的马奇-福特赛车左侧。

下图：
2003年，摩纳哥。升任FIA主席的麦克斯与雷诺领队弗拉维奥·布里亚托利、伯尼和巴西足球运动员罗纳尔多共同参观赛道。

左页图：
出售马奇车队股份后，麦克斯与伯尼联合对抗FIA/FISA主席让-马里·巴勒斯特尔。图为1981年，三人在拉斯·维加斯发生争执。

2007年：罗恩·丹尼斯的迈凯伦车队在间谍门事件中被罚款1亿美元，而雷诺也有窃取其他车队机密的行为，却逃过了惩罚。当然，他最具争议的举动莫过于将F1的商业权利以3.13亿美元的价格卖给了老友伯尼，而且这笔交易还是私下进行的，合同期限竟长达113年。

尽管此前英国媒体《世界新闻报》报道的性丑闻已经引发了要求莫斯利辞职的呼声，但他仍坚定自己的立场，到2009年才离开体坛，还以侵犯隐私权为由成功起诉了该报。2021年，莫斯利与世长辞，享年81岁。伯尼称他的离世对自己而言"就像失去了一位亲兄弟"。

左页图：
1980年，沃特金斯·格伦赛道，美国大奖赛。帕特里克·海德正与阿兰·琼斯交流，身后是车队老板弗兰克·威廉姆斯。琼斯从第五位起步，赢下了比赛。

本页图：
2003年，威廉姆斯爵士与胡安·巴布罗·蒙托亚（左一）和拉尔夫·舒马赫的合影。这一年，车队与世界冠军失之交臂。

1978

弗兰克·威廉姆斯与帕特里克·海德

弗兰克·威廉姆斯早已混迹F1围场多年，但他与帕特里克·海德的合作及FW06赛车的亮相才让他的车队崭露头角。

二十多年来，两人的名字密不可分地联系在一起。弗兰克·威廉姆斯和帕特里克·海德共同建立了大奖赛历史上最强大的王朝之一，这对威廉姆斯车队来说更是一次重大转折。

威廉姆斯曾尝试过用自己做旅行杂货推销员赚来的钱参加赛车比赛，并从20世纪60年代中期开始转行经营车队。他成立了弗兰克·威廉姆斯赛车公司，参加F2和F3比赛。1969年，他为好友兼车手皮尔斯·卡瑞吉购买了一辆BT26A赛车，进军F1。车队在第一个赛季中表现尚可，收获了摩纳哥站和沃特金斯·格伦站的亚军。但悲剧也即将上演——1970年，威廉姆斯开始使用德托马索（De Tomaso）提供的赛车，但事实证明这辆车毫无竞争力，卡瑞吉也在荷兰大奖赛上发生意外丧命。

威廉姆斯不得不忍痛前行。在接下来的几个赛季中，尽管车手名单不断轮换，车队始终处于落后位置。期间有过几次高光时刻，比如1974年南非站排位赛阿图罗·梅尔扎里奥的第三名，以及1975年德国站正赛雅克斯·拉菲特的第二名，但这些好成绩更像是昙花一现。1976年，威廉姆斯与奥地利-加拿大石油大亨沃尔特·沃尔夫开展合作。弗兰克最初留任车队经理，但不久后还是带着年轻工程师帕特里克·海德离开车队，另立门户，创建了威廉姆斯大奖赛工程公司（Williams Grand Prix Engineering）。

新公司成立之初行事低调。他们唯一的车手，比利时人帕特里克·内夫只在部分场次使用马奇赛车参赛。在赛道之外，海德已经悄悄开始研发全新的赛车——威廉姆斯FW06。不苟言笑的澳大利亚车手阿兰·琼斯在1978年加盟车队，很快与新雇主打成一片。他驾驶新车在长滩赛道一度占据第二位，后又在沃特金斯·格伦赛道收获亚军，追平了原威廉姆斯车队的最佳战绩。

1979赛季的FW07赛车真正开启了威廉姆斯车队的王朝。领跑的琼斯遭遇水泵故障退赛后，车队新成员克莱·雷加佐尼在英国大奖赛上突破性地为威廉姆斯拿下了冠军奖杯，琼斯也接连赢下了后续三场比赛。1980年，他在十四场大奖赛中赢得了五场胜利，威廉姆斯收获了车手与车队双料世界冠军。从那时起到1997年，威廉姆斯又八次夺得车队世界冠军，同时还带领科科·罗斯伯格（1982年）、纳尔逊·皮奎特（1987年）、奈杰尔·曼塞尔（1992年）、阿兰·普罗斯特（1993年）、达蒙·希尔（1996年）和雅克·维伦纽夫（1997年）摘得车手年度桂冠。

1986年3月，威廉姆斯遭遇车祸受伤导致四肢瘫痪，但他7月就重返F1赛场，继续与海德合作领导车队运营。21世纪初换装宝马发动机后，威廉姆斯车队再次成为冠军争夺者，但始终未能复现前二十年的辉煌。

2004年开始，海德从技术总监调任工程总监。他一直在车队工作到2012年，后来又以顾问的身份短暂回归。弗兰克爵士于1999年被授予赛车运动骑士勋章（帕特里克于2015年获此殊荣），并在女儿克莱尔的支持下一直担任车队负责人。直到2020年，威廉姆斯车队被出售给纽约投资公司多尔顿资本（Dorilton Capital）。

对于威廉姆斯家族来说，这笔交易结束了他们与F1五十多年的不解之缘。自世界锦标赛开始以来，只有法拉利、迈凯伦和梅赛德斯车队的分站冠军数比这支车队多。

右页图：
1981年，长滩，美国西部大奖赛。普罗斯特驾驶雷诺RE20B赛车。他的比赛终结于与德·塞萨里斯的一场事故。

跨页图：
1989，铃鹿赛道。与埃尔顿·塞纳发生撞车后，普罗斯特收到来自队友的"问候"。

本页图：
1981年，摩纳哥大奖赛。吉尔斯·维伦纽夫对普罗斯特赛车的仪表很感兴趣。

1980

阿兰·普罗斯特

法国一直有培养顶尖F1车手的传统，但他们的第一位世界冠军却姗姗来迟。拉菲特、塞韦尔、德派耶、阿尔努、皮罗尼、坦拜等名将都曾接近这一荣誉，却都无缘最终的成功。

  1984年的收官战葡萄牙大奖赛让阿兰·普罗斯特喜忧参半。这位在上个赛季被纳尔逊·皮奎特以微弱优势击败的法国车手尽了自己最大的努力去争取更多领先优势，但队友尼基·劳达在比赛中过关斩将，夺得分站亚军。这让前者以半分的劣势错失世界冠军。不过，普罗斯特获得了另一项成就：这是他的第28个分站冠军，超越了1973年夏天杰基·斯图尔特创造的个人分站冠军数纪录。今天看来，这个数字似乎并不亮眼，但当时每个赛季的比赛场数很少，能达到这个成绩已经是非常了不起的成就。

  将近一年后，普罗斯特在布兰兹哈奇举行的欧洲大奖赛中获得第四名，锁定世界冠军。这个于1894年发明赛车的国家，终于有了自己的世界冠军车手。

  外号"教授"的普罗斯特是一位善于思考的车手。他能节省燃料和轮胎，在比赛全程保持最佳的赛车状态。他的速度快得令人难以置信，但并不总是表现出来：在温菲尔德赛车学校练习时，普罗斯特就展现了他精明的头脑。为了争夺Volant Elf奖学金，他故意隐藏自己的实力，直到决赛时才以惊人的速度击败对手，赢得了1976年法国雷诺方程式锦标赛的全额赞助。进入雷诺方程式之后，普罗斯特依旧横扫全场。

  普罗斯特在1979年夺得法国和欧洲F3锦标赛的冠军，随后晋升到迈凯伦F1车队。他驾驶的M29B赛车竞争力较弱，但他在阿根廷站的首场比赛就取得了第六名的佳绩。这场惊艳的首秀也是雷诺车队于次年签下他的重要原因之一。1981年，他在主场第戎站赢得了第一个F1分站冠军。所有人都知道，他拿下世界冠军只是时间问题。

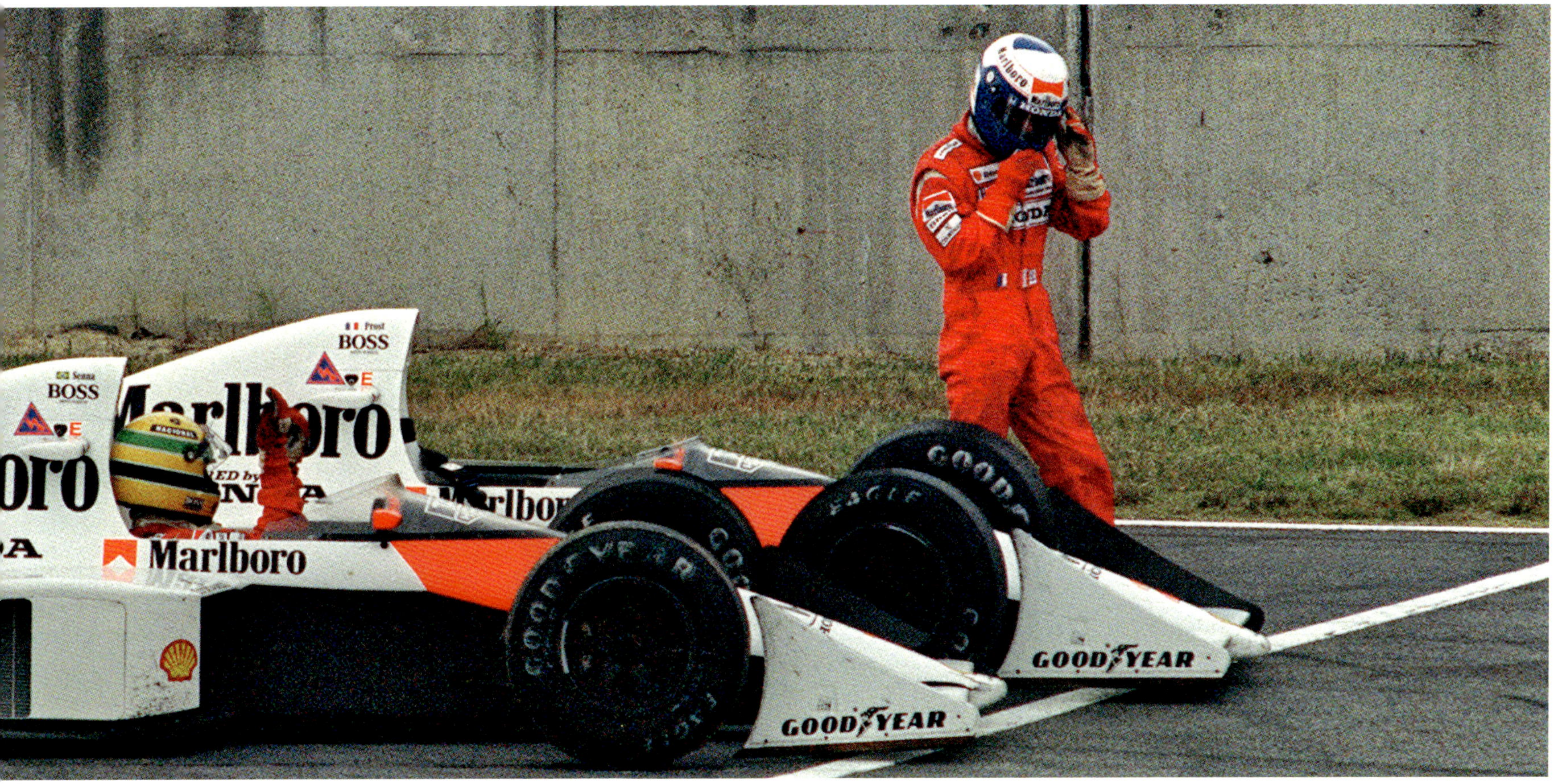
Marlboro
BOSS
GOODYEAR

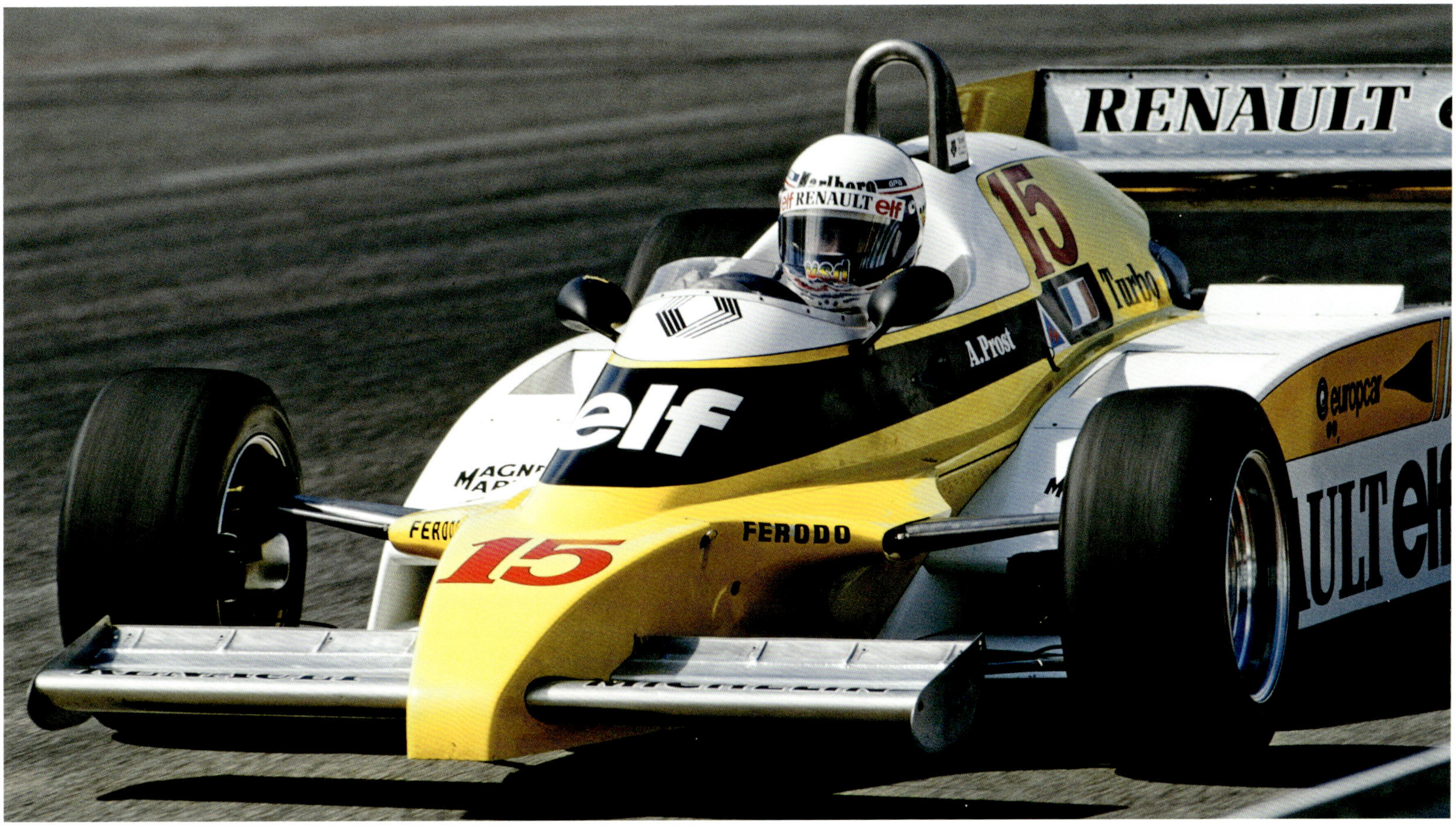
RENAULT
elf
15
Turbo
A.Prost
europcar
FERODO

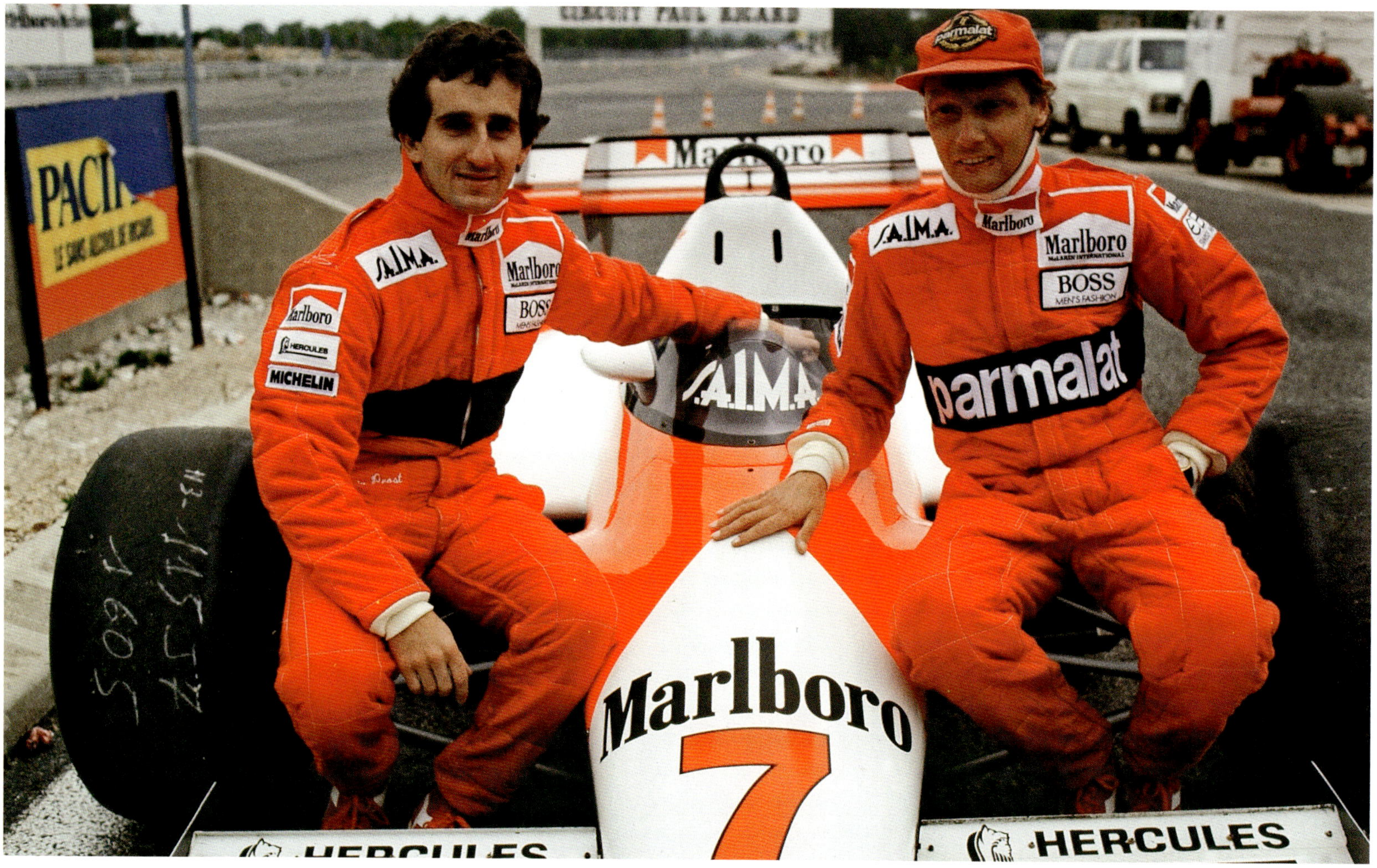
Marlboro
7
HERCULES
parmalat
BOSS
MICHELIN

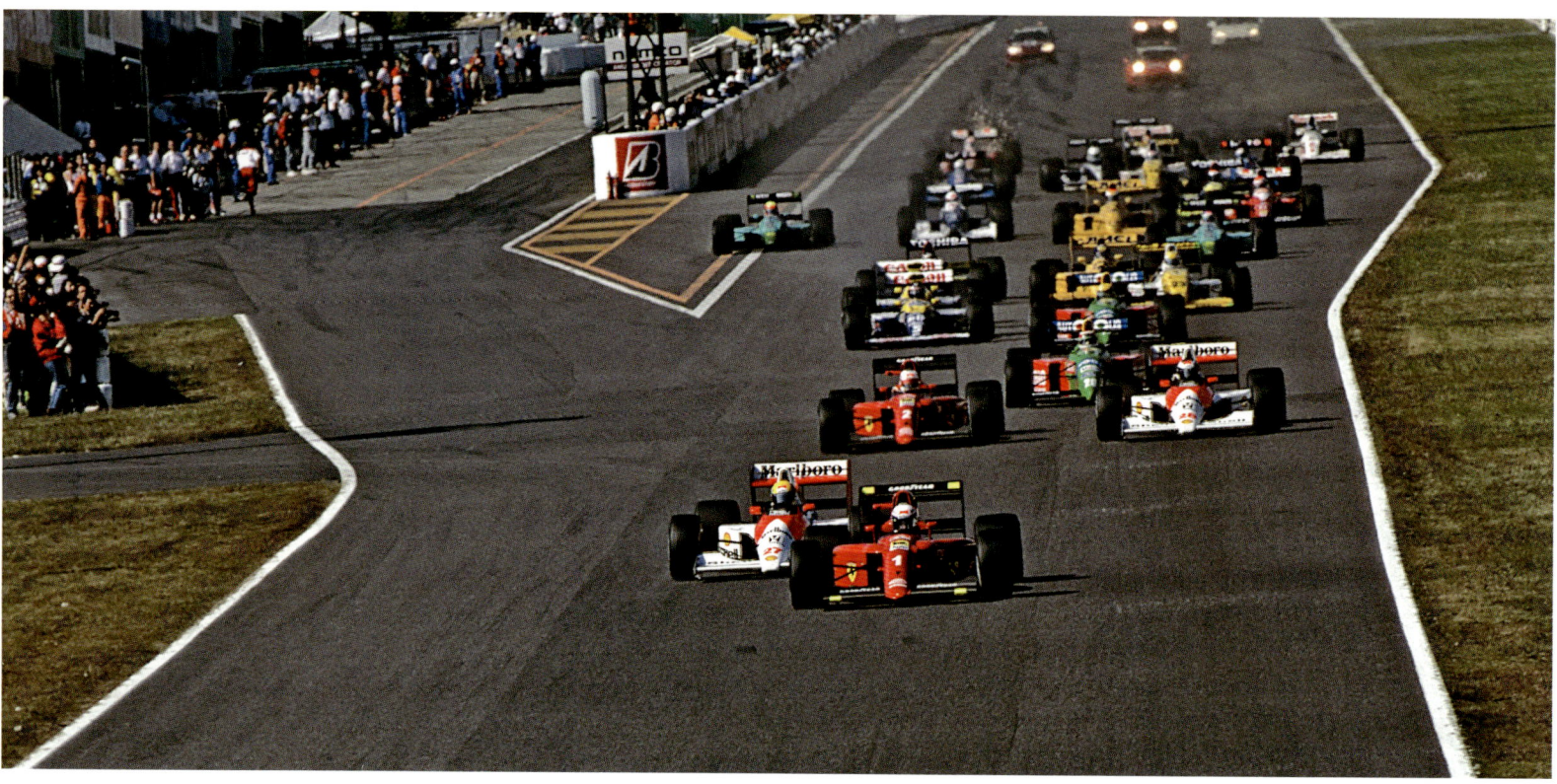

左页上图：
1984年，阿兰·普罗斯特取代了约翰·沃森，在迈凯伦车队与尼基·劳达搭档。

左页下图：
距1989赛季与塞纳的碰撞已经过去了一整年，世界冠军头衔即将再一次在铃鹿决出……

上图：
2015年，奥地利大奖赛前。赛前传奇巡游上，阿兰和老友尼基再次驶上赛道。

下图：
1993赛季，马尼库尔赛道。普罗斯特的赛车在维修区中。那一年，他将第四次成为世界冠军，但是埃尔顿·塞纳的即将到来促使他决定退役。

　　1984年重返迈凯伦车队后，他迅速将自己塑造成团队核心。1988赛季，他欣然接受埃尔顿·塞纳成为队友，也体现出一种自信。相比之下，塞纳本人在路特斯车队时，曾否决了德里克·沃里克的加盟。

　　也许由于两人都是竞争性极强的车手，他们最终还是不可避免地发生了争执——最初是在葡萄牙站争夺领先位置时，塞纳几乎将普罗斯特逼上了埃斯托利尔发车区直道的护墙。虽然这次事件很快就平息了，但他们在1989年的伊莫拉站再次发生争执，原因是赛前协议的破裂。在简报会上，两人都只与对方的赛车工程师交谈，而非直接沟通。该赛季在进一步的争议中结束——两人在日本大奖赛上相撞，也正是这场事故将普罗斯特送上了世界冠军宝座。

　　普罗斯特在赛季结束后加入法拉利车队。1990年，二人之间的胜负悬念再次留到了铃鹿赛道。这一次，塞纳直接在起跑时就故意撞车，把两辆车都逼出了赛道，以保住自己的世界冠军。暂别F1一年后，他于1993年再次入局，代表威廉姆斯赢得了自己的第四个世界冠军，然后宣布退役。他与塞纳的竞争随之结束，他们后来也成了好友——这听起来有点不可思议，但说明他们始终尊重对方。

1984

埃尔顿·塞纳

埃尔顿·塞纳是一位令人敬畏的车手，他拥有惊人的速度和积极进取的精神，对阻碍自己前进者毫不妥协。

对许多人来说，巴西车手埃尔顿·塞纳是有史以来最伟大的车手。在英国初级单座方程式比赛中连续称霸三个赛季后，他于1984年闯入F1，加盟在当时不被看好的托勒曼-哈特（Toleman-Hart）车队。

新秀赛季，塞纳就在摩纳哥的倾盆大雨中表现惊艳。他从第13位发车，眼看就要超越领跑车手阿兰·普罗斯特时，赛事主管杰基·伊克斯应后者的要求发出红旗，停止了比赛——他们认为雨势太大，赛道过于危险。

一年后，加入路特斯的塞纳在埃斯托利尔的雨战中赢得了首场胜利。到了涡轮增压时代的巅峰时期，他曾多次夺得杆位。然而雷诺V6涡轮增压发动机在增压压力限制更严格的正赛中难以发挥出最佳性能，限制了他的成绩。

1988年迎来了他职业生涯最大的转机。塞纳加入罗恩·丹尼斯的迈凯伦-本田超级车队，搭档那个时代最伟大的车手普罗斯特。他决心撼动后者的地位：有人说，他并不止是想证明自己能赢过普罗斯特，而是想彻底击溃他。

塞纳在1988赛季中赢得了他三届世界冠军中的第一个。然而第二年日本站和普罗斯特的碰撞使他痛失连冠的机会。那一年，赛车可靠性问题严重影响了他的冠军之争。

塞纳与普罗斯特的队内关系在伊莫拉站的冲突后彻底破裂，普罗斯特随后离开迈凯伦车队转投法拉利。1990赛季，又是在铃鹿赛道的收官战上，塞纳故意在1号弯就将普罗斯特撞出赛道，夺回冠军头衔。有人认为塞纳的举动是对比赛极端不负责任，但也有人觉得这是普罗斯特咎由自取。

跨页图：
专注眼前的每一圈——塞纳最伟大的特质之一——就是能够详细回忆起每一圈的情况，并给工程师提供细致的反馈。

本页图：
1984年，摩纳哥大奖赛。塞纳在这场比赛中凭借驾驶托勒曼-哈特（Toleman-Hart）赛车的出色表现引发了世人的关注。

1991年，塞纳再次代表迈凯伦登顶世界冠军。但在接下来的1992和1993赛季，他面临着奈杰尔·曼塞尔和普罗斯特的挑战。他们驾驶着两辆被誉为历史上最伟大、最先进的赛车——搭载主动悬架系统的威廉姆斯FW14和FW15。即使拥有非凡的天赋，塞纳也无法与之抗衡。

1994年，塞纳结束了与迈凯伦车队长达六年的合作，选择加盟威廉姆斯车队。听说自己将再次与老队友搭档，普罗斯特直接决定退役，让达蒙·希尔继续担任二号车手。具有讽刺意味的是，塞纳转会的时间节点恰逢FIA禁止使用车手辅助装置，而威廉姆斯在适应被动悬架系统的道路上举步维艰。

当时，迈克尔·舒马赫正是一颗冉冉升起的新星，这位贝纳通车手接连赢得在英特拉格斯和艾达举行的前两场比赛，塞纳由此怀疑舒马赫的赛车还在暗中使用被禁止的牵引力控制系统。

由于在冠军争夺战中已经落后20分，塞纳决心在伊莫拉赛道上扭转局势。比赛当天，他心事重重，不仅要面对威廉姆斯FW16赛车的操控问题，还要更换更低的方向盘，同时还要应付个人生活中的家庭问题；他担心安全车的新规定，因为重载油赛车在安全车的带领下长时间低速行驶，会导致轮胎压力和车身高度降低，增加危险性；更让他难过的是，他的好友罗兰·拉岑伯格在前一天的排位赛中发生了致命的事故。

由于JJ·雷托的赛车在起步时遭遇故障，正赛在安全车的保护下进行了六圈才开始。绿旗挥动后的第二圈，塞纳在Tamburello弯失控上墙，赛车的右前轮撞进座舱，重击他的头部。塞纳因伤势过重，不幸离世。

有些人认为塞纳是个有缺陷的天才，勇敢而又无情，丝毫不愿意接受自己可能被击败的事实，他与奈杰尔·曼塞尔和迈克尔·舒马赫的冲突就反映了这一点。

2009年，《汽车运动》杂志曾做过调查，在217位世界冠军车手中，塞纳以最高票被评为史上最伟大的车手，排在克拉克、舒马赫和方吉奥之前。

左页上图：
1985年，埃斯托利尔，葡萄牙大奖赛。塞纳在这场雨战中迎来了他第一个分站冠军。

左页下图：
让埃尔顿·塞纳和格哈德·伯格搭档是罗恩·丹尼斯的明智之举。塞纳并没有把伯格视为威胁，而伯格则激发了塞纳活泼的一面，尤其是在恶作剧方面。

上图：
1988年，塞纳驾驶迈凯伦-本田MP4/4赛车。该赛季的16场比赛中，塞纳13次拿下杆位，15次头排发车。

下图：
1994年，塞纳加盟威廉姆斯车队，但他驾驶的FW16赛车存在很多操控问题，这些问题到伊莫拉站都还困扰着帕特里克·海德和埃德里安·纽维。

上图：
1992年，斯帕赛道。舒马赫驾驶贝纳通B192赛车赢得比赛。

左下图：
1991年，迈克尔身着梅赛德斯队服回到梦开始的地方——他父亲在科尔彭经营的卡丁车场。

右下图：
迈克尔·舒马赫的F1首秀。他的乔丹赛车在进入La Source弯时发生轮胎锁死，这时他的变速箱已经坏了。

右页上图：
迈克尔耐心地听着埃尔顿·塞纳的教诲。这位"神"级车手从来不吝啬像年轻车手传授自己的比赛技巧，连埃迪·欧文都听过他的指导。

右页下图：
1994年，赫雷兹赛道，欧洲大奖赛。赛前，达蒙·希尔谨慎地与迈克尔握手。

1991

迈克尔·舒马赫

克拉克、塞纳、舒马赫和汉密尔顿,谁才是赛车界真正的天才,这是爱好者们常常争论的话题。不可否认的是,正是迈克尔·舒马赫强烈的求胜欲,才让他跻身于最佳车手的行列。

和那时的很多车手一样,舒马赫的职业生涯是从卡丁车开始的。他的父亲在科尔彭附近经营的卡丁车赛道是他和弟弟拉尔夫的赛车训练场。他们有时候还会使用富裕的竞争对手丢弃的赛车轮胎。

舒马赫从卡丁车起步,一步步登上更高的舞台。他先后参加了福特方程式和F3比赛,夺得了1990年德国F3赛事的冠军。之后,他入选梅赛德斯车队的青少年训练计划,与卡尔·温德林格和被视为F1未来之星的海因茨-哈拉尔德·弗伦岑成为队友。该计划旨在培养青少年车手参加世界跑车锦标赛(World Sportscar Championship)。1991年,梅赛德斯组织车手、车队工作人员和媒体人员参加了一场勒芒赛道骑行活动。大多数车手都冲在最前面,只有舒马赫骑得很慢,时不时停车检查路肩和碎石缓冲区边缘的牢固程度,试图寻找更多比赛中可利用的空间。这般对细节的关注让他受益匪浅。

舒马赫真正崭露头角是在1991年8月的比利时大奖赛。他临时替代伯特朗·加绍[1]参赛,在排位赛中名列第七,领先经验更丰富的队友安德烈·德·切萨里斯七位。正赛起步时,他的赛车突发离合器失灵故障,但舒马赫已经展示了自己的实力。

两周后,比赛来到蒙扎赛道时,舒马赫已经被贝纳通车队挖走,开始了一段为他带来1994和1995两届世界冠军的合作。1994年发生了许多备受争议的事件,但舒马赫精湛的驾驶技术体现得淋漓尽致——他驾驶变速箱大部分时间卡在第五挡的赛车收获西班牙大奖赛亚军。在两场禁赛和两次取消成绩的压力下,最后一站阿德莱德的比赛之前,迈克尔仍然领跑积分榜。

1996年,舒马赫受邀加盟法拉利车队,带领他们走出低迷的状态。他在雨中的西班牙站第七次问鼎分站冠军,"雨战大师"

(Der Regenmeister)的实力得到充分展现。舒马赫为车队注入了活力,也得到了车队的重视和信任。1997年和1998年,他都在争夺世界冠军的行列之内;1999年因伤缺席冠军争夺后,他在千禧年成为法拉利自1979年以来的首位世界冠军车手,随后开启了五连冠历程,最终他的世界冠军数定格在七个。

经历了一场精彩的巴西收官战,舒马赫曾在2006年赛季末宣

译者注

1　伯特朗·加绍:比利时-法国赛车手。他在1990年底的一场纠纷中用违禁的催泪剂攻击伦敦出租车司机,并于1991年被判入狱,缺席了比赛。

布退役。但他很快又在2010年回到梅赛德斯车队，与尼科·罗斯伯格搭档度过了平平无奇的三个赛季。回望1991年，正是梅赛德斯车队向埃迪·乔丹支付了15万英镑，迈克尔才有机会参加最初的斯帕站比赛，从此写就无数传奇故事。落叶归根，在梅赛德斯结束自己的职业生涯，不失为一个合适的选择。

舒马赫经常因为故意犯规而受到指责。比如1994年的阿德莱德站，他与达蒙·希尔撞车保住冠军；1997年的赫雷兹站，他试图将对手雅克·维伦纽夫撞出赛道；以及2006年的摩纳哥站，他在排位赛尾声故意撞车引发红旗，以防止对手提升圈速超过自己。但更多时候，他展现的是技术过人的一面，他在比赛中独占鳌头，毫无疑问是有史以来最好的车手之一。1998年的布达佩斯站，面对速度更快的迈凯伦赛车，舒马赫以无与伦比的驾驶水平完美地执行了法拉利雄心勃勃的三停策略，超越两位竞争对手，最终带回分站冠军。"迈克尔，你有19圈的时间去拉开25秒的差距"车队技术总监罗斯·布朗告诉他。当然，舒马赫做到了。

退役刚满一年，舒马赫在法国美瑞贝尔滑雪时发生意外。他在一段看似简单的滑雪道上发生事故，头部受到重伤入院。他在医院一直昏迷到2014年9月，随后被转送回家，继续接受漫长的康复治疗。

上图：
1998年，斯帕赛道。迈克尔开着"三轮车"回到维修区，他在比赛中与被套圈的大卫·库特哈德发生撞车。舒马赫一停好车就立即冲向库特哈德的维修区车库与他理论。

下图：
迈克尔正在庆祝2000年首场分站赛胜利。这一年，他与新队友鲁本斯·巴里切罗搭档。

右页上图：
2006年，匈牙利大奖赛。迈克尔领先驾驶丰田赛车的弟弟拉尔夫。

右页下图：
2012年，舒马赫以巴西站的精彩表现告别了赛场。这场混乱的比赛一共出现了147次超车。图中，他正在祝贺塞巴斯蒂安·维特尔的胜利，后者在极其困难的条件下赢得了他的第三个世界冠军。

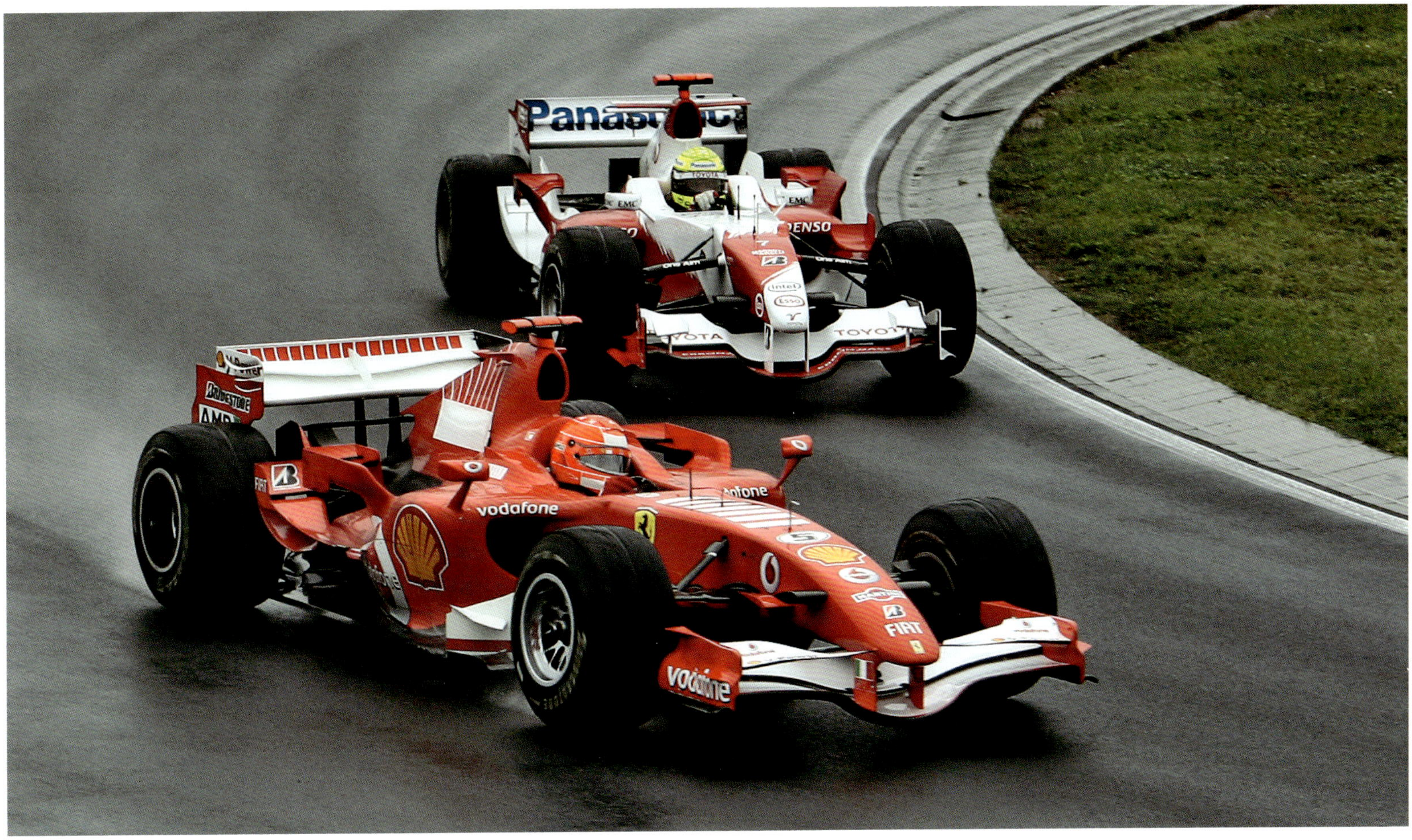
vodafone
DENSO
FIAT
vodafone

TOTAL
RAUCH
GEOX
Red Bull
Mercedes-Benz
PETRONAS
JETSET
PETRONAS
PETRONAS
aabar
Allianz

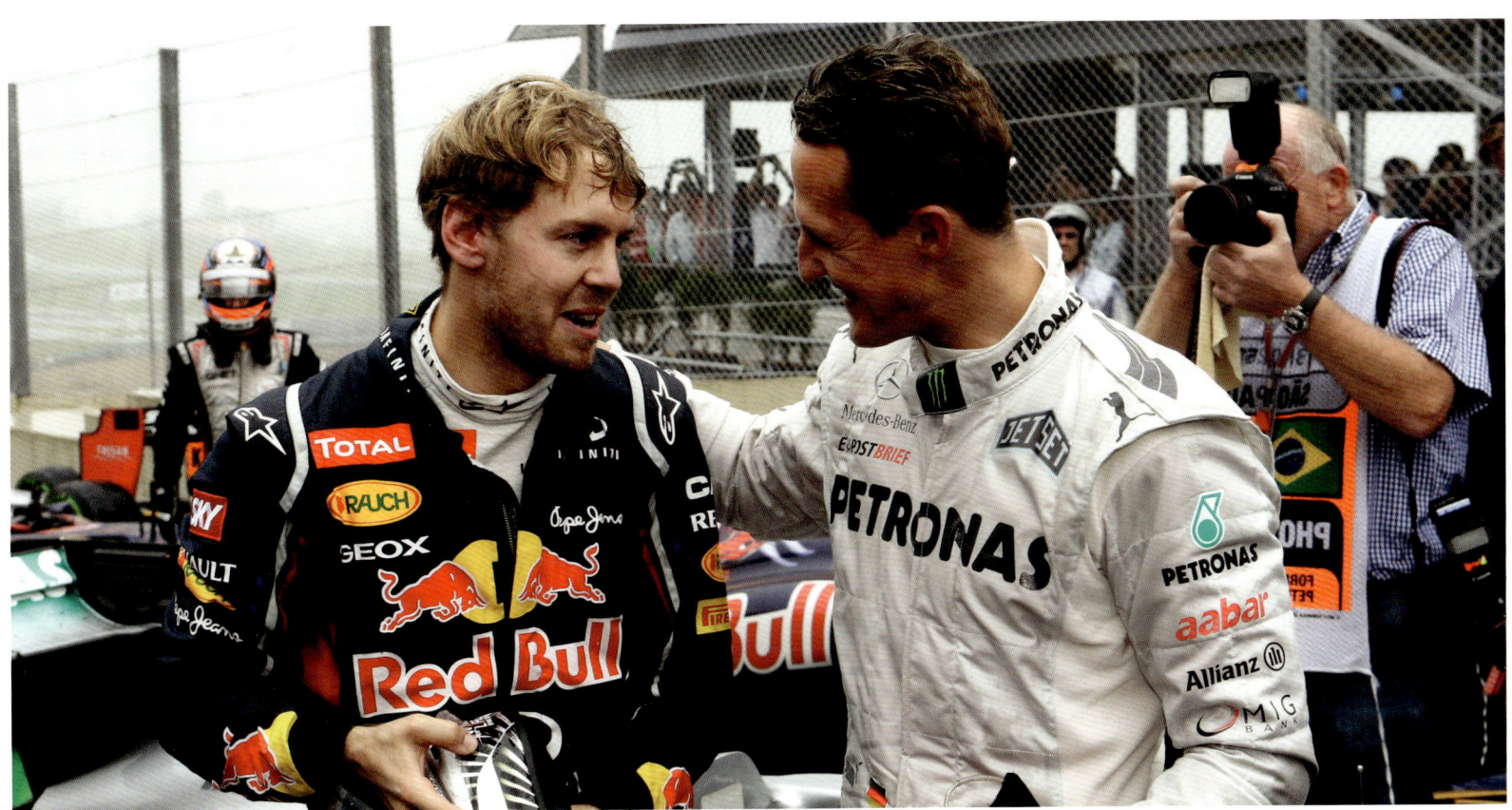

跨页图：
与他赛车生涯的起点相照应，迈克尔·舒马赫最终重返梅赛德斯车队，在这里结束了他的职业生涯。可惜的是，2010到2012年间，他只在2012年瓦伦西亚的欧洲大奖赛取得了一次领奖台的成绩。

右页左上图：
布朗与迈克尔·舒马赫在贝纳通的第一次合作以两届车手世界冠军的成果告终。

本页图：
1988年，时任飞箭车队技术总监的罗斯·布朗。

右页右上图：
托德、布朗（及其技术团队的伯恩）与舒马赫组成的"铁三角"写就了F1最辉煌的一段历史，只有布朗在2010年创建的梅赛德斯才能超越他们。

右页下图：
布朗为梅赛德斯F1车队的成立做出了卓越的贡献，也为该车队的成功打下了坚实的基础。

1994

罗斯·布朗

罗斯·布朗曾在多支车队任职，直到1994年加入贝纳通车队，为迈克尔·舒马赫打造了一辆世界冠军级的赛车。

罗斯·布朗出生于英国兰开夏郡的阿斯顿·雷恩。父亲的工作变动使他在童年时期就搬到了南部的雷丁求学。17岁时，布朗在哈维尔堂区的原子能研究机构找到一份机械学徒的工作。

在该机构的支持下，布朗进一步深造工程学，并在马奇车队迈出了赛车生涯的第一步。1978年，他加盟尚未夺冠的威廉姆斯车队。布朗从机械师做起，很快就进入研发部门与弗兰克·德尼一起工作，还在当时条件尚属简陋的风洞中参与测试。

1985年，他与尼尔·奥特利一起转入卡尔·哈斯的Beatrice F1车队，不过这支车队很快就解散了。他又先后效力于飞箭（Arrows）车队和TWR捷豹车队，担任1991年世界跑车锦标赛冠军赛车——捷豹XJR14的首席设计师，并与汤姆·沃金肖建立了牢固的合作关系。

同年，弗拉维奥·布里亚托利将沃金肖招进贝纳通F1车队，布朗也随之加入，并与南非人罗里·伯恩组成了强大的技术团队。车队分别使用福特V8和雷诺V10发动机，带领迈克尔·舒马赫夺得1994、1995两届世界冠军。

1996年，舒马赫转投法拉利车队，并在他的首个赛季末吸引布朗也来到马拉内罗担任技术总监。伯恩也随之转投法拉利，而在布朗的技术指导下，舒马赫在2000—2004年间创造了五连冠的辉煌。

在马拉内罗工作了10年后，布朗于2006年底离开法拉利，随后同意在2008年加入本田担任技术总监。然而，在全球金融危机的影响下，本田车队的F1业务难以为继，他们于2008年12月宣布退出。本田公司没有直接停办F1业务，也没有遣散员工，而是以1英镑的价格将其出售给了布朗，并为其提供了骨干运营预算，布朗GP车队就此诞生。

布朗GP车队成了F1历史上的一个奇迹。设计成熟的BGP001赛车利用新规中的漏洞，装配了强大的"双层扩散器"。车队还在最后时刻争取到了梅赛德斯的发动机，并与几个月前还无缘前排的简森·巴顿携手，一举摘得桂冠。

与此同时，梅赛德斯希望出售其在迈凯伦车队所持的40%股份，以厂队的身份正式加入F1。布朗和尼克·弗莱作为布朗GP车队的股东，仅经营了一年就与梅赛德斯达成协议，将车队转让给对方。布朗仍然留任负责人，与复出的迈克尔·舒马赫展开合作。

布朗感到自己地位不保，在2013年底选择了离开。原因是梅赛德斯车队在年初悄悄签下帕迪·洛担任技术总监，他们在斯图加特签署协议时，布朗并不知情。当布朗向执行董事托托·沃尔夫和尼基·劳达提出质疑时，他们却相互推脱责任……

再次暂别赛事几年后，布朗又被F1的新东家自由媒体集团聘用，于2017年重返围场，担任汽车运动总经理兼F1集团技术总监。这是F1首次独立聘用技术人员，以制定未来的技术规则与合理的预算上限，而罗斯·布朗此前的管理经验令他在工作中如鱼得水。

MILD SEVE
UNITED COLO
OF BENETTO

ELEVISION
Marlboro
Marlboro
OMP

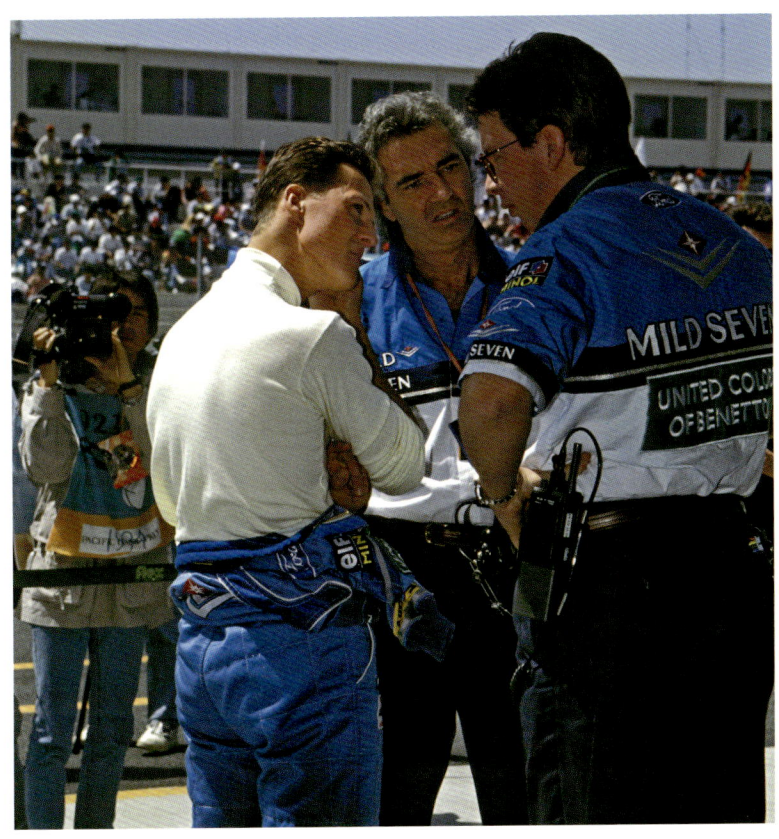

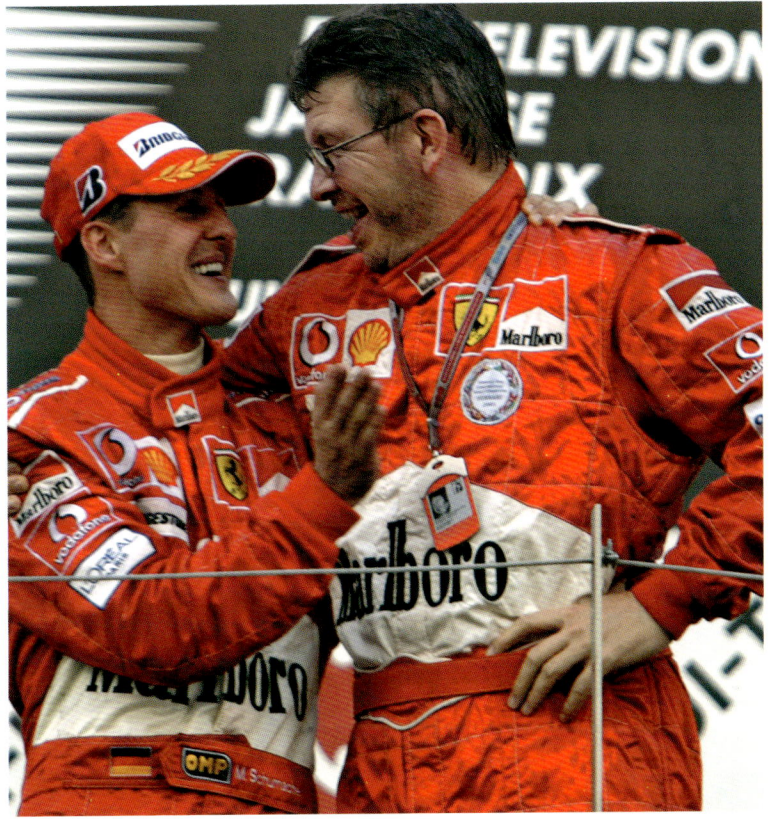

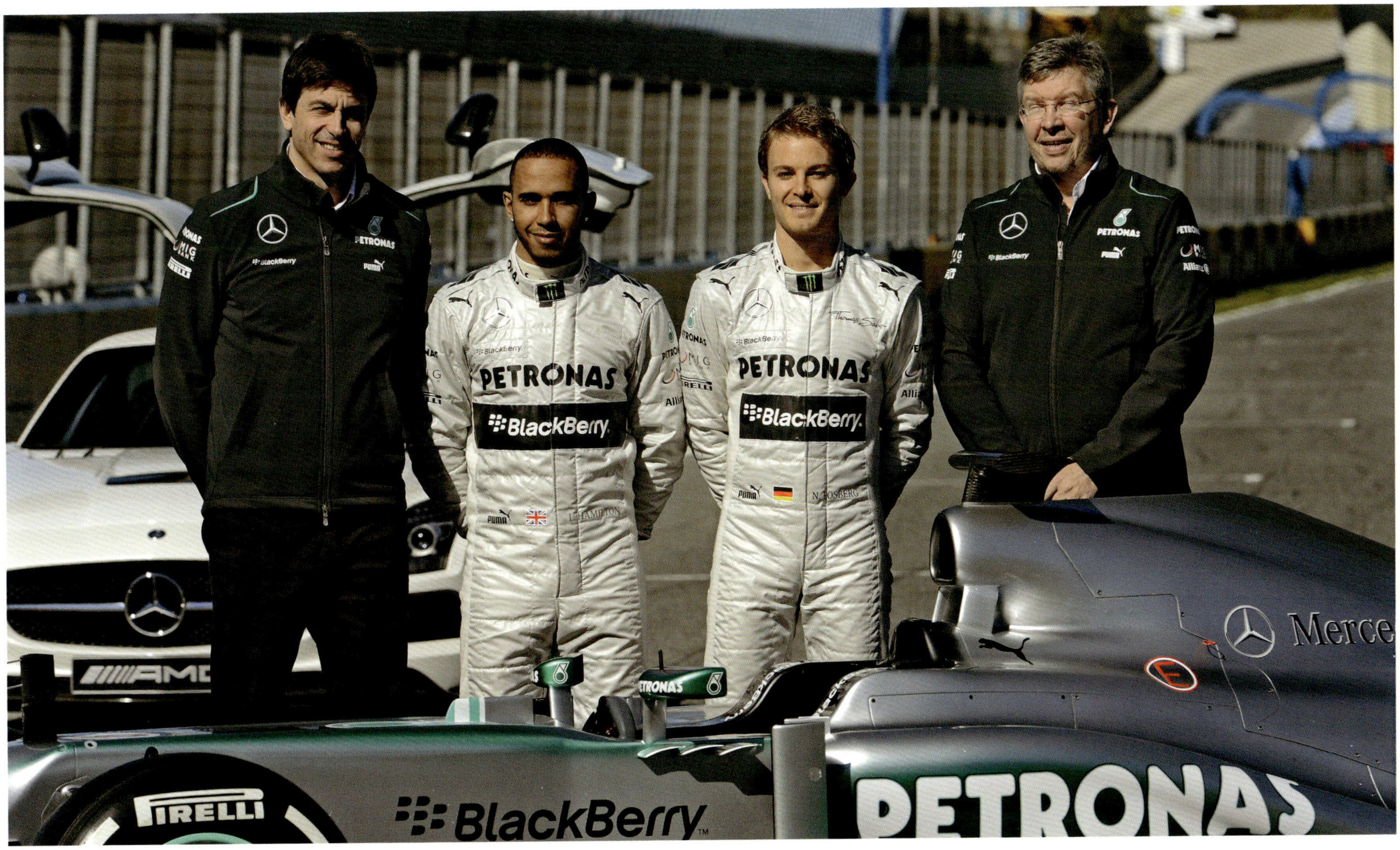
PETRONAS
BlackBerry
PETRONAS
BlackBerry
PIRELLI
BlackBerry
PETRONAS
Merce

上图：
2000年，墨尔本，澳大利亚大奖赛。法拉利正庆祝新千年的第一场胜利。

左下图：
1995年，摩纳哥。让·阿莱西在一场出色的排位赛后拥抱托德。

右下图：
托德与舒马赫正一同庆祝2006年法国大奖赛的胜利。他们彼此有很深的默契。

右页图：
托德是一位出色的拉力赛领航员。这张照片展示了他和F1赛车手让-皮埃尔·贝尔图瓦一起，赢得1970年法国汽车巡回赛胜利的场景。

1994

让·托德

为了扭转法拉利自1979年的乔迪·谢克特之后再无世界冠军的颓势,马拉内罗做出了史无前例的决定:让一位非意大利人执掌他们珍贵的F1车队。

让·托德在2009年任职国际赛车运动管理机构——FIA主席之前,已经积攒了40余年的赛车手和车队负责人经历。

出生于法国中南部皮埃尔福特的托德从幼年时就移居巴黎郊区生活。他很早就迷上了赛车运动,驾驶着从父亲那里借来迷你库珀(Mini Cooper)汽车首次参加了赛车比赛。不过他很快发现,自己与生俱来的组织能力让他更适合在副驾驶的位置工作。

1966年,托德开始了拉力赛领航员的职业生涯,不久就声名鹊起。这让他有幸与许多拉力赛名将合作,如让·克劳德·安德鲁埃、劳诺·阿尔托宁、汉努·米科拉和蒂莫·麦基宁等。1981年是托德在拉力赛车界的最后一个赛季,他与盖伊·弗雷克林搭档驾驶塔伯特-阳光-路特斯(Talbot Sunbeam Lotus)赛车赢得了阿根廷科达苏尔拉力赛的冠军。他们还在赛季中多次获得亚军,为塔伯特车队赢得了制造商世界冠军。

他在赛季结束后成为标致-塔伯特(Peugeot Talbot Sport)公司的总负责人,筹划并开发了三款车型,均取得了巨大的成功。其中,标致205 T16在1985—1986年夺得了世界拉力锦标赛的冠军,标致405 T16征服了美国派克峰爬坡赛,并在巴黎-达喀尔拉力赛上连续三届夺冠,标致905则在1992—1993年连续两次赢得了勒芒24小时拉力赛的冠军。

标致在多个领域的成功引起了当时正处于低谷期的法拉利车队的注意。1994年,托德加入法拉利,成为车队第一位非意大利籍领导人,并开始对其技术架构进行改革。1995年底,他从贝纳通挖来了两届世界冠军迈克尔·舒马赫。舒马赫没有辜负他的期望,在加盟法拉利的第一个赛季就赢得了三个分站冠军,超过了法拉利前五年的总和。

1997年,托德还成功招来贝纳通技术骨干罗斯·布朗和罗里·伯恩,他们曾与舒马赫有过成功的合作。他们的加入让法拉利竞争力大增,在16年后的1999年重登制造商冠军。2000年,舒马赫也终于加冕世界冠军,开启了在法拉利的五连冠传奇,这是前所未有的最辉煌战绩。2004年,托德升任为法拉利的首席执行官,同时继续担任法拉利赛车部门的经理。

托德于2007年底莱科宁加冕世界冠军后离开法拉利领导层。两年后,他与法拉利彻底断绝了关系,并宣布竞选FIA主席一职。他在2009年10月的选举中以压倒性的优势战胜了唯一的对手——曾在标致车队共事过的车手阿里·瓦坦恩,开始了他三届FIA主席的第一个四年任期。

2007

刘易斯·汉密尔顿

眼前这位来自斯蒂夫尼奇的小男孩是埃尔顿·塞纳的粉丝。他后来超越了偶像的纪录，成为全球公认的赛车传奇。

刘易斯·汉密尔顿成长于英国的斯蒂芬尼奇。他从8岁开始参加卡丁车比赛，很快便展现了过人的天赋。十岁时，他已经成为全国卡丁车比赛少年组最年轻的冠军。

他在汽车运动奖的晚宴上荣膺年度最佳卡丁车手。在这场伦敦帕克巷格罗夫纳豪斯酒店举行的宴会上，他走向迈凯伦车队的老板罗恩·丹尼斯，向后者表示有朝一日，他要为迈凯伦在F1赛场上驰骋。

汉密尔顿实现了自己的梦想。迈凯伦通过青少年车手计划资助他参加卡丁车比赛，并与他父亲安东尼共同管理他在青少年组别的赛事活动。2006年，汉密尔顿夺得GP2系列赛的冠军，丹尼斯和迈凯伦运营主管马丁·惠特马什直接让他加入车队，与卫冕的两届世界冠军费尔南多·阿隆索成为队友。

事实证明，他的加入让队友颇为不满。脾气暴躁的阿隆索坚称丹尼斯曾许诺给他一号车手的地位，而2005年阿隆索签约迈凯轮车队时，汉密尔顿还没有参加过GP2赛车比赛。

由于当时还允许进行大量测试，汉密尔顿从一开始就表现出很强的学习能力，水平与阿隆索不相上下。到了第四站的西班牙大奖赛，刘易斯已经登上了车手积分榜首位，并在第六站的加拿大站收获了自己的第一个分站冠军，紧接着又在印第安纳波利斯站再次夺冠。

这个赛季充满政治争端，迈凯伦车队先是因窃取法拉利知识产权而被罚款，又在匈牙利站发生内讧。汉密尔顿在比赛中无视车队指令，随后遭到阿隆索在维修站的报复，西班牙人还因此在正赛中被罚退五位起步，而这本应完全是车队内部可以解决的事情。

有人说，迈凯伦在那一年没有赢得冠军，是因为他们被人威胁窃密了还获得冠军，整个F1运动会被世人当成笑柄，这样"不太合适"。所以如果迈凯伦车队想要在F1赛事中继续下去，他们最好别太张扬……汉密尔顿与阿隆索并列，以109分结束了自己的首个赛季，两人各胜四场，落后法拉利车队的基米·莱科宁一分。在巴

西的收官战中，迈凯伦二人表现出奇的低迷。而菲利普·马萨则把位置让给了基米·莱科宁，使其以1分之差夺得世界冠军[1]。

译者注

1　在2007年巴西站比赛之前，刘易斯·汉密尔顿领先阿隆索4分，领先莱科宁7分。最终，巴西站汉密尔顿排名第七，积2分。莱科宁第一，积10分。赛后，法拉利工程师在无线电中对莱科宁说：根据我的计算，你以一分的优势赢下了世界冠军！

左页上图：
时年12岁的刘易斯·汉密尔顿。尽管经济条件有限，汉密尔顿仍在卡丁车赛场上证明了自己，从这场赞助商活动就能看出。

左页下图：
2006年，汉密尔顿与父亲安东尼一起庆祝GP2总冠军。父亲为他早期的赛车生涯付出了许多心血。

上图：
汉密尔顿首个赛季令人不安的一刻。在欧洲大奖赛的练习赛中，他失控撞向纽博格林赛道的护栏。

下图：
2008年，英特拉格斯赛道。在这场冠军决战前，汉密尔顿的赛车被推上发车格。

本页图：
2013年，汉密尔顿和队友尼科·罗斯伯格。两人的关系在几个赛季间不断恶化，尤其是在2016年西班牙大奖赛撞车之后。

右页左下图：
刘易斯找到了更温和的队友瓦尔特利·博塔斯。当然，车队仍允许他们进行对内竞争。

右页上图：
刘易斯参加了"黑人的命也是命"（Black Lives Matter）运动，口号清晰地印在他的头盔顶部。赛车上也印着"并肩飞驰，齐心而战"（We Race As One）的比赛宣传语。

右页右下图：
没有哪位车手能像汉密尔顿一样在赛车运动之外有如此大的影响力。他对时尚有着浓厚的兴趣，很喜欢随意地穿着非车队服装出现在大奖赛现场。他经常现场观看时装秀，图为他和拉森·汤普森在2020年巴黎时装周的合照。

随着阿隆索重返雷诺车队，2008年的汉密尔顿大展拳脚，在巴西充满戏剧性的收官战中，利用最后一圈最后一个弯道的时间优势击败马萨[1]，收获自己首个世界冠军头衔。

在接下来布朗GP车队和红牛车队接连统治的五个赛季中，汉密尔顿赢得了12场比赛。这期间，彻底改变他命运的事件是他在2013年加盟梅赛德斯车队，因为汉密尔顿相信他们能在2014年规则大改后打造出最强的V6混合动力赛车。

汉密尔顿在梅赛德斯车队史无前例地创造了七个赛季的辉煌。他始终驾驶着最好的赛车，一步步刷新了F1几乎所有的纪录。2020年，他追平了舒马赫的七个世界冠军；2021年巴塞罗那站，他第100次夺得杆位；同一年的俄罗斯站，他拿下第100个分站冠军，比舒马赫还多出足足7个。

译者注
1　比赛最后一圈汉密尔顿位居第六，马萨第一，按此顺序完赛则马萨以1分优势夺冠。但汉密尔顿身前的格洛克在半湿地的情况下换上干胎，在最后时刻被汉密尔顿超越。最终汉密尔顿以1分的分差夺冠，以23岁的年纪成为最年轻的世界冠军。

汉密尔顿之于赛车有如泰格·伍兹之于高尔夫——他的国际影响力早已超出这项运动本身。他对音乐和时尚有着浓厚的兴趣,并通过有色人种人权运动和他自己的"汉密尔顿委员会"来打击种族主义,提升了有色人种在英国赛车运动中的地位。

在2021年的新年荣誉榜上,汉密尔顿被授予爵位,他还入选当年《时代》杂志"全球最具影响力的100人"榜单。

7

第七章：商业

左上图：
F1首次东进是在1976年的日本站，富士赛道。这场比赛决出了当年的世界冠军。

下图：
2004年举办的巴林站是F1首次在中东地区办赛。这条赛道稳定的天气为赛事提供了极佳的试车条件。

右上图：
1986年，匈牙利首次办赛时吸引了20万名现场观众。伯尼本想在此举办街道赛，但遭到匈牙利当局的否决。在这场比赛中，纳尔逊·皮奎特挡住了塞纳的进攻，收获自己的首个分站冠军。

右页图：
2008年新加坡成功举办夜间比赛，该模式后来被成功移植到其他几座城市，欧洲的电视观众得以在黄金时段观看赛车。

1950

扩展赛历

F1世界锦标赛创办以来,它已经走过六个大洲的70条赛道——但在1950年刚开办时,用"世界"一词来形容只有几场比赛的赛程还有些夸张。

在F1世界锦标赛刚起步的几年里,只有西欧的六个国家(英国、摩纳哥、瑞士、比利时、法国、意大利)承办了符合F1标准的大奖赛。印地500虽然也算在赛历中,但它与F1和F2赛车的关系不大,所以在1960年之后就被移出世界锦标赛的范畴了。

尽管最初几年的办赛地点局限在欧洲,但不久之后,这项运动的版图便不断扩大。1953年,揭幕战转到南美的阿根廷举办;五年后,赛程首次扩大到两位数,共11场比赛,从阿根廷布宜诺斯艾利斯开始到摩洛哥艾因迪亚布结束——这是非洲的首场世界锦标赛,也是摩洛哥的唯一一场。1959年,美国除了印地500以外,还在赛百灵(Sebring)首次举办了符合F1规格的大奖赛。

20世纪60年代的赛历拓展稳中有进,增加了南非、加拿大和墨西哥等地的新赛道,西班牙也自1954年以来重返赛场。1968年是这十年里最繁忙的一个赛季,在11个月的赛程中举办了12场比赛。

随着阿根廷站从1960年以来首次重新举办比赛,1972年的赛程发生了新变化。一年后,巴西也加入赛历。最大的转变出现在1976年,赛季的收官战安排在日本的富士赛道,这是大奖赛首次在亚洲举办,可惜日本只办了两次F1赛事就退出了。从那以后,赛历也几乎不再发生变动,一般是从南美开始,到北美结束,中间穿插欧洲、美国长滩站和南非站。

澳大利亚的加入始于1985年;1986年,匈牙利成为东欧第一个举办大奖赛的国家;1987年,日本重新回到赛历。这三场大奖赛都成了F1的常规分站,直到2020年新冠疫情将赛历彻底打乱。

不过这种程度的变化与日后的发展速度相比,简直是小巫见大巫。1999年,马来西亚成为亚洲第二个举办F1赛事的国家。至此,每个赛季的比赛场数已经稳定在16至17场。伯尼与F1车队赞助商一直对美国大奖赛的缺席感到遗憾,但美国大奖赛曾经的举办地沃特金斯·格伦赛道需要进行大规模升级才能达到F1现有的安全标准。因此,2000—2007年,美国大奖赛都是在印地500的椭圆形高速环道内部搭建的临时场地上进行的。随着新千年的到来,这项运动探索了更多未知的地区。2004年,巴林(中东首站)和中国相继加入,随后是土耳其(2005年)、新加坡(2008年,F1首场夜间比赛)、阿布扎比(2009年)、韩国(2010年)、印度(2011年)、美国(2012年,于得克萨斯州奥斯汀的新赛道)、俄罗斯(2014年)和阿塞拜疆(2017年)。并非所有新尝试都取得了成功,比如韩国站只举办了四个赛季、印度站只延续了三个赛季,但F1赛历在2012年已经拓展到20场比赛,这一数字到2010年前后还在不断攀升。F1商业版权持有者自由媒体集团曾表示,以后每个赛季都有可能举办25场比赛。位于越南河内的新赛道原定于2020年落成,但受新冠疫情影响而被迫取消。2021年新增了沙特阿拉伯和卡塔尔赛道,2022年新增迈阿密赛道。

现在的比赛与1950年的情况大相径庭,但毫无疑问的是,如今"世界"锦标赛更加名副其实。

1959

冠名赞助商

多数人认为是1968年戈德立夫（Gold Leaf）香烟的加入改变了车队的资金运作模式（和涂装），但事实上，冠名赞助的形式在九年前就已经出现了。

多年来，F1的商业赞助来源局限于汽车行业内。在20世纪60年代，车队只能通过在赛车上贴上润滑油和轮胎厂商的标志来获得赞助。

但有一个例外。1959年夏天，金融公司约曼信贷开始赞助传奇人物斯特林的父亲阿尔弗雷德·莫斯参与创建的英国赛车合伙公司（BRP）车队。两年后，该公司转而将投资对象转移到雷格·帕内尔车队；1962年，这笔赞助以其母公司Bowmaker的名义继续进行，但车队在赛季结束后就退出了F1。

五年后，烟草公司的入局更长久地改变了F1的商业愿景。

路特斯车队的科林·查普曼被认为是赛车运动中引入烟草广告的先驱，但其实在欧洲以外的非锦标赛中，这已经不是什么新鲜事了。1967年，温斯顿烟草公司旗下的Gunston香烟品牌在布拉瓦约的罗得西亚大奖赛上宣布赞助南非车手约翰·洛夫和萨姆·丁格尔。第二年的开幕战南非大奖赛，他们的赛车就换上了该品牌的专属涂装。就在这场比赛后，戈德立夫也宣布与路特斯合作，车队随之改名为戈德立夫路特斯车队。

这一合作的达成部分源于当时英国的政治气候。世人已经意识

到了吸烟的危害，这导致英国电视台于1965年8月取消了香烟广告。业内人士担心，政府还可能会禁止香烟兑奖券，因为它本质上诱导人们吸烟成瘾（吸烟越多，积攒的兑奖券越多，收获的奖品就越好）。因此，Player's烟草公司决定开始推广不附赠优惠券的新品牌。他们的营销团队很快想到利用赛车广告为戈德立夫品牌注入

新生。这笔9.5万英镑的交易也让该品牌的宣传颜色成为路特斯车队在F2、F3和GT赛车中的标志。

短短几年，赛车变得越来越像高速移动的广告牌。Yardley、Brooke Bond Oxo、STP和Elf等各行各业的大企业很快就获得了曝光。由于戈德立夫的成功已经证明F1是非常有效的营销工具，Player's烟草公司决定在1972年更进一步，他们创立了新品牌——John Player Special，并通过F1进行宣传。于是在接下来的几个赛季中，路特斯车队涂装改成了黑色和金色。与此同时，万宝路也成为了BRM的主要赞助商，标志着其母公司菲利普·莫里斯开启了与F1的长期合作关系。

在21世纪初广告法规收紧之前，烟草公司的赞助广告一直是F1大奖赛的一大标志。2006年以后，明示型烟草广告被彻底禁止。而万宝路仍以冠名赞助的形式出现在参赛名单上（万宝路法拉利车队），到2011年赛季过半时才被撤下。

据估计，在烟草公司赞助顶峰时期，烟草商每年用于赞助F1比赛的总支出超过2.1亿英镑。其实直到今天，烟草公司也没有完全退出。包括菲利普·莫里斯在内的几家烟草公司仍在利用这项运动来推广烟草替代产品。

左页上图：
1969年，荷兰大奖赛。约亨·林特的戈德立夫路特斯赛车停在起跑线上。

左页下图：
1973年，克莱·雷加佐尼的BRM赛车。万宝路从20世纪70年代就开始出现在围场中。

上图：
1960年，赞德沃特赛道。约曼信贷车队正在维护赛车。

下图：
苏蒂斯赛车上的杜蕾斯广告引发了英国广播公司的不满，导致那一年几乎没有转播任何F1比赛。然而，他们却并不反对烟草广告。

左上图：
1980年，南非大奖赛。赛前，让-马里·巴勒斯特尔在维修区内拉住法拉利领队马尔科·皮奇尼尼。

下图：
麦克斯与伯尼和让-马里·巴勒斯特尔的争论延续到1981年德国大奖赛。

右上图：
与FISA/FIA的交流有时也不太得体……（T恤背后印有文字"吃屁吧，巴勒斯特尔"）

右页图：
还没等巴勒斯特尔离开领奖台，埃迪·欧文就开始向海因茨-哈拉尔德·弗伦岑喷香槟了。

1981

赛事控制权之争

和许多F1车队一样,伯尼·埃克莱斯顿对F1这项运动专制的管理机构及其所做出的决定感到厌烦,扬言要自立门户,独立办赛。

国际汽车运动联合会(FISA)和F1制造商协会(FOCA)的斗争威胁到了F1的未来,也催生了不少笑话[比如"FISA + FOCA = Fiasco(惨败)"]。这一纷争发生在1980至1981年,当时FOCA的代表人物是布拉汉姆车队的老板伯尼和律师麦克斯·莫斯利,他们与管理机构FISA争夺F1财政和围场管理权。

尚有几支厂队站在FISA一边——法拉利、雷诺和阿尔法·罗密欧。但是在1980年,FOCA代表的多数车队拒绝参加在阿根廷举办的赛季揭幕战,这场比赛被迫取消。

莫斯利、路特斯老板科林·查普曼和迈凯伦的泰迪·梅尔在奥地利基茨比厄尔著名的哈恩峰滑雪赛期间召开了一次会议,商议他们的进一步行动。他们下榻的酒店餐厅里有一幅壁画,描绘的是两个人正在给一头牛涂颜色。查普曼好奇地询问服务员,对方解释说在中世纪,附近有的一座城镇被围困,食物耗尽,镇里只剩下最后一头牛,投降在即。为了骗过敌人,镇民每天给它涂上不同的颜色,再特意让它在敌人能看见的地方走来走去,假装他们还有很多牛。

"就这么办!"查普曼喊道:"即使我们没什么钱,也必须举办一场比赛(来展现强硬的立场)。"他们急忙跑回房间,告诉伯尼这个决定,据说电话那头的伯尼反问他们是不是都喝醉了。

这可能真是酒后胡言,但埃克莱斯顿却接受了这个想法。没过多久,FOCA车队就独立举办了南非大奖赛。厂队及其赞助商对

FOCA车队能成功举办比赛而FISA却无能为力感到不安,遂要求进行和解谈判。

这场在法拉利摩德纳基地举行的谈判赋予了恩佐·法拉利规则否决权。这位意大利车队掌门人认为英国小型专业化车队享受了客户发动机的优势,对法拉利这样的赛车和发动机制造商不公平。当时,这些英国车队通常使用的是考斯沃斯V8发动机,它是F1历史上最成功的发动机之一。

双方达成的《摩德纳协议》基本上承认了FISA对F1运动的管理权,但伯尼和麦克斯执掌的FOCA将接管所有商业事务。然而,时任FISA主席、经常被指责爱慕虚荣的让-马里·巴勒斯特尔对这一结果并不满意,他不希望恩佐·法拉利在自己的地盘上独揽功劳,还曾坚持要求在巴黎协和广场的FISA总部签署该协议。

1981年,莫斯利、法拉利的马尔科·皮奇尼尼(后来当上了摩纳哥财政大臣)和雷诺雇的一名律师合作,终于促成了结束这场闹剧的《协和协议》(Concorde Agreement)。这也许是体育界最有意思的讽刺,"Concorde"在法语中本是和谐的意思,而以它为名的F1管理合约却在接下来的40多年里争论不断,屡经修改。

2006

烟草禁令

从1968年车队开始接受烟草品牌赞助以来，他们对这项运动的投入已经高达数百万美元，车队和赛事陷入了"烟瘾"难戒的境地。

路特斯车队老板科林·查普曼是最早将烟草赞助引入F1的人之一。1968年，他的车队放弃传统的英国赛车绿涂装，换上了Player's旗下戈德立夫香烟的红金配色。

20世纪70年代，随着F1日益专业化和全球化，香烟赞助成为各支车队极度依赖的主要收入来源。在接下来的几年里，有不少品牌与F1车队签订了价值数百万美元的冠名赞助合同，包括为大家所熟知或不熟知的Barclay、Benson & Hedges、Camel、Gauloises、Gitanes、John Player Special、好彩（Lucky Strike）、万宝路（Marlboro）、七星（Mild Seven）、Rothmans、West、Winfield。到世纪之交，三大烟草赞助商每年对F1投入达7.5亿美元。随着香烟在传统媒体投放广告日益受限，F1作为一项兼具活力、视觉刺激和全球影响力的运动，成为他们的首选赞助对象。F1的赛季长达九个月，能够持续吸引眼球，而且有些车手，如詹姆斯·亨特，经常在赛后吞云吐雾，为烟草品牌提供了更多曝光机会。

尽管烟草商声称赞助F1不会诱导年轻人吸烟，只是提升了他们在现有成年烟民中的品牌形象，但世界卫生组织并不认同，指出每年仍有400万人死于与烟草有关的疾病。

20世纪90年代，澳大利亚开始在体育和艺术领域禁止烟草赞助，但对精英运动——如F1澳大利亚大奖赛——则有所放宽。澳大利亚大奖赛从1985年开始在阿德莱德举行，1996年后迁至墨尔本。

反烟人士认为这一豁免是极其错误的做法。与此同时，欧洲的禁烟呼声也越来越强烈。FIA主席麦克斯·莫斯利一度声称烟草禁令会威胁F1在欧洲的赛事，建议将比赛地点转移到对烟草更友好的亚洲和中东地区。

紧接着发生了新工党的贪污丑闻。F1掌门人伯尼·埃克莱斯顿被指在1997年1月向该党秘密捐赠了100万英镑——四个月后，党魁托尼·布莱尔以压倒性的胜利当选英国首相。那年晚些时候，布莱尔与伯尼会面，会后他建议F1免于欧盟原定于2003年实施的

烟草禁令。反对党指责称这是用金钱换取政治影响力。这笔巨款最终在监察人员帕特里克·尼尔的监督下返还。该事件也催生了一个俚语，用"伯尼"来指代"100万英镑"。

最终，莫斯利亲自确认，无论发生什么，F1都会从2006赛季末开始自律实施烟草禁令。他认为，如果不这样做，欢迎F1大奖赛的国家数量就会大幅减少。而且在日益讲求政治正确和企业社会责任的大环境下，烟草赞助的存在很有可能阻碍其他赞助商入局。

对F1来说，幸运的是，禁烟令的施行恰逢汽车制造商参与赛

事的顶峰时期。其塑造的专业化形象成功吸引不少科技企业的赞助，弥补了部分烟草商退场造成的资金空缺。

而且实际上，烟草商并没有完全消失。菲利普·莫里斯公司于1984年首次与法拉利合作，并在22年后的1997年将其万宝路品牌广告从迈凯伦转向马拉内罗，成为法拉利的冠名赞助商。进入新世纪，尽管有禁令在身，双方的合作仍在继续。法拉利赛车的涂装仍保留了该品牌的标志色，只是去除了"万宝路"的字样。2010年，法拉利的"条形码"[1]涂装被指暗示宣传万宝路品牌，而被迫移除了该标识。

十多年过去了，菲利普·莫里斯公司仍在为法拉利提供赞助。他们现在又推出了"Mission Winnow"品牌[2]，宣称是为了宣传其对研究科学和创新的执着追求，从而创造更美好的未来……

上图及左页上图：
2010年被禁止的万宝路"条形码"标志曾出现在法拉利赛车涂装、赛车手服和队服上。

左页下图：
1998年的普罗斯特-标致车队和威廉姆斯-Mecachrome车队都强烈依赖烟草赞助。

下图：
F1最离奇的胜利之一——巴西大奖赛，比赛因红旗终止导致领跑的詹卡洛·费斯切拉获得冠军，他的乔丹赛车在驶入维修区后起火。当时乔丹车队的主要赞助商是烟草公司本森-赫奇斯。

译者注
1 该涂装上红白相间的"条形码"状图案，在远看或赛车高速移动的情况下该图案很容易就能让人联想起万宝路烟盒上的经典标志。
2 Mission Winnow标志形态与此前的"条形码"异曲同工，遂遭到了类似的质疑，并于2022赛季起被移除。

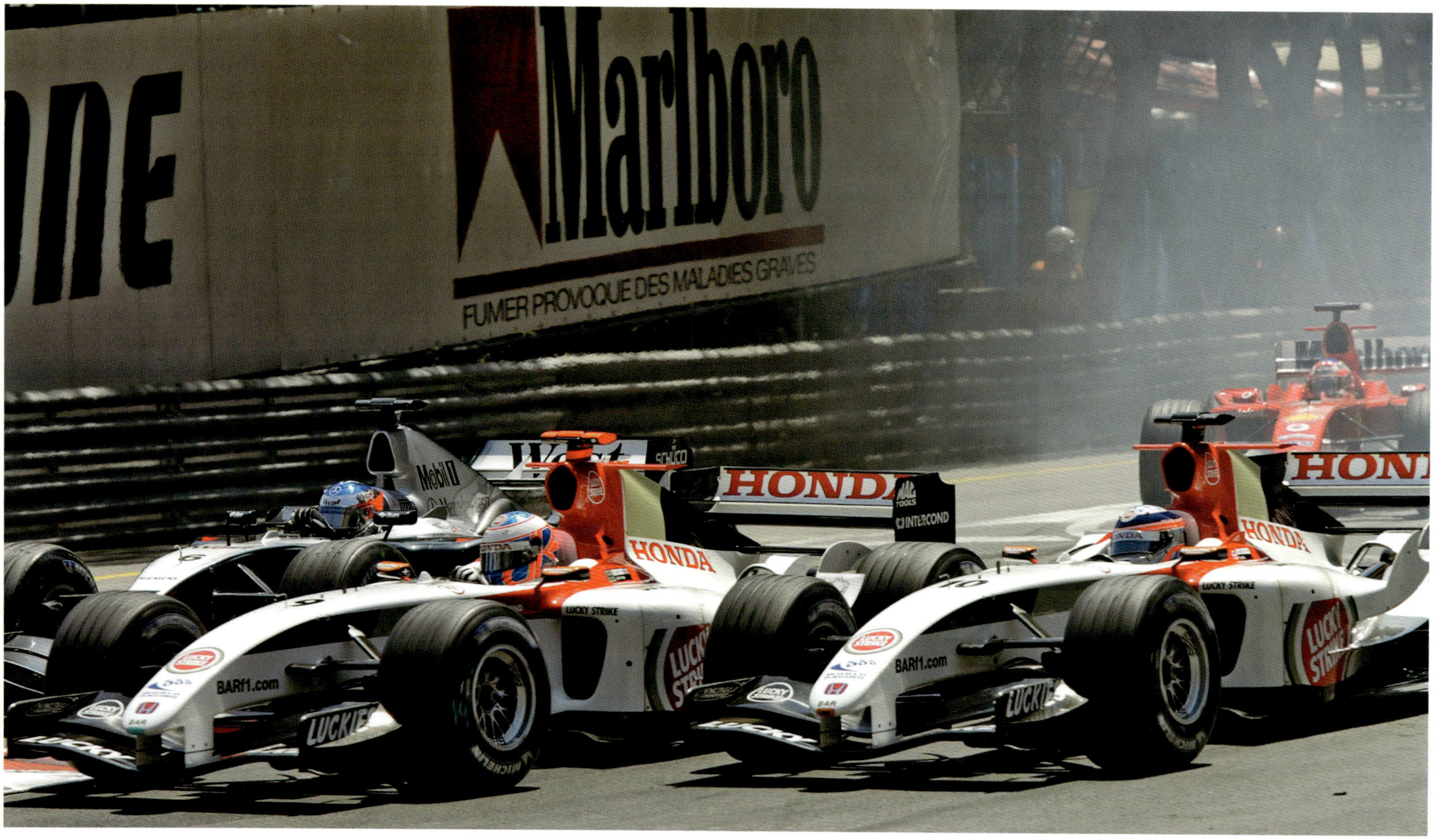
Marlboro
FUMER PROVOQUE DES MALADIES GRAVES
HONDA
BARf1.com
LUCKY STRIKE

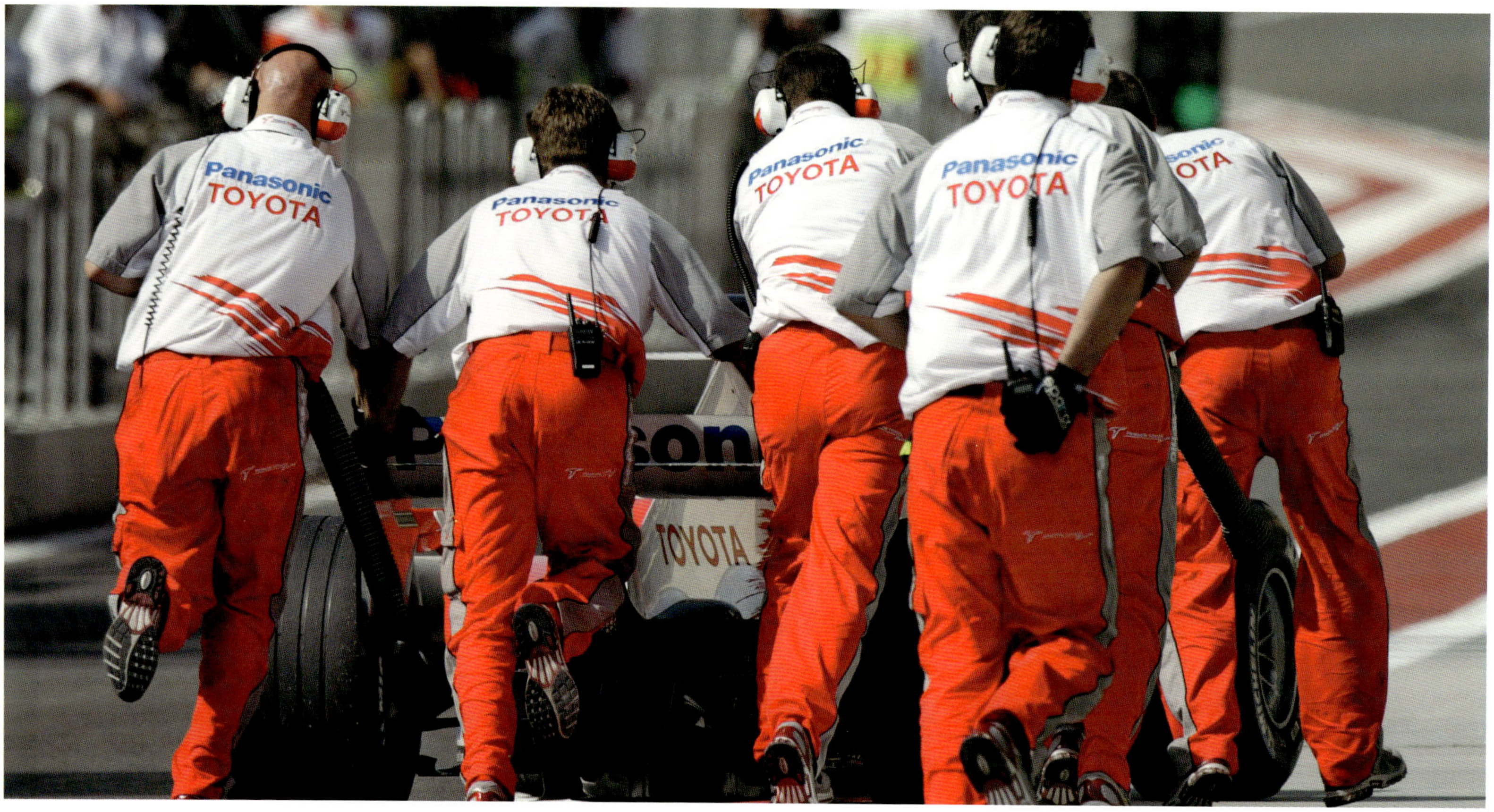
Panasonic
TOYOTA

左页上图：
2004年，摩纳哥。英美-本田车手简森·巴顿领先队友佐藤琢磨。

左页下图：
英国大奖赛练习赛。丰田机械师将里卡多·宗塔的赛车推上维修区通道。

本页图：
2004年，蒙特利尔。马克·韦伯把福特控股的捷豹赛车开上了草坪缓冲区。

2008

制造商离场

2007年金融危机导致在F1中占有重要地位的大型汽车制造商急流勇退。

自F1世界锦标赛开始以来，大大小小的汽车制造商一直是这项运动的积极参与者。成功的车队，比如法拉利、路特斯和迈凯伦，都能将他们在赛事上的成就转化为民用车制造领域的优势，但早在20世纪50年代，阿尔法·罗密欧才是围场中最强的车队。梅赛德斯在早年间也曾参与竞争，但1955年勒芒赛道上一场惨烈的事故让他们退出这项运动长达几十年之久。在那场比赛中，皮埃尔·勒韦格的赛车冲入人群，造成车手和83名观众丧生。

本田曾在20世纪60年代短暂涉足这项运动，福特则与考斯沃斯合作成为发动机供应商。但总体而言，除了法拉利和路特斯以外，其他制造商的参与度极低。

1977年，雷诺1.5升V6涡轮增压发动机的问世改变了这一局面，引发了F1的政治风暴。法拉利、雷诺和阿尔法·罗密欧三家发动机制造商"巨头"（Grandees）与赛事管理机构FISA形成利益共同体，而英国车队则希望继续通过增强地面效应下压力、减轻车重的方式搭配现成的自然吸气DFV发动机来跟上前者的速度，还曾威胁退出F1系列比赛。

《协和协议》签署后的20年中，汽车制造商的参与主要在于向专业车队提供发动机，新出现的烟草赞助补足了小车队原本的资金缺口。

到21世纪初，汽车制造商们的参与度达到高峰，他们开始直接组建厂队参赛。雷诺重返赛场；福特收购了斯图尔特车队并将其更名为捷豹车队；丰田大手笔进军赛事，将总部设在德国的科隆；宝马收购了瑞士的索伯车队；本田接手经营英美车队；梅赛德斯则入股迈凯伦车队，持有其40%的股份。

六支厂队的直接竞争大大增加了F1车队的规模和开支，最大的车队在赛车和发动机部门的总人数接近1500人。

2007到2008年的全球金融危机让一切陷入了停滞。民用车市场受到重创，售价跌幅高达15%～20%。汽车工厂不得不缩减产量，甚至暂停运营，每周只能工作三天的新闻屡见报端。在工厂裁员的大背景下，昂贵的F1计划成了沉重的负担。

2008年底，本田车队突然宣布退出。在经历三个并不出彩的赛季之后，他们把车队卖给了罗斯·布朗——讽刺的是，车队在后者的运营下一举获得巨大的成功。迈凯伦的马丁·惠特马什在最后一刻同意为布朗车队提供发动机，搭配充分利用规则漏洞设计的赛车，使巴顿赢得2009赛季的世界冠军。布朗随后便将车队出售给梅赛德斯，这是后者自1955年来首次以厂队身份回归，迈克尔·舒马赫随之重返F1赛场。

世界金融危机还迫使宝马于2009年7月宣布退出，并将车队卖回给彼得·索伯。理由是F1车队缺乏面向未来的生存能力和可持续性。同年年底，丰田也以汽车行业的财务问题为由宣布退出，雷诺则将其车队75%的股份出售给基尼资本公司（Genii Capital）。

汽车制造商的F1项目很容易受到企业决策变化的影响，这也是赛事管理机构不愿将太多权力转让给他们的重要原因之一。

2008

赛事商业利益之争

在全球金融危机期间，赛事的商业收入尽数流入伯尼的投资者囊中，这让车队倍感不满，并要求提高自己的商业收入份额。

F1车队协会（FOTA）于2008年7月在法拉利的马拉内罗总部成立。它最初由法拉利董事长卢卡·迪·蒙特泽莫罗领导。其目的是建立统一战线，代表车队的利益，在与FIA和F1集团围绕《协和协议》的谈判中发挥作用。《协和协议》是一份规范该运动商业和监管权力的文件。

伯尼·埃克莱斯顿和FIA主席麦克斯·莫斯利本来采取分而治之的策略，使各车队在收入分配和围场影响力的谈判中产生分歧，最终服从他们的安排。FOTA的目的就是阻止这种策略。

FOTA成立之初，全球金融危机余波未散。莫斯利正着手制定2010年的新规则，并推动颇具争议的4 000万英镑预算帽，遵守预算帽的车队可以免受部分技术规则的限制。此举意在吸引更多的车队参加F1——莫斯利已经开始招标，计划增加三支新车队——从而制衡FOTA所形成的车队利益集团。

注册参加2010年F1世界锦标赛的截止日期是2009年5月底，但各车队最初都拒绝参赛，要求FIA修改新规。随后，并不出人意料的是，埃克莱斯顿为两支资金紧张的车队——威廉姆斯和印度力量开出了更优惠的财政条件，成功吸引他们注册参赛。

包括法拉利在内，FOTA其余的车队都没有报名注册。截止日期过后，他们宣布将开办独立的"世界大奖赛锦标赛"，并将威廉姆斯和印度力量排除在外。这一切都令人联想到近30年前FISA与FOCA的权力之争。

在这一系列事件中，作为历史上唯一一支从未缺席F1的车队，法拉利的意图一直备受关注。尽管此时FOTA主席已由迈凯伦的马丁·惠特马什担任，法拉利仍与大多数车队保持一致。

谈判持续的时间并不长。几周后，FIA就与FOTA达成了减少预算限制、放宽技术规定的新共识。预算帽的方案暂时搁置，FOTA也不再考虑独立办赛的计划。新的《协和协议》更充分地平衡了双方的商业利益。

威廉姆斯和印度力量车队很快也重获FOTA的认可。他们还邀请新入局的维珍车队、路特斯车队和HRT车队加入组织。在宝马、丰田和雷诺退出后，12支参赛车队都已成为FOTA成员。

为了让公众参与有关F1未来发展的讨论，FOTA曾在大奖赛上组织了一系列调查和车迷论坛。但新的《协和协议》签订后（该协议四年后再次修改），该组织与赛事的相关性受到了质疑。

由于FOTA内部对资源限制协议（RRA）的意见存在分歧，法拉利、客户车队索伯及大小红牛均在2011赛季末退出该组织。法拉利车队负责人斯蒂法诺·多梅尼卡利和红牛领队克里斯蒂安·霍纳都对FOTA的有效性表示怀疑。

另外，惠特马什后来不再担任迈凯伦车队负责人，由法国人埃里克·布利尔接替。这位主要推动者的缺席导致FOTA于2014年解散。2022年，随着商业收入分配更加公平，预算帽的制定更加合理，车队与管理机构之间的关系变得空前融洽。

左页图：
在法拉利董事长卢卡·迪·蒙特泽莫罗的领导下，FOTA得到了各支车队的支持，看似能够独立举办赛事，前提是他们能找到比赛场地。

上图：
在麦克斯·莫斯利的推动下，路特斯于2010赛季重返F1。

下图：
2010年，卡伦·钱德霍克和布鲁诺·塞纳首次参加F1赛事，驾驶HRT赛车。

2017

自由媒体集团接管F1

伯尼·埃克莱斯顿曾多次"出售"F1，但都保留了一定程度的控制权。这一次，他决定彻底交出F1王国的皇冠。

伯尼在20世纪80年代拿下了F1商业运营权，与媒体签订高额合同，实现了F1比赛的全球转播，促使赛事商业收入爆炸式增长。他还规定转播商必须完整地覆盖整个赛季所有赛事，不能只播出部分比赛，这吸引了大量赞助商加入。

伯尼从F1手中买下了该系列赛长达一个多世纪的商业经营权后，便开始寻找接盘的投资方。私募股权基金CVC资本（CVC Capital Partners）率先出资买下了部分股权。此时伯尼仍持有股份，继续留任负责经营事务。然而付费订阅的兴起导致F1的电视曝光度逐年下降，观众数量也随之减少。

2017年1月，他以33亿英镑的价格将F1商业权出售给自由媒体集团，标志着"伯尼时代"的终结。时年86岁的埃克莱斯顿短暂留任首席执行官，但很快就被授予"荣誉主席"的头衔，失去实权。接替他担任首席执行官的是切斯·凯里，此人原本在鲁伯特·默多克的21世纪福克斯公司（21st Century Fox）任高级主管。

自由媒体集团决定为这项运动开拓新的市场。凯里在日内瓦FIA会议上说："以前的F1都以只顾眼前利益的短期交易为中心，这些投机行为缺乏战略、愿景和远期规划，导致资本缺乏长期投入的意愿。"

"这项运动缺乏组织性，"他补充道："伯尼的伟大之处是他独自构建起了财务与法律体系完备的F1的商业王国。而我们所能做的事情之一就是建立能够支持运营这项运动的组织。"

组织架构的一部分是设立汽车运动总经理（Managing Director Motor Sport）一职，而前法拉利技术总监罗斯·布朗

正是最合适的人选。他有40余年参与F1赛事的经验，对这项运动面临的技术和商业挑战了如指掌。布朗首次采取了促进公平竞争的具体措施，保障以赛车为唯一业务的独立车队能够与以F1为营销平台的大车队并存（后者营销的产品也许是汽车，也许是能量饮料）。

原本限于赛车技术复杂性因素和监管难题而迟迟未能落实的预算帽，也于2021赛季在自由媒体集团的推动下得以实施。

自由媒体集团还出资委托技术人员研究制定新的技术规则，旨在降低比赛中的跟车难度。这是改善赛事观感、提升"节目效果"的重大举措。

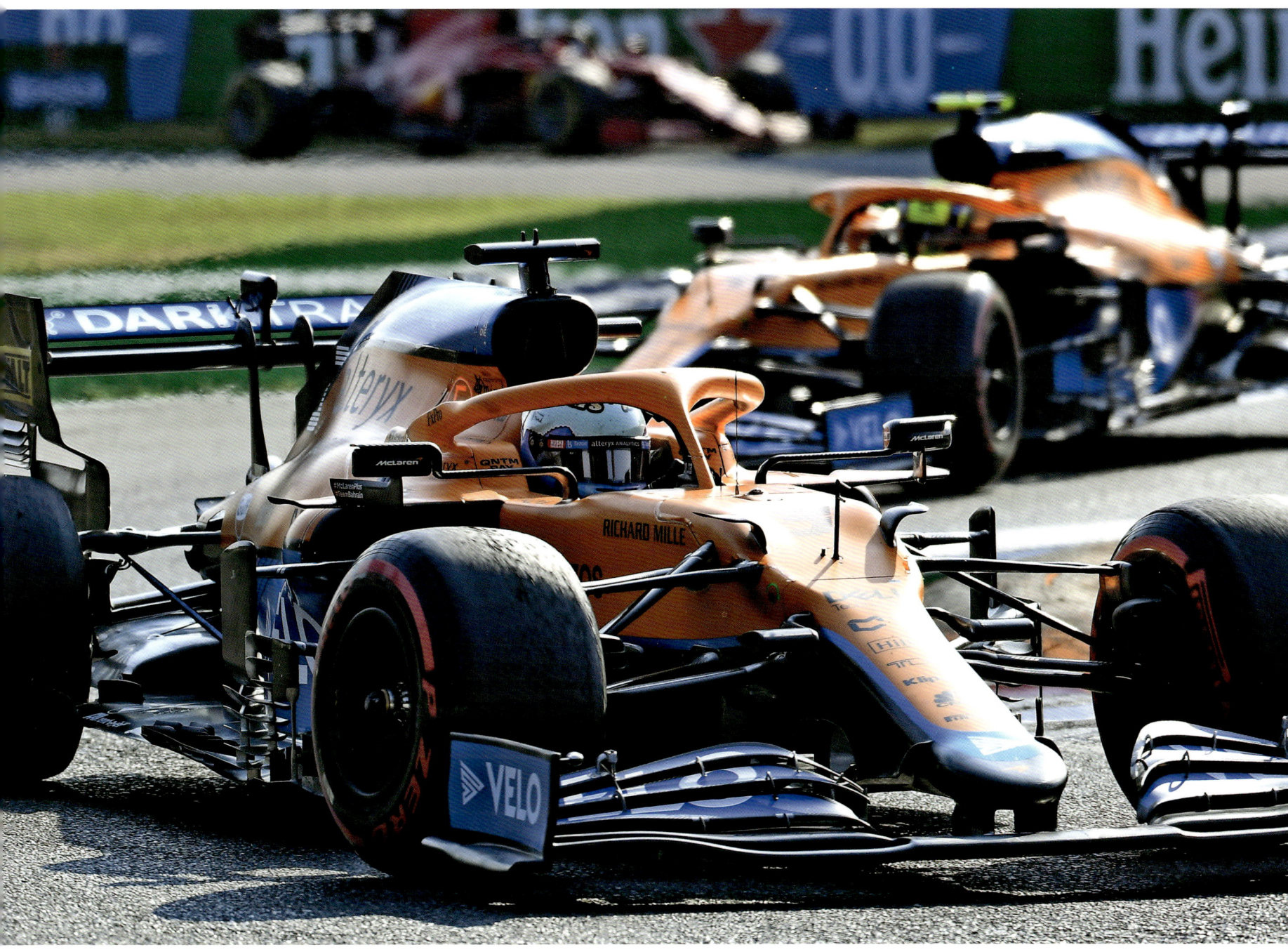

传媒是自由媒体集团的核心业务，他们致力于推广这项运动，扩大和丰富观众群体。网飞（Netflix）系列节目"疾速争胜"（Drive to Survive）就是这一目标指导下的产物。集团还计划在卡塔尔、沙特阿拉伯和美国的迈阿密举办新的分站比赛，吸引更多观众。

更公平的赛事收入分配是车队实现可持续发展的关键，2020年签署的新商业协议为车队利益提供了保障。随着凯里的离职，2021年1月，自由媒体集团F1首席执行官的位置由前法拉利领队斯蒂法诺·多梅尼卡利接任。

左页上图：
2019年，切斯·凯里与罗斯·布朗在围场。凯里就此将F1运营事务移交给斯蒂法诺·多梅尼卡利。

左页下图：
伯尼时代加入赛历的印度大奖赛在佛陀赛车场举行，但只持续了三个赛季。韩国大奖赛的境遇也类似，仅举办四个赛季就告别了灵岩赛道。

本页图：
2021年，蒙扎，意大利大奖赛。在冲刺排位赛中，迈凯伦-梅赛德斯车队的丹尼尔·里卡多领先队友兰多·诺里斯。增加冲刺排位赛也是自由媒体集团丰富比赛周末的一项举措。

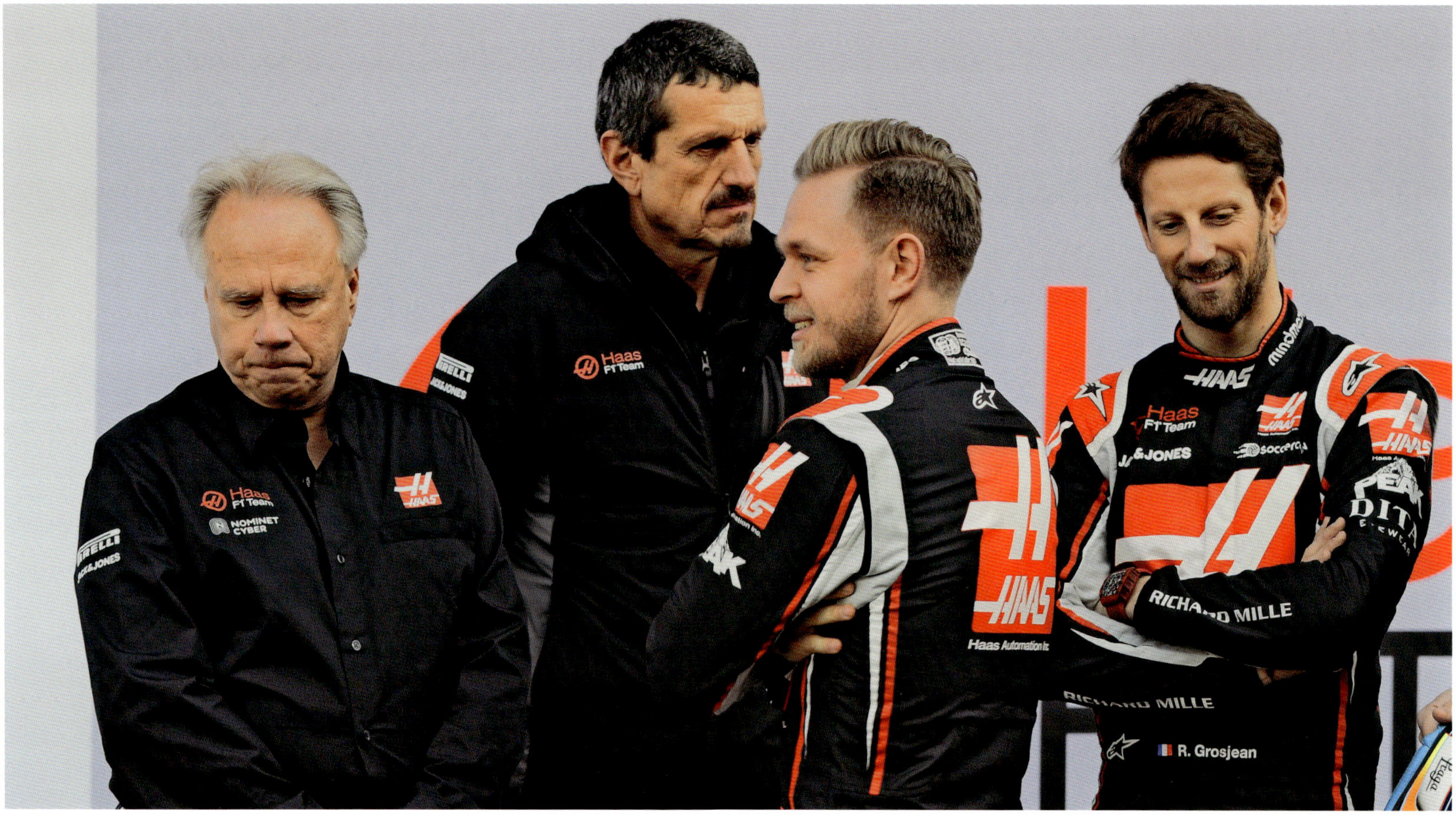
Haas
F1 Team
NOMINET
CYBER
HAAS
Haas Automation Inc
RICHARD MILLE
R. Grosjean

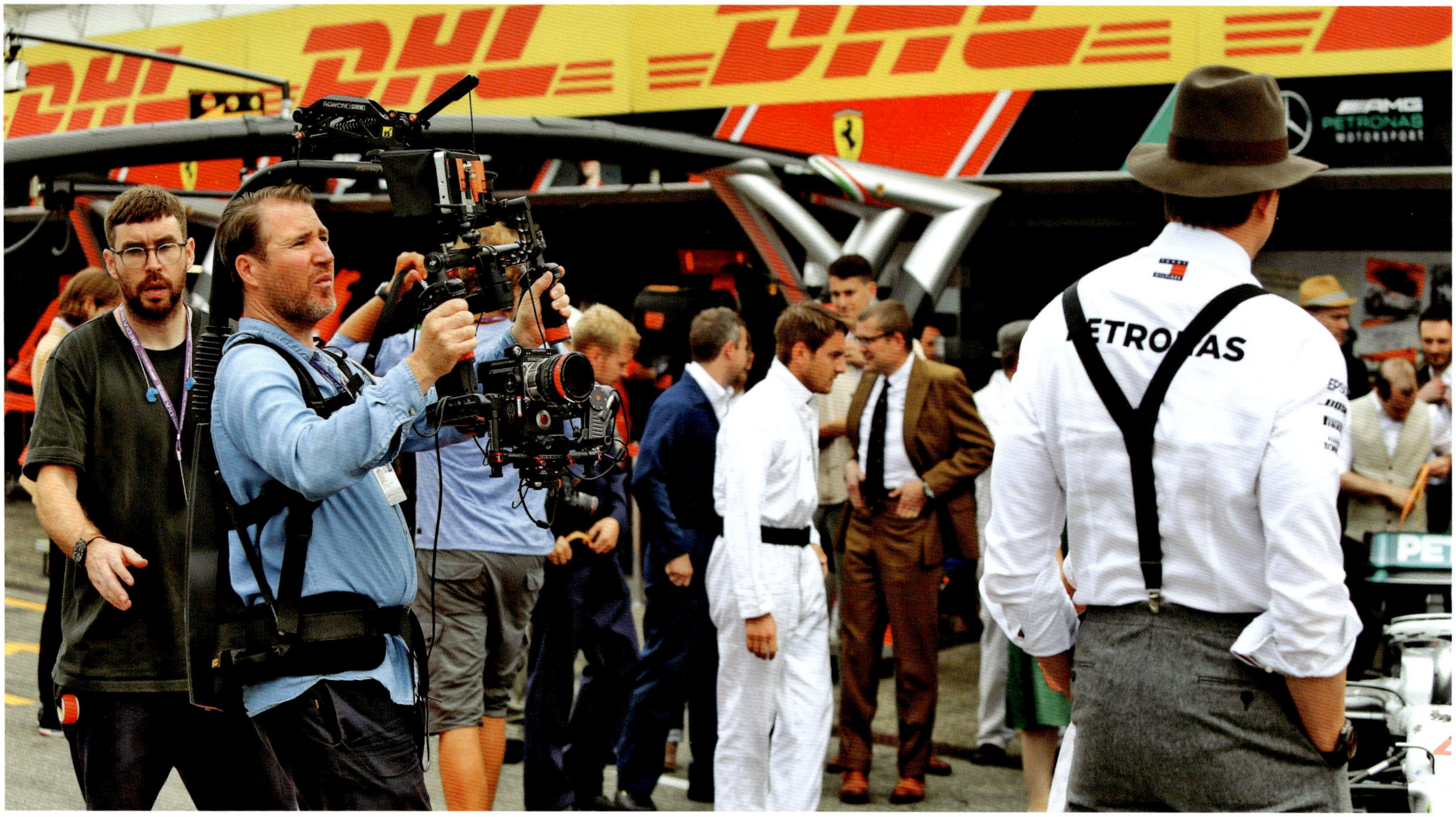
DHL
AMG
PETRONAS
MOTORSPORT
PETRONAS

左页上图：
哈斯车队负责人冈瑟·施泰纳、车队老板吉恩·哈斯和车队2020赛季两位车手罗曼·格罗斯让和凯文·马格努森的合照。网飞的节目生动展现了冈瑟"幽默风趣"的性格，显著提高了他的知名度。

左页下图：
2019年，德国大奖赛。为庆祝梅赛德斯参赛125周年，领队托托·沃尔夫盛装现身赛场。在赛场上，网飞摄制团队的摄像设备更加精良，与电视转播摄制组区别明显。

本页图：
"疾速争胜"第四季海报。早在2021赛季结束前很长时间，这一季的主题就已众人皆知了。

2019

网飞："疾速争胜"

F1观众群体正不断缩小并呈现老龄化的趋势，直到一家流媒体服务公司出手相救——他们成功塑造了哈斯领队冈瑟·施泰纳的荧幕形象。

2017年自由媒体集团收购F1时，他们宣称的目标之一就是将这项运动带给更年轻的新观众。伯尼·埃克莱斯顿多年来一直严格控制电视转播权，他认为社交媒体没有什么商业价值。而自由媒体集团最明智的决定就是放开授权，允许网飞（Netflix）制作专题片"疾速争胜"（Drive to Survive）。该片于2019赛季前的3月首播，重点讲述2018赛季的故事。

由于F1的电视转播通常都集中在比赛上，而且必须遵循既定的格式，因此这项运动的形象有时会显得很机械，不近人情。而事实上，全世界旅行的F1围场本身就是一部快节奏的、人物性格特色鲜明的情景剧。

这档节目为车迷奉上了难得一见的比赛幕后故事。摄制组深入车队，拍摄车手和车队负责人在赛场之外的生活。第一季节目中，梅赛德斯和最受欢迎的法拉利车队并未允许摄制组跟拍，这使魅力十足的哈斯领队冈瑟·施泰纳和精通媒体技巧的红牛车队老板克里斯蒂安·霍纳成了剧中的主要人物。在看到节目的影响力后，梅赛德斯和法拉利从第二季开始改变了主意，进一步丰富了"疾速争胜"的故事内容。

该系列片不仅为F1带来了新观众，还吸引了曾经观看过F1但厌倦了无聊比赛的老车迷回流。这种厌倦通常出现在某一支车队统治比赛的时候：比如舒马赫与法拉利称霸的21世纪初，和近些年汉密尔顿和梅赛德斯的混合动力时代。

人情世故和各种小道消息一直以来都是F1围场的一部分。通过深入挖掘这些信息，"疾速争胜"成功吸引了更多人关注这项赛事，这在F1尚属小众的美国非常重要。

受此影响，从2018年到2021年初，ESPN频道的F1观众数目几乎翻了一番；英国天空电视台的数据也显示，2021年揭幕战巴林大奖赛的实时观众峰值高达223万人，这还是在汉密尔顿与维斯塔潘之争开始之前的情况。

该节目深入记录了两组引人关注的情节：其一是皮埃尔·加斯利与维斯塔潘的斗争，以前者在赛季中失去二号车手的席位告终，该位置由亚历山大·阿尔本接替；其二是罗曼·格罗斯让在2020年巴林站事故中死里逃生的故事。据报道，两位车手在社交媒体上的关注度和受欢迎度都大幅提高，特别是在美国，格罗斯让目前也在这里参加印地500比赛。

赛车纯粹主义者批评称剧中存在虚假或错位的车队通话和重新录制的评论，并指责该节目故意编排某些场景，过度戏剧化或歪曲了围场中的事件和人物关系。但这一切都是为了"节目效果"。毫无疑问，"疾速争胜"的播出对F1赛事和剧集创作者Box2Box电影制作公司来说都是成功的。

网飞没有公布这档节目的收视数据，但根据全球电影和电视节目数据网站FlixPatrol的统计，"疾速争胜"第三季上映后不久，就跃居全球电视节目收视榜榜首，观众以16～35岁的青年群体为主，这是F1很想看到的。

迈凯伦车队负责人扎克·布朗说，每当别人与他谈论起F1时，总是不可避免地提到网飞的这部系列剧集。

上图：
F1老大哥的形象为法拉利的跑车系列和商业投资（如图中的阿布扎比法拉利世界）增添了魅力。

下图：
预算帽并不限制车队三名最高薪酬人员的工资，所以图中这两位的钱包应该不会受到威胁，他们是红牛车队的核心骨干。

右页上图：
吊车将乔治·拉塞尔的威廉姆斯赛车移出赛道。艾米利亚·罗马涅大奖赛上与博塔斯的这场事故对威廉姆斯和梅赛德斯的预算都产生了严重的影响。

右页下图：
为了帮助车队控制成本，2021年1月，时任迈凯伦车手的丹尼尔·里卡多"友情客串"了迈凯伦Artura混合动力超级跑车发布会。

2021

预算帽

麦克斯·莫斯利限制车队开支的大胆设想终于得以实现。在新的预算规则下，传统强队雄厚的资金失去了用武之地，而小车队受到的限制则很小。FIA试图通过这项政策改变日趋固化的强弱格局。

有关F1成本上限的讨论已经持续了几十年，但总是遭到否决。主要原因有两个：首先，金钱等于成绩，资金充足的车队不希望受到限制；其次，在复杂如F1的行业中，对车队支出上限进行合理的监管难度太大。

但是如果不对车队的开支进行限制，小型车队就会失去竞争力，甚至面临亏损和破产的危险。而F1的收入分配又偏向于成绩优异的车队，更加剧了这种不平衡。像威廉姆斯这样的独立车队，年度支出可能只有1.2亿美元；而梅赛德斯、法拉利和红牛却可以动辄花费4亿美元以上来投入研发，这让小车队几乎不可能在赛场上与他们抗衡。

从实践层面来说，在这样一项技术主导的运动中投入大量资源意味着可以有多达1500名员工专门为了两辆每年只跑20次的赛车工作。庞大的人力资源可以让大车队同时尝试多条研发路径，"遍历每一种可能性"，如一位设计师所说。而小型独立车队的资源只能支撑一条研发道路，如果出了问题，则彻底失去竞争力。

F1监管部门最终还是咬紧牙关，解决了部分问题。从2021年起，每支车队在与赛车性能相关的任何方面投入资金不得多于1.45亿美元，到2023年降至1.35亿美元。限制内容不包括车手和车队三名最高薪酬人员的工资、1 750万美元的客户发动机供应支出、机票和酒店成本及固定资产维护成本、员工奖金和F1锦标赛报名费。该指标是以21场大奖赛为基数计算的，具体的预算限额会随当年比赛场次数目浮动，每场浮动100万美元。尽管在实际执行中预算充裕的车队仍会比上限多花1亿美元，但这无疑是朝着正确方向迈出的一大步。

预算帽与更公平的收入分配和分级资源限制（即风洞/CFD运行时间与车队积分排名挂钩）一道，被视为缩小队间差距，为小车队带来希望的有效措施。但鉴于红牛和梅赛德斯在收购捷豹/布朗车队之后都花了四年时间才站上最高领奖台，人们也不能指望小车队的复兴能一蹴而就。

为了落实监管，车队必须在每年6月提交包含1月至4月开销的中期账目，并在次年3月前提交全年账目。预算帽监管部门在财务公司德勤（Deloitte）的支持下对这些账目进行审查监督。德勤在全球体育运营上有着丰富的经验。

有三种违反预算规定的情形将受到处罚：一是程序性违规，即迟交或未能准确提交账目；二是轻微超支，即车队开支超出预算帽5%以下；三是严重超支，即超出预算帽5%以上。

相应地，处罚也分为三类：最轻的是财务处罚，数额根据具体情况确定；其次是轻度体育处罚，包括警告、扣除车队或车手积分、禁赛或进一步限制CFD和赛道测试，以及进一步降低车队下一年度的预算上限。严重超支的车队，除了上述措施外，还可能面临取消参赛资格的处罚。

章节首图

第一章 2020年施蒂里亚大奖赛，观众席上空无一人，刘易斯·汉密尔顿起步占先。这是本年度第二次在红牛环赛道举办大奖赛。由于新冠疫情造成全球旅行受限，自由媒体集团不得不对赛历进行大幅调整。

第二章 基米·莱科宁驾驶法拉利SF71H赛车，冲下美洲赛道（COTA）的最高点，赢得2018年美国站的胜利。他的上一场胜利还是在113场比赛、5年之前的2013年。当时他还在路特斯车队。为了感谢他的付出，2020年，法拉利把这辆车送给了基米作为纪念。

第三章 2019年，斯帕赛道。麦克斯·维斯塔潘飞速通过F1最经典的弯道之一——Eau Rouge弯。虽然斯帕是1950年首届F1世界锦标赛六场比赛的举办地之一，但糟糕的安全条件使它曾在20世纪70年代被移出赛历。

第四章　迈凯伦车队老板罗恩·丹尼斯在巴黎协和广场的FIA总部门口面对媒体的提问。2007年9月的"间谍门"听证会判定迈凯伦车队窃取使用法拉利车队数据的罪名成立，导致车队被罚款1亿美元，所有积分被取消，这使他们的经济条件雪上加霜。

第五章　2013年，西班牙大奖赛。练习赛中，尼克·海德费尔德迅速逃离了着火的路特斯雷诺R31赛车。由于安全技术的进步和100升燃料流量限制的引入，严重车辆火灾事故似乎已经成为过去的事情。然而，罗曼·格罗斯让在2020年巴林站的事故，及时为人们敲响了警钟。

第六章　2003年，时任迈凯伦车手的基米·莱科宁。他因经常在无线电中表现暴躁和拒绝与媒体互动而受到车迷的喜爱。基米在2021年退役前，曾为索伯、迈凯伦、路特斯、阿尔法·罗密欧车队驾驶，还曾两次在法拉利车队效力。截至2021年，莱科宁是参加F1大奖赛次数最多的车手，鲁本斯·巴里切罗以参赛322场排名第二，这一纪录在2022年被费尔南多·阿隆索打破。

第七章　2017年，新加坡大奖赛。正赛起步时，法拉利车手塞巴斯蒂安·维特尔与队友基米·莱科宁发生了碰撞。在滨海湾赛道举办的新加坡站是当时在亚洲地区举办的又一场精彩赛事，与日本的铃鹿站、马来西亚的雪邦站和中国的上海站齐名。

索引

A

Abu Dhabi Grand Prix——阿布扎比大奖赛　72, 107, 122, 123, 219
active suspension——主动悬架　108, 109
Adelaide——阿德莱德　132, 133, 204
aerodynamic efficiency——空气动力学效率　118, 119
Aintree——安特里　60
Albon, Alex——亚历山大·阿尔本　233
Alboreto, Michele——米歇尔·阿尔博雷托　86, 87, 169
Alesi, Jean——让·阿莱西　84—86
Alfa Romeo——阿尔法·罗密欧　16—18, 44, 64, 80, 97, 100, 168, 169, 223, 227
Allison, Cliff——克里夫·埃里森　174, 175
Alonso, Fernando——费尔南多·阿隆索　41, 46, 73, 107, 122, 123, 136, 137, 141—143, 156, 162, 164, 212, 214
AlphaTauri——小红牛　29
Alpine——阿尔派　18
Alta——阿尔塔　18
Amon, Chris——克里斯·阿蒙　26, 89, 150, 180
Anderstorp——安德斯托普　29
Andretti, Mario——马里奥·安德雷蒂　86, 87, 93, 94, 96, 97, 175
Angelis, Elio de——埃利奥·德·安吉利斯　128, 129, 150
Argentine Grand Prix——阿根廷大奖赛　20, 25, 26, 42, 77, 80, 104, 194
Arnoux, René——勒内·阿尔努　26, 27, 29, 95, 100, 103, 129
Ascari, Alberto——阿尔贝托·阿斯卡里　16, 51, 168, 170, 173
Aston Martin——阿斯顿·马丁　161
Attwood, Richard——理查德·阿特伍德　90
Australian Grand Prix——澳大利亚大奖赛　43, 44, 70, 117, 125, 132—134, 224
Austrian Grand Prix——奥地利大奖赛　22, 34, 35, 44, 45, 134, 135
Auto Union——汽车联盟　18, 24, 64, 77, 168
Azerbaijani Grand Prix——阿塞拜疆大奖赛　219

B

Bahrain Grand Prix——巴林大奖赛　29, 44, 70, 73, 144, 156, 157, 218
Balestre, Jean-Marie——让-马里·巴勒斯特尔　128, 129, 191, 222, 223
Bandini, Lorenzo——洛伦佐·班迪尼　134, 151, 156

Barnard, John——约翰·巴纳德　8, 18, 104, 110, 118
Barrichello, Rubens——鲁本斯·巴里切罗　42, 59, 134, 135, 138, 148, 159, 162, 204
Belgian Grand Prix——比利时大奖赛　25, 29, 32, 37, 54, 55, 81, 98, 162, 163, 180, 203
Beltoise, Jean-Pierre——让-皮埃尔·贝尔图瓦　210
Benetton——贝纳通　23, 114, 130, 131, 133, 203, 208
Bennett, James Gordon——詹姆斯·戈登·班尼特　24
Bentley——宾利　18
Berger, Gerhard——格哈德·伯格　39, 113, 148, 159, 169, 201
Bianchi, Jules——朱尔斯·比安奇　11, 162, 164
Blundell, Mark——马克·布伦德尔　108
BMW——宝马　41, 85, 101, 227, 229
Bondurant, Bob——鲍勃·邦迪杜特　177
Bonnier, Jo——乔·博尼耶　18
Bordino, Pietro——皮埃特罗·博尔迪诺　56
Bottas, Valtteri——瓦尔特利·博塔斯　43—47, 137, 215
Boullier, Eric——埃里克·布利尔　229
Boutsen, Thierry——蒂埃里·布斯登　39
Brabham——布拉汉姆　10, 17, 30, 31, 77, 85, 96, 101, 118, 183
Brabham, Jack——杰克·布拉汉姆　19, 31, 58, 76, 77, 80, 86, 90, 181
Brambilla, Vittorio——维托里奥·布兰比拉　56, 150
Brands Hatch——布兰兹哈奇　31, 38, 39, 60, 162, 194
Brawn——布朗　23, 214, 235
Brawn, Ross——罗斯·布朗　10, 23, 46, 130, 208, 209, 211, 227, 230
Brazilian Grand Prix——巴西大奖赛　32, 98, 112, 137, 141, 160
Bremgarten——布雷姆加滕　16
Briatore, Flavio——弗拉维奥·布里亚托利　70, 208
Bridgestone——普利司通　10, 11, 117, 138
British American Racing——英美车队　23, 38
British Grand Prix——英国大奖赛　16, 18, 19, 30, 31, 42, 44, 46, 60, 61, 85, 96, 104, 133, 144, 184, 193
British Racing Green——英国赛车绿　26, 224
BRM　18, 22, 23, 34, 53, 77, 80, 83, 94, 177
Brooks, Tony——托尼·布鲁克斯　18—20, 42, 63, 76
Brundle, Martin——马丁·布伦德尔　133
Buddh, The——佛陀　67
budget cap——预算帽　7, 234, 235
Bugatti——布加迪　18, 84
Bürger, Hans-Georg——汉斯-格奥尔格·布尔格　162
Button, Jenson——简森·巴顿　98, 99, 107, 117, 208, 226, 227
Byrne, Rory——罗里·伯恩　211

C

Canadian Grand Prix——加拿大大奖赛　41, 42, 84, 85, 156, 178
carbon fibre——碳纤维　104, 105
Carey, Chase——切斯·凯里　230, 231
Cesaris, Andrea de——安德烈·德·切萨里斯　203
Cevert, François——弗朗索瓦·塞韦尔　57, 160, 179
Chandhok, Karun——卡伦·钱德霍克　229
Chapman, Colin——科林·查普曼　28, 82, 83, 86, 89, 94, 104, 108, 150, 174, 175, 180, 181, 220, 223, 224
Chinese Grand Prix——中国大奖赛　45, 219
Chinetti, Luigi——路易吉·希奈蒂　25
Chiron, Louis——路易斯·希隆　51
Circuit of the Americas——美洲赛道　10, 67, 68
Circuit de Catalunya——加泰罗尼亚赛道　39
Circuit Gilles Villeneuve——吉尔斯·维伦纽夫赛道　151
Clark, Jim——吉姆·克拉克　27, 51, 57, 59, 80, 81, 83, 86, 110, 152, 174, 180, 181
Colin Chapman Trophy——科林·查普曼奖　102
Collins, Peter——彼得·柯林斯　19, 31, 35, 63, 64, 170, 173
Computational Fluid Dynamics（CFD）——计算流体力学　118
constructors——制造商　17, 20—23, 42
Constructors' Association——制造商协会　34, 96
Cooper——库珀　18, 19, 20, 34, 53, 76, 77, 80, 184
Cooper, Charles——查尔斯·库珀　77
Coppuck, Gordon——戈登·科普克　118
Cosworth DFV——考斯沃斯DFV　86, 87, 174
Coughlan, Mike——迈克·考夫兰　141
Coulthard, David——大卫·库特哈德　117, 134, 204
Courage, Piers——皮尔斯·卡瑞吉　193
Coventry Climax engine——考文垂Climax发动机　77, 80, 81, 86
Covid-19——新冠　44, 45
Crashgate——撞车门事件　142, 143

D

Daigh, Chuck——查克·戴格　19
Dennis, Ron——罗恩·丹尼斯　31, 102, 104, 129, 138, 140, 141, 184, 185, 188, 189, 191, 198, 201, 212
Domenicali, Stefano——斯蒂法诺·多梅尼卡利　7, 46, 136, 140, 231
Donnelly, Martin——马丁·唐纳利　154, 159
Drag Reduction System（DRS）——减阻系统　122, 123
Drive to Survive——疾速争胜　7, 13, 232, 233
driver aids——驾驶辅助　114, 115
drivers strike (1982)——车手罢工　128, 129
Dubosc, Michèle——米歇尔·杜博斯克　28
Ducarouge, Gérard——杰拉尔·杜卡鲁日　108, 109
Duckworth, Keith——基斯·达克沃斯　86

Dunlop——邓禄普　41, 83, 93
Dutch Grand Prix——荷兰大奖赛　18, 22, 23, 26, 27, 83, 86, 96, 97, 160, 180, 193

E

Ecclestone, Bernie——伯尼·埃克莱斯顿　13, 30, 34, 67, 70, 96, 101, 129, 148, 158, 182, 183, 188, 190, 219, 222—225, 230
Edwards, Guy——盖·爱德华兹　154
Eiffel, Gustave——古斯塔夫·埃菲尔　89
engine changes——发动机规则调整　84, 85
Englebert tyres——英格尔伯特　41
Équipe Nationale Belge——比利时国家队　25
Ertl, Harald——哈拉尔·埃特尔　154
European Grand Prix——欧洲大奖赛　37, 38, 134, 194

F

Fabi, Teo——特奥·法比　129
Fagioli, Luigi——路易吉·法吉奥利　16, 42
Fangio, Juan Manuel——胡安·曼努埃尔·方吉奥　16, 17, 31, 35, 41, 42, 51, 62, 63, 77—79, 100, 170—173
Farina, Guiseppe 'Nino'——朱塞沛·"尼诺"·法里纳　10, 16, 17, 170
Fédération Internationale de Motocyclisme (FIM)——国际摩托车联合会　17
Ferrari——法拉利　16—18, 20, 23—25, 31, 34, 35, 38, 41, 53, 56, 73, 76, 77, 80, 84, 93, 94, 97, 100, 101, 110—112, 117, 122, 124, 134, 137, 138, 141, 154, 168, 169, 173, 187, 197, 203, 208, 210, 211, 223, 227, 229, 233, 234
Ferrari, Alfredo——阿尔弗雷多·法拉利　169
Ferrari, Enzo——恩佐·法拉利　18, 24—26, 56, 168, 169
Fiat——菲亚特　56
fire protection——防火措施　156, 157
Firestone——凡士通　11, 41, 93, 138
FISA/FOCA battle——FISA与FOCA的权力之争　222, 223
Fittipaldi, Emerson——埃默森·菲蒂帕尔迪　86, 148, 179
Flosi, Fabiana——法比亚纳·弗洛西　182
Force India——印度力量　228
Forghieri, Mauro——莫罗·福吉里　155
Formula One Teams Association (FOTA)——F1制造商协会　228, 229
French Grand Prix——法国大奖赛　18, 19, 21, 42, 43, 44, 76, 78, 79, 83, 88, 93, 99, 100, 104, 105, 170, 194
Frentzen, Heinz-Harald——海因茨-哈拉尔德·弗伦岑　37, 203
front-engined cars——前置发动机赛车　76—79
Fry, Nick——尼克·弗莱　208

G

Ganley, Howden——豪登·甘利　160

'Garagistes'——"小作坊车队"　18, 19
Garner, James——詹姆斯·加纳　51
Gelael, Sean——肖恩·格拉尔　119
Gendebien, Olivier——奥利维尔·根德比恩　25
George, Tony——托尼·乔治　67
German Grand Prix——德国大奖赛　17, 27, 31, 34, 36, 44, 62—65, 80, 107, 130, 133, 136, 137, 152, 153, 172, 179, 189
Gethin, Peter——彼得·盖辛　57, 59
Ginther, Richie——里奇·金瑟　57
Glock, Timo——蒂姆·格洛克　118
Goodyear——固特异　11, 40, 41, 93, 117
Gordon Bennett Cup——戈登·班尼特杯　24, 25
Grand Prix (film)——"大奖赛"　51, 58
Grand Prix de l'Automobile Club de France——发给过汽车俱乐部大奖赛　17
Grand Prix Drivers' Association (GPDA)——F1车手协会　129, 148, 149, 151, 162
grid system——发车格布局　26, 27
grooved tyres——槽纹轮胎　116, 117
Grosjean, Romain——罗曼·格罗斯让　7, 13, 156, 157, 164, 232
Grouillard, Olivier——格鲁亚尔·奥利维尔　35
ground-effect cars——地面效应赛车　7, 94—97
Grover-Williams, William——威廉·格罗弗-威廉姆斯　51
Gurney, Dan——丹·格尼　22, 27, 80, 177
Gutierrez, Esteban——埃斯特班·古铁雷斯　156

H

Haas——哈斯　7, 156
Hailwood, Mike——迈克·海尔伍德　57, 59
Häkkinen, Mika——米卡·哈基宁　116, 117, 133, 134, 185
Hall, Jim——吉姆·霍尔　89
halo cockpit protection device——"Halo"座舱保护装置　11, 13, 162—165
Hamilton, Lewis——刘易斯·汉密尔顿　10—13, 43, 45, 46, 58, 59, 98, 99, 113, 117, 122, 124, 125, 137, 141, 144, 145, 149, 164, 165, 184, 185, 189, 212—215, 233
Hardy, Françoise——弗朗索瓦·哈迪　58
Hartstein, Gary——盖瑞·哈尔滕施泰因　158
Hawkins, Paul——保罗·霍金斯　51
Hawthorn, Mike——迈克·霍索恩　20, 24, 25, 31, 62, 63, 77, 173
Head, Patrick——帕特里克·海德　103, 192, 193, 201
Henton, Brian——布莱恩·亨顿　34
Hercules Aerospace——赫尔克里士航空航天公司　104
Hesnault, François——弗朗索瓦·埃斯诺　34
Heuer——豪雅　28, 29
Heuer, Jack——杰克·豪雅　28
Hill, Damon——达蒙·希尔　98, 108, 114, 133, 203, 204
Hill, Graham——格拉汉姆·希尔　22, 51—53, 83,
86, 88, 89, 91, 154, 155, 174, 177, 181, 184
Hill, Phil——菲尔·希尔　56, 57, 65, 67
Hockenheim——霍根海姆　32, 130, 136, 162, 180, 184
Honda——本田　23, 41, 84, 102, 124, 208, 227
Horner, Christian——克里斯蒂安·霍纳　23, 145, 182, 233
Höttinger, Markus——马库斯·霍廷洛　162
HRT　228
Hublot——宇舶　28
Hulkenberg, Nico——尼科·霍肯博格　162—164
Hulme, Denny——丹尼·赫尔姆　27, 86
Hungarian Grand Prix——匈牙利大奖赛　107, 136, 141, 212, 218, 219
Hunt, James——詹姆斯·亨特　86, 96, 189
HWM　18
HWM-Alta——HWM-阿尔塔　19
hybrid engines——混合动力发动机　7, 12, 124, 125

I

Ickx, Jacky——杰基·伊克斯　28, 92, 93, 160
Imola——伊莫拉　56, 117, 121, 159
Indian Grand Prix——印度大奖赛　219
Indianapolis 500——印第安纳波利斯　17, 18, 20, 122, 179, 219
Indianapolis Motor Speedway——印第安纳波利斯赛道　138
Interlagos——英特拉格斯　10, 151
Irvine, Eddie——埃迪·欧文　32, 223
Istanbul Park——伊斯坦布尔公园　68, 121
Italian Grand Prix——意大利大奖赛　19, 28, 35, 46, 56—59, 77, 90, 133, 157, 159, 176, 189

J

Jabouille, Jean-Pierre——让-皮埃尔·雅布伊　26, 85, 100, 102
Jaguar——捷豹　23, 227, 235
Japanese Grand Prix——日本大奖赛　42, 117, 143, 218, 219
Jeddah——吉达　68, 70
Jenkinson, Denis——丹尼斯·詹金森　179
Jerez——赫雷兹　132—134, 159
Jim Clark Trophy——吉姆·克拉克奖　102
Johansson, Stefan——斯特凡·约翰森　184
Jones, Alan——阿兰·琼斯　26, 86, 96, 97, 193
Jordan——乔丹　138

K

Keegan, Rupert——鲁佩特·基冈　34
Kempf, Karl——卡尔·肯普夫　98
Kinetic Energy Recovery Systems——动能回收系统　84
Kobayashi, Kamui——小林可梦伟　52
Koinigg, Helmuth——海尔穆特·科尼格　151, 164
Korea International——韩国国际　67
Kubica, Robert——罗伯特·库比卡　156

Kyalami——卡亚拉米 38, 93, 129, 180

L

Laffite, Jacques——雅克斯·拉菲特 39, 96, 193
Lauda, Niki——尼基·劳达 57, 64, 65, 94, 96, 101, 102, 110, 129, 148, 154, 175, 184—189, 194, 196, 197
Le Mans 24 Hours——勒芒24小时 18
Leclerc, Charles——夏尔·勒克莱尔 11, 58, 69, 162, 164
Levegh, Pierre——皮埃尔·勒韦格 64
Lewis-Evans, Stuart——斯图尔特·刘易斯-埃文斯 20
Liberty Media——自由媒体集团 13, 44, 183, 208, 219, 230, 231, 233
Ligier——利吉尔 53
Lotus——路特斯 18, 34, 73, 77, 80—83, 86, 89, 108, 110, 174, 175, 180, 220, 221, 227, 228
Lowe, Paddy——帕迪·洛 108
Lunger, Brett——布雷特·伦格 154

M

Maddock, Owen——欧文·马杜克 77
Magnussen, Jan——杨·马格努森 42
Magnussen, Kevin——凯文·马格努森 232
Malaysian Grand Prix——马来西亚大奖赛 39, 66, 137
Mansell, Nigel——奈杰尔·曼塞尔 12, 34, 35, 38, 39, 102, 108, 110, 133, 200
Marimón, Onofre——奥诺弗雷·马里蒙 64
Marina Bay——滨海湾 67, 71
Maserati——玛莎拉蒂 18, 31, 34, 77, 80, 173
Masi, Michael——迈克尔·马西 106
Mass, Jochen——约亨·马斯 129
Massa, Felipe——菲利普·马萨 33, 106, 107, 137, 141, 143
Matra——马特拉 23
Mayer, Teddy——泰迪·梅尔 223
Mayländer, Bernd——布兰德·梅兰德 161
McLaren——迈凯伦 8, 34, 44, 73, 84, 98, 101, 102, 104, 105, 108, 110, 117, 118, 134, 141, 143, 169, 184, 185, 191, 193, 194, 197, 198, 200, 204, 212, 214, 227
McLaren, Bruce——布鲁斯·迈凯伦 19, 51, 90
Mehl, Leo——利奥·梅尔 93
Mercedes——梅赛德斯 18, 23, 24, 41, 64, 77, 110, 112, 113, 124, 137, 144, 145, 161, 162, 168, 173, 193, 203, 204, 208, 214, 227, 233, 235
Merzario, Arturo——阿图罗·梅尔扎里奥 154, 193
Mexican Grand Prix——墨西哥大奖赛 173, 180
Michelin——米其林 10, 11, 138
Minardi——米纳尔迪 138
Monaco Grand Prix——摩纳哥大奖赛 17, 18, 26, 37, 50—53, 70, 77, 89, 90, 93, 95, 96, 100, 108, 111, 116, 134, 155, 156, 168, 172, 174, 176, 183, 187, 198
monocoque construction——单体壳结构 82, 83, 104, 105
Montezemolo, Luca di——卢卡·迪·蒙特泽莫罗 228
Montjuïc Park——蒙特惠奇公园 93, 150, 151
Montoya, Juan Pablo——胡安·巴布罗·蒙托亚 122, 193
Monza——蒙扎 19, 26, 28, 35, 46, 56—59, 96, 104, 108, 123, 145, 154, 165, 170, 189
Mosley, Max——麦克斯·莫斯利 70, 114, 117, 141, 148, 150, 190, 191, 222, 223, 225, 228, 235
Moss, Alfred——阿尔弗雷德·莫斯 220
Moss, Stirling——斯特林·莫斯 18, 19, 20, 42, 53, 77, 80, 148, 173, 174, 220
Mugello——穆杰罗 121
Murray, Gordon——戈登·穆雷 30, 31, 32, 40, 94, 96, 104, 118
Musso, Luigi——路易吉·穆索 42

N

NART (North American Racing Team)——北美车队 25
Nasr, Felipe——菲利普·纳斯尔 53
national racing colours——国际赛车色 26, 27
Netflix——网飞 7, 13, 232, 233
Neubauer, Alfred——阿尔弗雷德·纽鲍尔 24, 134
Newey, Adrian——埃德里安·纽维 34, 201
Nichols, Steve——史蒂夫·尼科尔斯 104
night races——夜间比赛 70—73
Noghès, Antony——安东尼·诺格斯 51
Norris, Lando——兰多·诺里斯 73, 120, 231
Nürburgring Nordschleife——纽博格林北环 17, 27, 31, 36, 62—66, 121, 148, 152—154, 173, 177, 179, 193
Nuvolari, Tazio——塔齐奥·努沃拉里 17, 56, 62

O

Oliver, Jackie——杰基·奥利弗 160
Oporto——波尔图 20
Österreichring——奥地利环形赛道 22

P

Pacific Grand Prix——太平洋大奖赛 115
Paletti, Riccardo——里卡多·帕莱蒂 159
Palmer, Jolyon——乔利恩·帕尔默 163
Panis, Olivier——奥利维尔·潘尼斯 38, 39, 52, 53
Parnell, Reg——雷格·帕内尔 16
Patrese, Riccardo——里卡多·帕特雷西 31, 32, 53
Pérez, Sergio——塞尔吉奥·佩雷兹 45, 106
permanent barriers——永久性护栏 150—153
Pescara Grand Prix——佩斯卡拉大奖赛 20
Peterson, Barbro——巴布罗·彼得森 28
Peterson, Ronnie——罗尼·彼得森 28, 57, 59, 96, 97, 150, 156, 159
Petrov, Vitaly——维塔利·佩特罗夫 122, 123
Peugeot——标致 89, 211
Piazzale Vittorio Brambilla——维托里奥·布兰比拉广场 56
Piccinini, Marco——马尔科·皮奇尼尼 223
Piquet, Nelson——纳尔逊·皮奎特 32, 38, 39, 66, 84, 86, 100—102, 108
Piquet Jr, Nelson——小纳尔逊·皮奎特 70, 143
Pirelli——倍耐力 41
Pironi, Didier——迪迪埃·皮罗尼 53, 93, 95, 101, 128, 129, 148, 159
points-scoring system——积分制 42, 43
Porsche——保时捷 34, 101
Portimão——波尔蒂芒 44, 121
Portuguese Grand Prix——葡萄牙大奖赛 20, 44, 45, 103, 120, 133, 194
Prost, Alain——阿兰·普罗斯特 40, 98, 101, 104, 129, 144, 148, 185, 194—198, 200
Purley, David——大卫·珀利 26, 160

Q

Qatar Grand Prix——卡塔尔大奖赛 70, 219
qualifying positions——排位 36, 37

R

Regazzoni, Clay——克莱·雷加佐尼 57, 193, 221
Regna, Peter——彼得·雷格那 156
Renault——雷诺 23, 34, 41, 70, 84, 85, 86, 97, 100, 101, 104, 122, 124, 129, 141, 143, 214, 223, 227, 229
Rennie, Simon——西蒙·雷尼 73, 107
Revson, Peter——彼得·雷沃森 160
Ricard, Paul——保罗·里卡德 32, 38, 93
Ricciardo, Daniel——丹尼尔·里卡多 59, 124, 231, 235
Rindt, Jochen——约亨·林特 86, 89—91, 154, 181, 182, 184, 221
Roberts, Ian——伊恩·罗伯茨 156
Rodríguez, Ricardo——里卡多·罗德里格斯 57
Rolex——劳力士 28
Rosberg, Keke——科科·罗斯伯格 32, 86, 102, 103
Rosberg, Nico——尼科·罗斯伯格 11, 71, 119, 124, 125, 204, 214
Rosemeyer, Bernd——伯纳德·罗斯迈耶 17
Rudd, Tony——托尼·路德 94
Russell, George——乔治·拉塞尔 148
Russian Grand Prix——俄罗斯大奖赛 151, 219

S

Safety Cars——安全车 160, 161
Sainz, Carlos——卡洛斯·塞恩斯 151, 158
Sakhir——萨基尔 44, 66, 70, 121
Salvadori, Roy——罗伊·萨尔瓦多里 21
San Marino Grand Prix——圣马力诺大奖赛 44, 114
San Sebastian Grand Prix——圣塞瓦斯蒂安大奖赛 18
Saudi Arabian Grand Prix——沙特大奖赛 70, 219

Scheckter, Jody——乔迪·谢克特　34, 103, 148, 211
Schell, Harry——哈里·谢尔　18, 78, 79
Schlesser, Jean-Louis——让-路易·舍勒塞尔　58, 102
Schneider, Bernd——贝恩德·施耐德　37
Schumacher, Michael——迈克尔·舒马赫　6, 34, 37—39, 41—43, 45, 59, 114, 115, 123, 130—135, 138, 141, 148, 200, 202—211, 214, 227, 233
Schumacher, Ralf——拉尔夫·舒马赫　138, 193
Scott, Dave——戴夫·史考特　108
seatbelts——安全带　154, 155
Segrave, Henry——亨利·塞格雷夫　18
Senna, Ayrton——埃尔顿·塞纳　40, 58, 99, 102, 107—110, 114, 115, 117, 131, 148, 149, 159—161, 180, 184, 185, 195—202, 212, 218, 229
Senna, Bruno——布鲁诺·塞纳　229
Sepang International Circuit——雪邦国际赛道　66, 69
Serra, Chico——奇科·塞拉　184
Shanghai International Circuit——上海国际赛车场　66
Shorrock, Nick——尼克·肖洛克　138
Siemens——西门子　28
Silverstone——银石　16, 17, 26, 30, 37, 44, 46, 60, 61, 68, 96, 100, 104, 107, 144, 203
simulators——模拟器　120, 121
Singapore Grand Prix——新加坡大奖赛　70, 71, 142, 143, 219
skyscraper wings——"高耸入云"的扰流板　88—91
slick tyres——光头胎　92, 93
Smedley, Rob——罗伯·斯梅德利　106, 107
Snetterton——斯特顿　26
South African Grand Prix——南非大奖赛　86, 128, 129, 180, 219, 220, 223
South Korean Grand Prix——韩国大奖赛　219
Spa-Francorchamps——斯帕-弗朗科尔尚　25, 29, 32, 34, 37, 54, 55, 81, 83, 98, 148, 150, 164, 177
Spanish Grand Prix——西班牙大奖赛　39, 87, 89, 91, 93, 133, 138, 203, 214
spare cars——备用赛车　38, 39
sprint qualifying——冲刺排位赛　10, 46, 47
sponsorship——赞助商　220, 221, 224, 225
Spygate——间谍门事件　140, 141
steering wheels——方向盘　110—113
Steiner, Guenther——冈瑟·施泰纳　232, 233
Stepney, Nigel——尼格尔·斯特普尼　140, 141
Stewart, Jackie——杰基·斯图尔特　22, 27, 62, 65, 86, 93, 148, 154, 155, 160, 176—179
Stommelen, Rolf——罗尔夫·斯托梅伦　151
Stroll, Lance——兰斯·斯特罗尔　45, 68
Surtees, Henry——亨利·苏蒂斯　162
Surtees, John——约翰·苏蒂斯　22, 70, 134, 152, 162
Sutil, Adrian——埃德里安·苏蒂尔　125
Suzuki, Aguri——铃木亚久里　37
Swedish Grand Prix——瑞典大奖赛　29, 96
Swiss Grand Prix——瑞士大奖赛　16, 44
Symonds, Pat——帕特·西蒙斯　26, 143
Syracuse Grand Prix——锡拉丘兹大奖赛　18

T

Tag Heuer——泰格豪雅　28
team orders——车队指令　134—137
telemetry——遥测技术　98, 99
Tilke, Hermann——赫尔曼·蒂尔克　66—69
timing——计时　28, 29
Todt, Jean——让·托德　210, 211
Toyota——丰田　41, 138, 227, 229
Trintignant, Maurice——莫里斯·特林蒂南　10, 84
Trundle, Neil——尼尔·特伦多　184
turbo engines——涡轮增压发动机　84, 100—103
Turkish Grand Prix——土耳其大奖赛　44, 68, 219
two-car teams——双车制　34, 35
tyres——轮胎　10, 11, 40, 41, 92, 93, 116, 117, 138, 139
Tyrrell——泰瑞尔　23, 93
Tyrrell, Ken——肯·泰瑞尔　8, 98, 100

U

United States Grand Prix——美国大奖赛　31, 34, 80, 86, 87, 138, 139, 179, 219

V

van der Merwe, Alan——阿兰·范德梅维　156
Vandervell, Tony——托尼·范德维尔　20
Vanwall——范沃尔　17—20, 34, 77, 80
Vatanen, Ari——阿里·瓦坦恩　211
Verstappen, Jos——乔斯·维斯塔潘　130, 133
Verstappen, Max——麦克斯·维斯塔潘　8, 9, 13, 46, 47, 58, 59, 73, 144, 145, 160, 161, 164, 165, 233
Vettel, Sebastian——塞巴斯蒂安·维特尔　46, 71, 112, 122, 137
Villadelprat, Joan——胡安·维拉德尔普拉特　130
Villeneuve, Gilles——吉尔斯·维伦纽夫　53, 100, 129, 159, 195

Villeneuve, Jacques——雅克·维伦纽夫　37—39, 52, 101, 102, 117, 133, 134, 154, 155
Villoresi, Luigi——路易吉·维洛雷西　16, 17
Villota, Maria de——德·薇罗塔　162
Virgin Racing——维珍车队　118, 228
von Brauchitsch, Manfred——曼弗雷德·冯·布劳希奇　134
von Delius, Ernst——恩斯特·冯·德利乌斯　64
von Trips, Wolfgang——沃尔夫冈·冯·特里普斯　56, 59, 63

W

Walker, Rob——罗伯·沃克　77, 80
Walkinshaw, Tom——汤姆·沃金肖　208
Warr, Pete——彼得·沃尔　109, 174
Warwick, Derek——德里克·沃里克　162
Watkins Glen——沃特金斯·格伦　31, 138, 151, 164
Watkins, Sid——锡德·沃特金斯　148, 154, 158, 159
Watson, John——约翰·沃森　104, 184
Webber, Mark——马克·韦伯　122, 137, 143, 227
Wendlinger, Karl——卡尔·温德林格　203
Wheatley, Jonathan——乔纳森·惠特里　106
Whiting, Charlie——查理·怀廷　67, 130, 133
Whitmarsh, Martin——马丁·惠特马什　98, 141, 212, 227—229
Wietzes, Eppie——埃皮·维茨斯　160
Williams——威廉姆斯　32, 34, 38, 39, 84, 96, 98, 102, 108—110, 114, 117, 193, 197, 200, 208, 228, 234
Williams, Frank——弗兰克·威廉姆斯　38, 192, 193
Williamson, Roger——罗杰·威廉姆森　26, 160
wind tunnels——风洞　118, 119
Wirth, Nick——尼克·维尔斯　118
Wise, Steve——史蒂夫·怀斯　108
Wolff, Toto——托托·沃尔夫　145, 232
Wright, Peter——彼得·赖特　94, 108
Wurz, Alexander——亚历山大·沃尔茨　148

Y

Yas Marina——亚斯码头　67, 69, 70, 72, 122
Yeoman Credit——约曼信贷　25

Z

Zaffelli, Jarno——亚诺·扎菲利　68
Zakspeed　37
Zandvoort——赞德沃特　26, 68, 83, 95, 102, 121
Zonta, Ricardo——里卡多·宗塔　138

照片来源：

Grand Prix Photo：第4页、第6页、第7页、第8—9页、第11页、第12页、第13页、第14页、第16页（上）、第19页、第20页、第21页、第22页（上）、第24页（上）、第26页、第28页、第29页（上）、第29页（左）、第30页（下）、第31页、第32页、第35页（下）、第36页、第37页、第39页（下）、第42页、第43页、第44页、第45页、第46页、第47页、第48页、第50页、第51页（上）、第51页（下）、第52页（上）、第52页（右）、第53页（上）、第54页、第57页（上）、第57页（右）、第58页（上）、第60页、第62页（上）、第63页（上）、第65页（右）、第69页（下）、第70页、第71页（下）、第72页、第73页（上）、第73页（右）、第74页、第78页、第80页、第85页、第87页（上）、第87页（左）、第90页、第92页、第94页、第95页（下）、第96页、第99页（下）、第101页、第102页、第104页、第105页（下）、第107页、第108页、第109页、第110页、第111页（上）、第112页、第114页、第116页、第119页、第123页（上）、第123页（中）、第125页（上）、第126页、第128页（下）、第132页（下）、第133页、第134页（中）、第138页（中）、第143页、第145页、第148页、第150页（上）、第150页（左）、第152页、第155页、第156页（上）、第158页（上）、第158页（左）、第159页、第160页（下）、第163页（下）、第164页（上）、第164页（右）、第166页、第169页（上）、第173页（上）、第174页（下）、第176页、第177页、第178页、第179页（上）、第181页、第182页、第183页、第185页、第187页、第188页、第189页（上）、第190页、第191页（上）、第192页、第194页（下）、第197页（中）、第202页（右）、第203页（下）、第205页（上）、第206页、第208页、第209页、第210页（右）、第213页（中）、第214页、第215页（上）、第215页（左）、第216页、第218页（左）、第220页、第222页、第224页（上）、第225页、第226页、第227页、第229页、第230页、第231页、第232页（上）。

Getty Images：第10页（上）、第16页（下）、第17页、第23页、第25页（中、下）、第27页、第29页（右）、第33页、第35页（上）、第38页、第39页（上）、第40页、第41页、第51页（中）、第52页（左）、第53页（下）、第56页、第57页（左）、第58页（左）、第58页（右）、第59页、第62页（下）、第63页（下）、第64页、第65页（左）、第65页（上）、第68页、第69页（上）、第71页（上）、第73页（左）、第76页、第77页、第81页、第82页、第83页、第86页、第87页（右）、第88页（上）、第89页、第91页、第95页（上）、第97页、第98页、第99页（上）、第103页、第105页（上）、第106页、第111页（下）、第113页、第117页、第120页、第123页（下）、第125页（下）、第128页（上）、第129页、第132页（上）、第134—135页、第134页（下）、第135页（下）、第136页、第138页（上）、第139页、第140页、第141页、第142页、第146页、第149页、第150页（右）、第151页、第156页（中）、第157页、第158页（右）、第160—161页、第162—163页、第164—165页、第168页、第169页（下）、第170页、第171页、第172页、第173页（下）、第174页（上）、第175页、第179页（下）、第180页、第184页、第189页（下）、第191页（下）、第193页、第194—195页、第195页（下）、第196页、第197页（上）、第198页、第199页、第200页、第201页、第202页（上）、第202页（左）、第203页（上）、第204页、第210页（上）、第210页（左）、第211页、第212页、第213页（上）、第215页（右）、第218页（右）、第219页、第221页、第223页、第224页（下）、第228页、第234页、第235页。

Alamy：第10页（下）、第22页（下）、第30页（上）、第66页、第88页（下）、第130页、第131页、第144—145页、第161页、第186页、第205页（下）、第232页（下）。

Netflix：第233页。

封面：2021年，摩纳哥。刘易斯·汉密尔顿驶出游泳池组合弯。图片来源：Andrej Isakovic, AFP, Getty Images；

第2页：1957年，摩纳哥。胡安·曼努埃尔·方吉奥通过Tabac弯。图片来源：Klemantaski Collection, Getty Images；

第4页：2021年巴西大奖赛起步，博塔斯与汉密尔顿并排发车。图片来源：Grand Prix Photo。

环衬

前环衬，按从左至右，从上至下的顺序：莱拉·隆巴迪、赫尔穆特·马尔科、吉安卡罗·巴吉蒂、洛伦佐·班迪尼、菲尔·希尔、迈克·海尔伍德、乔·希尔弗特、里奇·金瑟、鲁本斯·巴里切罗、马里奥·安德雷蒂、弗朗索瓦·塞韦尔、麦克斯·维斯塔潘、埃默森·菲蒂帕尔迪、兰多·诺里斯、丹尼尔·里卡多、杰基·伊克斯、杰克·布拉汉姆、刘易斯·汉密尔顿、塞巴斯蒂安·维特尔、简森·巴顿、费尔南多·阿隆索、马克·韦伯、埃斯特班·古铁雷斯、塞尔吉奥·佩雷兹。

后环衬，按从左至右，从上至下的顺序：费尔南多·阿隆索、简森·巴顿、詹姆斯·亨特、塞巴斯蒂安·维特尔、吉尔斯·维伦纽夫、格哈德·伯格、雅克·维伦纽夫、丹尼·赫尔姆、布鲁斯·迈凯伦、佩德罗·罗德里格斯、埃尔顿·塞纳、马丁·布伦德尔、彼得·柯林斯、纳尔逊·皮奎特、奈杰尔·曼塞尔、克莱·雷加佐尼。

图书在版编目（CIP）数据

F1：登峰造极 /（英）托尼·道金斯
(Tony Dodgins),（英）西蒙·阿伦（Simon Arron）编
著；王宇轩，蔡瑞杰译. -- 上海：上海科学技术出版
社，2024.3
 书名原文：Formula One: The Pinnacle
 ISBN 978-7-5478-6538-5

 Ⅰ. ①F… Ⅱ. ①托… ②西… ③王… ④蔡… Ⅲ. ①
赛车－汽车运动－概况－世界 Ⅳ. ①G872.1

中国国家版本馆CIP数据核字(2024)第042669号

Formula One: The Pinnacle by Simon Arron and Tony Dodgins
First published in 2022 by Ivy Press, an imprint of The Quarto Group.
© 2022 Quarto Publishing plc
Simplified Chinese translation copyright © 2024 by Shanghai Scientific and Technical Publishers
All rights reserved. No part of this book may be reproduced or utilised in any form or by any means,
electronic or mechanical, including photocopying, recording or by any information storage and
retrieval system, without permission in writing from Ivy Press.

上海市版权局著作权合同登记号 图字：09-2023-0830号

F1：登峰造极

[英]托尼·道金斯（Tony Dodgins）
[英]西蒙·阿伦（Simon Arron） 编著
[意][美]冈瑟·施泰纳（Guenther Steiner） 作序
我自己的工作间 王宇轩 蔡瑞杰 译

上海世纪出版（集团）有限公司 出版、发行
上 海 科 学 技 术 出 版 社
（上海市闵行区号景路159弄A座9F-10F）
邮政编码201101　www.sstp.cn
山东韵杰文化科技有限公司印刷
开本 889×1194 1/12 印张 20.5
字数 600千字
2024年3月第1版 2024年3月第1次印刷
ISBN 978-7-5478-6538-5/U·148
定价：298.00元

本书如有缺页、错装或坏损等严重质量问题，
请向印刷厂联系调换